앗 제가 ADHD라서요

왓 제가 ADHD라서요

앙겔리나 뵈르거 지음 이지혜 옮김

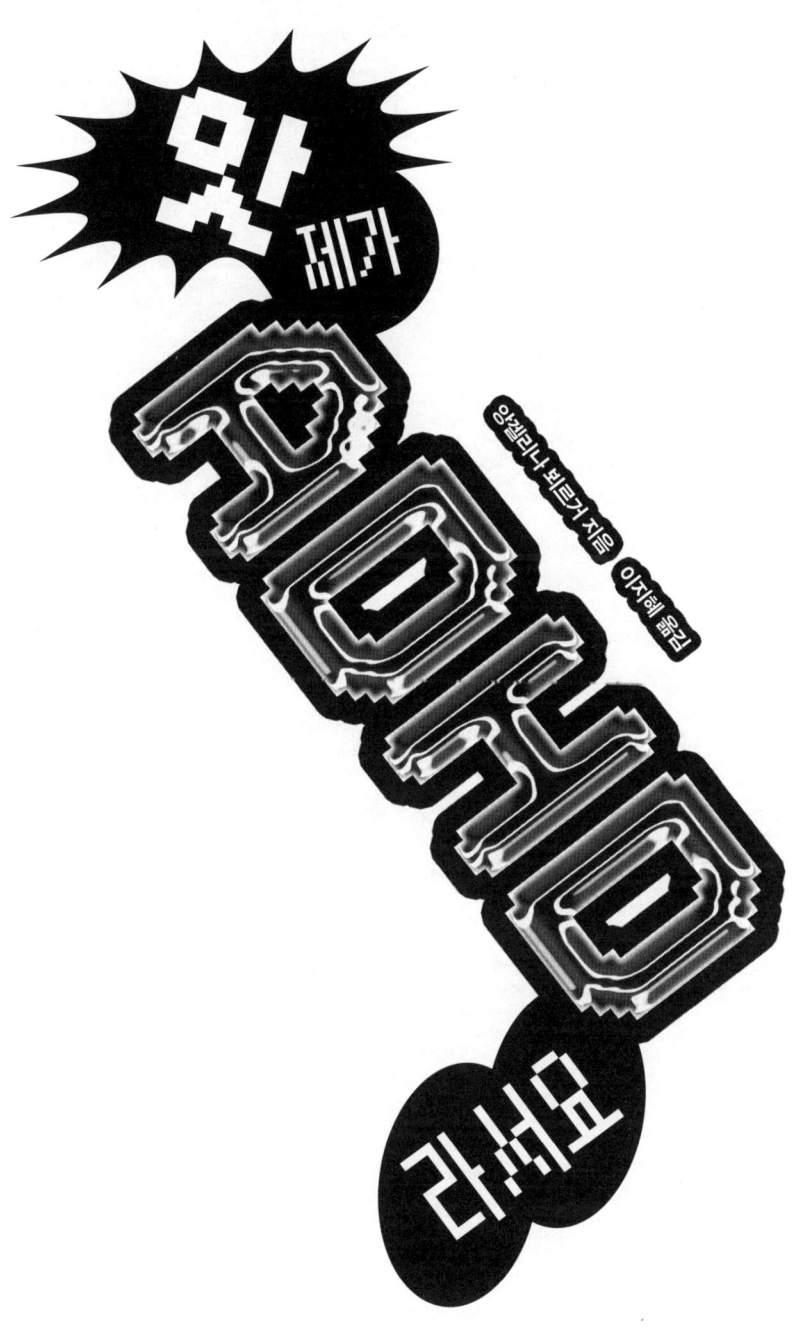

드루

반짝이는 뇌를 가진 세상 모든 사람들에게

목차

서문

그저 뇌의 명령에 따라 움직이는 순간이 그토록 많다는 사실을 사람들은 의식조차 못하는 것 같아. 매사에 억지로 나를 끼워 맞출 필요 없이 자연스럽게 행동하며 살 수 있다는 건 정말 큰 특권이야.

– 스물다섯 살에 ADHD 진단을 받은 친구 파니Fanny의 말

눈물이 볼을 타고 흘렀다. 기쁨의 눈물인지 슬픔의 눈물인지 알 수 없었다. 지난 아홉 달 동안 팽팽히 당겨져 있던 긴장의 끈이 툭 끊어지면서 벅찬 행복감이 내 몸을 휘감았다. 온 세상을 껴안을 수 있을 것 같은 기분이었다. 동시에 머릿속에서는 또다시 수천 가지 생각들이 복잡하게 뒤엉키고 있었다. '포기하지 않아서 정말 다행이야. 고생한 보람이 있구나!' '이게 어떤 건지 세상 사람들도 꼭 알아야 해!' '내 주위에도 알려야 할 텐데, 누구에게 가장 먼저 말하지?' '이게 나한테 얼마나 큰 의미인지 아무도 이해하지 못하면 어쩌지?' '더 일찍

알게 됐더라면 내 인생은 어떻게 달라졌을까?' '이것이 앞으로 나와 내 주위 사람들, 그리고 남은 내 인생 전체에 어떤 변화를 가져올까?'

그러자 이번에는 희미한 두려움이 등줄기를 스쳤다. 나는 행여 잃어버릴까 손에 꼭 쥐고 있던 분홍색 종이를 내려다봤다. 그러자 입가에 웃음이 번졌다. 걱정 마, 앙겔리나. 이건 충격받을 일도 아니고 사형선고도 아니야. 그저 증명서이자 보상이고, 내게 주어진 기회이자 숙제이기도 하고, 그간 품어 온 수많은 의문들에 대한 답이기도 해. 끝이 아니라 이제부터 시작인 거야. 또다시 눈물이 두 뺨을 적시며 흘러내렸다. 나는 온갖 잡동사니가 뒤죽박죽 섞여 있는 가방 깊숙이에서 휴대폰을 찾아내 초록색 통화 버튼을 눌렀다.

"자기? 드디어 나왔어. 진단서 말이야. 여기 아주 분명히 적혀 있어. 내가 뭐랬어. 나 ADHD 맞대."

I

24시간 연중무휴 영업합니다!

바쁜 ADHD 뇌

나는 ADHD와 함께 살아가고 있다. ADHD는 주의력결핍 과잉행동장애 Attention Deficit Hyperactivity Disorder의 약자다. 이 이름에서도 짐작할 수 있듯, 내 뇌는 대부분의 사람들과는 다르게 작동하기 때문에 늘 나만의 행동 전략을 세워야 한다. 집중력을 유지하는 지속 시간이 짧아, 중간중간 머리를 식히는 시간이 필요하다. 진단을 받고서야 처음으로 스스로를 받아들일 수 있었다. 그때부터 직장에서나 개인의 삶에서도 정신건강의 중요성을 알리는 일을 내 과업으로 삼았다.

가뜩이나 정신적인 문제로 힘들어하는 이들이 편견 어린 시선에 시달리며 의지박약이나 정신병자로 낙인찍히는 일은 지금도 빈번히 일어난다. 정신과 질환에 대한 사회적 낙인이 그토록 깊지 않았다면, 이들은 훨씬 가벼운 마음으로 정신과나 심리치료클리닉의 문을 두드릴 수 있었을 것이다. 다리가 부러졌을 때 누가 뒤에서 수군댈까 걱정하지 않으면서 병원에 가는 것처럼 말이다.

과거의 누군가가 내가 '정신건강', 특히 '성인 ADHD'라는 주제에 이렇게 깊이 빠져들 거라고 말했다면, 당시의 나는 아마 콧방귀도 뀌지 않았을 것이다. 그러나 지금은 이것이 정말 내 일상이 되었다. 정신건강에 대한 사회적 인식을 조금씩 개선시키는 데 하루하루를 할애하고 있으니 말이다. 나는 하루에도 몇 시간씩 관련 연구 논문을 읽거나 길고 짧은 기고문을 쓰고, 틈틈이 휴대폰 카메라로 내 일상을 찍어두고, 소셜미디어 채널을 들락거리기도 한다. 사람들과 정보를 나누고 전문가 인터뷰를 진행하고, 라디오 프로그램을 준비하며 사전 미팅에 참가하는 것은 물론, 직접 강단 위나 카메라 앞에 서서 토론 패널로 활동하고 네트워킹을 운영하고 새 프로젝트를 구상하는 것도 내 일이다. 아, 물론 책을 쓰는 일도 빼놓을 수 없다.

내게 ADHD가 있다고 말할 때 사람들의 반응은 천차만별이다. 먼저 자신이나 주변 사람 누구도 그렇다고 곧바로 대답하는 부류가 있다 동지이자 ADHD에 관해 잘 알고 있는 집단. 둘째로 눈이 휘둥그레져서 나를 바라보다가 이내 이해심을 보이며 내 이야기에 귀를 기울이고, 수많은 질문을 던지는 부류도 있다 관심을 보이는 집단. 셋째, 측은하다는 듯 나를 보며 말을 삼가는 사람들도 있다. 필시 몇 다리 건너 아는 누구의 아이도 '이 병 때문에 고생한다더라'는 소문을 들었으리라 확신 없는 집단. 네 번째 부류는 눈썹을 확 치켜뜨며 "네가 ADHD라고? 너에게 딱히 그리 주의할 일이 뭐가 있다고."라든지 "정말 뜻밖이군요. 뵈르거 씨는 전혀 산만해 보이지 않는데요."라고 말하는 이들이다 미심쩍어 하는 집단. 마지막 부류 역시 미심쩍은 반응을 보이되, 네 번째 부류와는 다른 의미에서 믿지 못하겠다는 태도를 취한다. 이들은 'ADHD? 다 헛소리야! 게다가 어른이 무슨…….'이라는 말이라도 하고 싶은 듯 팔짱을 척 끼고 온몸으로 불신을 내뿜는다 거부반응을 보이는 집단.

ADHD를 바라보는 사회의 반응도 크게 다르지 않다. 최근 몇 년 사이, 사람들이 조금씩 다름을 인정하며 인식의 개선이 이루어지기도 했다. 그러나 나는 감히 이를 걸음마 수준이라 말하고 싶다. 어떤 선입견들은 이 작은 진전이 무색할 정도로 사람들의 머릿속과 학계에 끈질기게 달라붙어 있다. ADHD의 존재 자체를 부정하는 이들에게서는 더욱 두드러진다.

이런 선입견들은 ADHD에 대한 인식을 넓히고 편견을 없애려는 모든 노력을 가로막는다. 그래서 나는 이 책으로 그 노력에 조금이나마 힘을 보태고자 한다. ADHD를 가진 사람들 진단 여부와 관계없이은 물론, 그들의 배우자와 친구, 그리고 주변의 모든 이들도 이 책을 읽을 수 있다. 같은 사회의 일원으로서 ADHD가 있는 이들을 보다 잘 이해하고 포용하기 위해서다. ADHD를 가진 사람이 공동체 속에서 소속감을 느끼는 일은 거의 불가능에 가깝다. 평범한 다수의 손에 의해 다수에게 맞게 빚어진 세상이니만큼, 남다른 뇌를 가지고 그 안에서 순탄하게 살아가는 일이 이따금 중노동만큼이나 고되게 느껴지는 것도 무리는 아니다. 사회에 적응하는 데만도 엄청난 에너지가 들고, 그 과정 자체가 이미 고통스럽다.

이런 상황을 바꾸려면 더 많은 연구와, 무엇보다 사람들의 열린 귀와 마음이 필요하다. 감정적으로 들릴지도 모르지만, ADHD의 부정적 이라고들 말하는 특성을 정의한 사람들은 나 같은 당사자가 아니라 부모, 교사, 직장 상사 등 주변인들이지 않은가. 의사들과 언론도 그에 한몫했다. 그리고 ADHD가 있는 당사자는 그 정의로 인해 시스템 내에서 번번이 모난 돌 취급을 받는다.

무엇이 옳고 그른지, 좋고 나쁜지, 정상이고 비정상인지를 판단하는 일에는 공동체 모든 구성원의 목소리가 반영되어야 하지 않을까? 그 참여의 여지는 여전히 남아 있다. 그래서 나는 정신장애나 정신질환, 더 나아가 정신건강 전반에 대한 사회의 태도가 변할 수 있다고 믿고, 또 반드시 변해야 한다고 확신한다.

유명인이 공개적으로 우울증을 고백하는 일은 불과 얼마 전까지만 해도 상상할 수 없었다. 정신과 장애와 정신질환을 포함해 이른바 기준에 어긋나 보이는 모든 것에 낙인이 찍히기는 옛날에나 지금이나 매한가지다. 이런 낙인은 온갖 황당무계한 진단, 치료법, 실험, 나아가 잔혹 행위까지 생각해 내도록 인류를 부추겼다. 생명을 '더 존엄한' 것과 '덜 존엄한' 것으로 나누던 일은 그리 오래전의 일이 아니며, 그 흔적은 지금도 남아 있다. 예전에는 교회와 국가가 정한 기준에서 벗어난 방식으로 살거나 사랑한 사람들의 권리가 조직적으로 제한되었다. 여성권 역시 이른바 자연법칙과 의학의 세력이 지배하던 기나긴 세월 동안 억압당하다가 현대에 이르러서야 조금씩 깨어나는 중이다. 지난 2022년 미국의 여러 연방주에서 낙태권을 크게 제한한 사건은 삶의 자기결정권을 누리기 위한 전 인류의 투쟁이 현재진행형임과 동시에, 기존에 쟁취했던 것들도 한순간에 무너질 수 있음을 적나라하게 보여준 특수한 사례였다. 의학적 발견의 이면에 얼마나 거대한 변화들이 따르는지, 무지한 신념뿐 아니라 이른바 전문지식이라 불리는 것이 얼마나 많은 고통을 만들어낼 수 있는지, 나아가 허술한 연구가 어떤 파급력을 가질 수 있는지를 이런 소수의 사례들은 적나라하게 보여준다.

독일 연방보건부에 따르면 ADHD는 아동기와 청소년기에 가장 흔한 정신질환 중 하나다. 지난 수십 년 동안에는 ADHD 아동 수가 폭증하면서 아동 ADHD와 관련된 연구와 치료에도 괄목할 만한 발전이 있었다. 반면에 ADHD 성인들은 오랫동안 배제되고 외면당해 왔다. 더 나아가, 이들의 존재 자체가 부정되기도 했다. 지금까지도 성인 ADHD에 관한 연구와 진단, 치료가 매우 부실하게 된 원인이다. 어쩌다 이런 불균형이 생겨난 것일까? 청소년기에서 성인기로 넘어가는 과정은 본래 뚜렷한 경계가 있는 것도 아닌데 말이다.

이 질문에 납득할 만한 답을 찾지 못한 것은 ADHD 성인 당사자와 그 주변 사람들뿐만이 아니다. 전문가들조차 여전히 제한된 자료와 연구, 관찰, 이론에 의존하고 있다. 이렇다 보니 자신이 ADHD가 아닐까 의심이 들어도 바로 의사나 심리치료사를 찾아가 물어보기 어렵다. 게다가 전문의 진료 예약 대기는 수개월씩 밀려 있는 게 보통이어서, 진료를 받기까지의 공백기에는 소셜미디어 같은 데서 정보를 구할 수 밖에 없다.

인스타그램과 틱톡 같은 플랫폼은 성인 ADHD에 관한 정보와 인식을 확산시키는 데 크게 기여했다. 많은 ADHD 성인들이 이곳에서 자신의 경험이나 지식을 나누고 직접 소통하며, 전문가들도 이런 플랫폼을 활용해 관련 정보를 공유하기 때문이다. 여기에는 일석이조의 효과가 있다. 우선 당사자는 혼자가 아니라는 위안을 받는다. 둘째로 이런 곳에는 압축된 정보를 담은 게시물이 넘쳐나므로 진료나 치료 한 번 받으려고 몇 달을 기다리거나 수많은 정신과를 전전하며 진을 빼지 않아도 된다.

이런 정보 교환방식과 커뮤니티에서 공유되는 의견들도 매우 유익하고 특별하기는 하다. 하지만 여기에는 적잖은 위험 또한 도사리고 있다. 허위 정보가 담겨 있거나 정식 진단도 받지 않은 자칭 'ADHD인'이 만든 동영상, 문서, 음성 자료 등이 인터넷에서 퍼지는 데는 몇 분도 채 걸리지 않기 때문이다. '전문가', '코치' 따위의 그럴듯한 명칭으로 사람들을 현혹시키고, 심지어 정보를 제공한답시고 뜬금없이 비싼 유료 서비스를 강권하기도 한다.

그럼에도 인스타그램 채널 @kirmesimkopf을 개설해, 정보를 공유하고 교류하며 개인적 경험과 즐거운 입담까지 나눌 수 있는 소통의 창구를 만들자, 그간 소리 없이 규모를 키워 온 독일의 ADHD 커뮤니티는 놀라우리만치 열광적인 반응을 보였다. 그리고 이에 힘입어 마침내 나는 이 책을 쓰기에까지 이르렀다. 2장에서 다시 말하겠지만 〈부산스러운 필립〉 Zappelphilipp 같은 대체로 남자아이를 떠올리는 ADHD의 이미지는 이제 완전히 시대에 뒤처졌다. 특히 많은 성인 ADHD인이 바라기로는, 사회도 학계도 더 이상 ADHD를 '성인이 되면 자연히 사라지는 아동·청소년 질환'으로 낙인찍지 않기를 바란다. ADHD에 대한 우리의 이해와 사고방식은 변혁의 시기에 있다. 오랫동안 확실하다고 믿었던 많은 것들이 이제 그 타당성을 잃었다. 그럼에도 '성인도 여전히 ADHD를 가지고 있다'는 인식은 아직 사람들의 머릿속에 제대로 자리 잡지 못했다. 안타깝게도, 정작 당사자들에게조차 마찬가지다.

그래서 나는, 이 책을 다 읽을 즈음이면 이것이 자신의 이야기임을 깨닫게 될 독자들에게 일차적으로 초점을 맞추고자 한다. 개중에는 오래전부터 자신이 ADHD일지도 모른다는 의심을 품어 왔거나 이미 진단을 통해 이를 확인한 사람도 있을 것이다. 이 책은 아무리 남들과 섞이려 해도 물과 기름처럼 겉돌기만 하던 이들, 아무리 노력해도 남들처럼 자기 일을 착착 해내지 못해 좌절하던 모든 이들에게 용기를 북돋워 주고자 한다.

진심을 다해 전하고 싶은 말이 있다. 우리는 잘못된 존재가 아니다. 설령 도저히 넘을 수 없는 어려움에 맞닥뜨리더라도, 여전히 올바른 존재다. 잘못된 존재가 되는 것이 아니다. 우리는 그저, 지금의 시스템이 품지 못한 인간 다양성의 한 갈래일 뿐이다. 이제 바뀌야 할 때다.

ADHD라고? 네가? 아니, 언제부터?

내 ADHD 증상에 관해 이야기하면 사람들은 흔히 'ADHD라고? 네가? 에이, 그럼 나도 ADHD겠네!'라는 식으로 반응한다. 실제로 내 지인 중에도 그렇게 말한 이가 있다. 가끔은 이런 반응에 부아가 치밀지만, 그 말이 진짜일 가능성도 아예 없지는 않다. 독일 ADHD 협회에 따르면, 독일 내 성인 ADHD 인구는 약 250만 명으로 추산되며, 이는 전체 인구의 약 2.8퍼센트에 해당한다. 정식 진단을 받지 못한 사람들까지 포함하면 이 숫자는 훨씬 커질 것으로 예상된다. 이에 관해서는 뒤에서 조금 더 자세히 이야기하겠다.

ADHD는 전 세계에서 가장 흔한 아동·청소년 정신질환 중 하나다. 독일에서는 0~17세 아동·청소년의 약 5퍼센트가 ADHD 진단을 받으며, 그 비율은 점차 증가하고 있다. 또한 확진을 받는 아동 중 남아가 차지하는 비율은 여아의 서너 배에 달한다. 이런 결과가 나오는 이유는 아직까지도 사람들이 ADHD를 개구쟁이 사내아이와 연결 짓기 때문이다. 그러나 이는 그릇된 고정관념에 지나지 않으며 실제 ADHD 아동에게는 부당하기까지 한 처사다. 여아의 ADHD가 남아

와는 다른 양상으로 나타난다는 사실이 비교적 최근에야 밝혀졌다. 여아의 증상은 남아와는 다를 뿐 아니라 겉으로 잘 드러나지도 않는다. 이런 탓에 여아들은 매우 늦게 진단을 받거나 끝까지 받지 못하는 경우도 허다하다. 이것이 얼마나 심각한 결과를 초래할 수 있는지, 이 책을 통해 분명히 이해하게 되기를 바란다.

내가 ADHD면 자신도 ADHD일 거라고 무심히 말한 지인과 나 사이에는 결정적인 차이점이 있다. 내 경우는 증상이 간혹 한 번씩 나타나는 데서 그치지 않는다는 점이 그것이다. 일정 기간 동안에만 증상이 나타나는 것도 아니다. 그냥 '늘' 있다. 하루 24시간, 일주일 내내 증상이 요동을 치기도 하고, 예측 불가능할 정도로 기복이 심하다. 그래서 "어떤 상황에서 당신이 ADHD라는 게 실감나나요?"라는 동료 기자들의 질문이 그렇게 웃길 수 없다. '이봐요, ADHD는 신기루처럼 나타났다 사라졌다 하는 게 아니라고요'라는 말이 목구멍까지 올라온다. '평범한' 뇌가 어떻게 작동하는지 알 길이 없으니 무엇에 비유해 설명해야 할지도 알 수 없다. 나는 ADHD와 더불어 살고 생각하고 행동하며, ADHD가 없는 나란 과거에도 없었고 현재에도 없으며 미래에도 존재하지 않을 것이므로 '나 자신이 ADHD'라 해도 과언이 아니다. 물론 ADHD가 없는 사람들의 눈에 내가 어떻게 비치는지, 다시 말해 내가 어딘지 '다르게' 작동한다는 사실을 그들이 언제 알아차리는지는 이야기할 수 있다. 그냥 그들이 이야기해 줘서 아는 것이다. 말하자면 이 또한 타인의 관점일 뿐이다. 이렇게 말하면 납득이 갈지 모르겠지만 나 자신에게 '나'는 정상이다. 그렇다고 다른 사람들이 비정상이라는 소리는 아니고, 내게 그들은 그냥 '다른 사람들'일 뿐이다.

물론 '보통' 뇌를 가진 사람에게서도 전형적인 ADHD의 특징이 나타날 수는 있다. ADHD가 있는 사람이 조금 독특하기는 해도 외계인은 아니잖은가 물론 이따금 외계인 취급을 받기는 한다. ADHD의 뇌와 '평균적인' 뇌는 기능적으로 별다른 차이가 없다. 다만 그것이 작동하는 '방식'이 다르다. 이 점이 튀어 보이는 이유는 우리가 끊임없이 서로 비교하기 때문이다. 가령 ADHD인 사람은 그렇지 않은 사람들과 똑같이, 혹은 두 배 더 열심히 일해도 절반만큼의 성과조차 내지 못할 때가 있다. 무엇에 집중하고 무엇에 집중하지 않을 것인지 결정하는 것도 어렵다. ADHD의 집중력은 최대치로 발휘되거나 0에 가까운 비활성 상태거나, 둘 중 하나다. 이건 당사자가 조절할 수 있는 문제가 아니다.

물론 어떤 일을 망치거나 약속을 잊거나 하기 싫은 일을 미루는 경험은 누구나 한다. 집 열쇠를 두고 외출한 경험, 인터넷에서 쓸데없는 물건을 주문한 경험, 바쁜 일상에 치여 유치원에 아이 데리러 가는 것을 깜빡한 경험이 단 한 번도 없는 사람은 없지 않은가. 그런데 ADHD가 있으면 이런 일이 '가끔' 일어나는 게 아니다. 달력에 빨간 동그라미를 몇 겹이나 쳐서 표시해 둔 일정도, 반 년 전부터 오매불망 기다려 온 약속도, 말 그대로 그냥 까먹는다. 할 일은 미루는 정도가 아니라 병적으로 질질 끈다. 열쇠 수리공 전화번호는 검색할 것도 없이 항상 통화 기록 맨 위쪽에 있지만 월급을 몽땅 열쇠 수리공의 손에 쥐어주는 것도 좀 그러니 신용카드를 문틈 사이로 밀어 넣어 따는 방법 같은 것을 익혀두기도 한다. 물론 그보다 확실한 방법은 이웃집에 예비 열쇠를 맡겨두는 것이다. 어떨 때는 몇 시간 동안 인터넷 쇼핑을 하며 단지 좋아 보인다는 이유로 닥치는 대로 물건을 주문하거나 기껏 장바구니에 담아둔 물건들을 나중에 주문해야지 하며 방치하는 일도 비일비재하다. 그러다 보면 언젠가는 배달원 앞에서 차마 얼굴을 들 수가 없지만 그런다고 자제가 되는 것도 아니라서 급기야 눈앞에 쌓인 '택배 상자 벽'에 가려 배달원 얼굴은 보려야 볼 수도 없는 지경이 된다. 그렇게 도착한 물건들은 또 주문했다는 것조차 잊어버린 지 오래라 멀리 안 나갈게, 도파민아! 반품하기는 해야 하는데 어영부영하다 보면 반품 기한은 이미 한참 전에 지나 있다. 그래도 세탁기에 빨래를 돌려놓고 까맣게 잊어버려 세 번이나 다시 돌리고도 또 곰팡이가 필 때까지 방치해서 옷을 다 버리는 바람에 텅텅 비어버린 옷장을 택배로 채우면 되니 그런대로 나쁘지는 않은 셈이다.

물론 이는 ADHD의 일반적인 모습이 아니라 내 개인적인 경험을 묘사한 것이다. 그러나 그 양상이 이처럼 광범위하게 나타날 수 있음을 이해하는 데는 도움이 될 것이다. 내 이야기가 다소 과장스럽게 들릴 수도 있으나 내가 살면서 경험한 모든 일들 중 그 정도는 빙산의 일각에 불과하다. 지금 나열한 모든 일들을 하루 새에 경험할 때도, 혹은 단 몇 시간 내에 그보다 더 많은 일이 벌어질 때도 있는 반면 거의 아무 일 없이 지나가는 날도 있다. 모든 게 뒤죽박죽일 때면 나는 어깨 한 번 으쓱하고 머리를 절레절레 흔들며 웃고 넘길 때도 있지만, 어떤 날에는 스스로도 감당이 안 되어 1초도 못 견디고 폭발할 것 같은 기분에 어찌할 바를 몰라 하며 허둥댄다.

ADHD는 이렇듯 내 의사와는 상관없이 나의 일상 전체를 지배한다. 내 손발을 묶어놓고 옥죄며 나를 궁지로 몰아넣고 내 일을 망치고 나와 주변인들 모두에게 좌절감을 선사하기도 한다. 이렇게 말하면 모두가 놀라겠지만, 그럼에도 ADHD 없이 살고 싶지는 않다. 나는 ADHD라는 안경을 통해 세상을 보는 일이 너무나 행복하며, 나를 지금의 나일 수 있게 해주는 것도 ADHD의 다양한 특징이기 때문이다. 이 책을 읽는 동안 내 말이 무슨 의미인지 조금씩 이해하게 되기를 바란다.

본격적으로 시작하기에 앞서

먼저 분명히 해두고 싶은 것이 있다. ADHD가 있는 사람들에게는 여러 공통점이 있다. 자신이 ADHD임을 아직 모르거나, 평생 모르고 살 사람들도 마찬가지다. 그러나 지구상에서 단 두 사람이라도 완전히 일치하는 ADHD 증상을 보이는 경우는 없다. 증상이 드러나는 양상, 이에 대응해 개인이 세운 전략, 각자에게 주어진 자원, ADHD로 인한 불이익, 주변의 대응, 자라온 사회의 환경, 그로 인해 마주하는 가시밭길이나 오히려 얻게 되는 기회, 진단 시점과 이후의 대응방식까지, 모든 것이 천차만별이라는 뜻이다. 그래서 미리 밝혀 두지만, 이 책은 보편적인 해결책을 제시하는 길잡이가 아니다. 적잖은 학술정보와 여러 연구 논문을 바탕으로 쓴 책이지만, 그 중심에는 어디까지나 ADHD와 관련된 내 개인적인 서사와 주관적 관점이 있다.

그러니 완벽함을 기대하지 않기를 조심스럽게 당부한다. 의사도 심리치료사도 학자도 아닌 내가 완벽한 책을 쓸 수 없는 것은 당연하다. 게다가 수많은 전문가들조차 여전히 오리무중에 빠져 헤매고 있지 않은가. 그래서 ADHD를 다룬 최신 논문들에는 하나같이 더 많은 연구가 시급하다는 문장이 덧붙는다. 최근 몇 년간 새롭게 밝혀진 연구 결과들조차 충분히 검증되기까지는 추가 연구와 근거가 필요한 실정이다. 예컨대 오늘날의 주요 연구 중 다수는 백인 남아 및 성인 남성에게 초점이 맞춰져 있어, 여아와 성인 여성의 ADHD 및 관련 위험 요소에 대해서는 여전히 알려진 바가 적다. '남성'과 '여성'만 존재한다는 젠더 이분법에서 벗어난 다차원적 연구는 지금껏 거의 시도된 적이 없다. 이렇게 학계에는 여전히 풀어야 할 숙제가 산적해 있다.

이 책에서 성 평등에 부합하는, 모든 사람들을 포괄하는 언어를 사용하려고 노력했다. 멀쩡히 존재하고 있음에도 종종 배제되거나 고려 대상에서 제외되는 이들의 존재감을 드러내는 것이 내게는 중요하기 때문이다. 나 역시 할 말이 많은데, 들어주는 이가 없던 때가 있었다. 그러나 특정한 집단을 지칭하고자 할 때 그 당사자들 모두가 스스로를 투영시킬 수 있는 용어를 고르기란 쉽지 않은 일이다. 그러니 내가 선택한 용어가 적확하지 못하다고 느껴져도 너그러이 이해해 주기 바란다.

이런 용어 중 일부를 처음 듣거나, 특정 집단의 사고방식과 현실이 낯설게 느껴지는 독자도 있을 것이다. 그러나 혼란스러워할 필요는 없다. 어떤 문제를 하루아침에 완벽히 이해하고, 언제나 올바르게 행동하는 사람이 어디 있겠는가. ADHD가 있는 사람의 가족들조차 ADHD를 이해하기 힘들다. 이쯤에서 내게 깊은 울림을 준 포용·반차별 상담가 알리나 부쉬만 Alina Buschmann 의 인스타그램 @dramapproved 글을 인용한다.

"사람들은 차별을 흔히 '악의'와 결부시킨다. 그러나 상처

줄 의도가 없었으니 차별한 게 아니라는 말은 어불성설이다! '나쁜 의도로 그런 건 아니야'라는 변명은 그 말을 한 당사자의 언행이 차별주의적일 가능성을 배제해 주지 않는다."

그나마 다행인 것은 새로운 문제에 관해 정보를 얻고 배우고 관심을 가질 기회는 언제든 열려 있다는 점이다. 나와 직접 관련이 없더라도, 사회의 일원으로서 내가 의식적으로든 무의식적으로든 영향력을 발휘할 수 있는 문제들도 마찬가지다.

나는 이 책이 ADHD를 '괴물'쯤으로 여기거나 반대로 '신이 내린 선물'처럼 포장하는 사람들에게 힘을 실어주는 것은 바라지 않는다. ADHD가 '제약업계의 음모'라는 근거 없는 주장을 펼치는 사람들을 위한 책은 더더욱 아니다.

이 책은 더 많은 것을 알고자 하는 사람, ADHD에 대처할 수 있도록 가능한 많은 사전 정보를 얻고자 하는 사람들을 위해 쓰였다. 선입견을 조장하고 진단받을 기회를 가로막음으로써 ADHD가 있는 사람의 인생을 험난한 길로 만드는 범인은 다른 무엇도 아닌 '무지'라고 확신한다. ADHD를 '소란스럽고 까다로우며 몽상에나 빠져 있는 실패자이자 매사에 변명만 늘어놓는 사람'과 결부시키는 것은 집단적인 배척과는 다른 문제다. ADHD는 다차원적이며, 성적과 직업에서부터 식습관, 성생활, 자존감, 자아 인식, 은행 잔고와 집의 인테리어에 이르기까지 삶의 전반에 영향을 미친다.

이 점만 이해해도 그저 '튀는 행동을 하는' 아이들을 ADHD라 한다는 선입견을 버리게 될 것이다. ADHD를 보다 깊이 이해하고자 하는 사람, 그리고 마지막 장을 덮을 즈음 자신의 일부 또는 모든 특성이 그에 부합한다는 뜻밖의 결론에 도달하게 될 모든 사람들에게 이 책이 디딤돌이 되어주기를 희망한다. 《혼돈의 두뇌》가 고정관념을 허물고 타인의 말에 귀 기울이며, 눈에 보이는 것 이상의 다양성을 받아들이고자 하는 모든 이들의 마음에 가닿기를 바라는 마음이다.

II

팩트 체크

ADHD는 무엇이며 어떻게 이해해야 하는가

최근 몇 년 사이, ADHD에 대한 사회적 관심이 눈에 띄게 커졌다. 내가 이 주제에 오래 몰두해 있어서 그렇게 느끼는 걸지도 모르지만, 인터넷을 조금만 검색해 봐도 그저 나만의 단순한 착각이 아님을 알 수 있다.

책을 쓰기 위한 첫 번째 사전 준비는 구글 트렌드Google Trends에 들어가 'ADHD'를 검색하는 것이었다. 구글 트렌드란 구글 사용자들이 어떤 검색어를 언제, 그리고 얼마나 자주 입력했는지 알아볼 수 있는 온라인 서비스다. 검색 조건을 '모든 국가'와 '2004년~현재'까지로 설정하고 'ADHD'를 입력하자 매우 흥미진진한 결과가 나타났다. 먼저 각 시점별 관심도를 나타낸 수치는 2004년 1월까지만 해도 48에 불과했으나 2022년 6월에는 무려 96까지 상승했다. 2022년 3월에는 이 수치가 심지어 100에 도달했다. 100은 검색 빈도를 나타내는 그래프에서 가장 높은 수치다.

검색된 지역을 '독일'로 설정하고 ADHD의 독일어식 표현인 'ADHS Aufmerksamkeitsdefizit-Hyperaktivitätsstörung'를 입력했을 때도 마찬가지 결과가 나왔다 ADHS는 ADHD의 독일어식 표기 –옮긴이 주. 2004년 초반에 26에 머물던 관심도가 2022년 3월에는 96이라는 놀라운 수치로 상승한 것이다. 참고로 독일에서 이 단어가 가장 자주 검색된 지역은 슐레스비히홀슈타인주였으며 가장 적게 검색된 지역은 작센안할트주였다.

이는 ADHD에 대한 일반 대중의 관심이 커졌다는 명백한 증거다. 나와 같은 사람들이 자기 자신이나 주변의 누군가를 보다 잘 이해하는 데 도움이 될지 모른다는 생각으로 정보를 찾아 헤매고 있는 것이다. 인터넷에서 첫 실마리를 얻고 도움받을 방법을 모색하며 타인들과 교류할 수 있다는 것은 이들에게 큰 행운이다.

그러나 ADHD는 인터넷이 등장하기 전에도 존재했으니, 월드 와이드 웹World Wide Web이 개발되기 전부터 '나는 도대체 왜 이럴까? 왜 나는 남들과는 다른 거지?'라는 고민을 품고 산 사람들 역시 있었을 것이다. 나아가 ADHD의 여러 특성으로 인해 놀림과 차별, 따돌림을 당하던 이른바 아웃사이더 또한 있었을 게 분명하다. 이쯤에서 우리는 '누가 ADHD를 발견했는가?'라는 질문을 던지게 된다.

ADHD의 짧은 역사

먼저 ADHD의 본질을 조금 파헤쳐 보기로 하자. 그러려면 과거로 여행을 떠나 ADHD의 역사를 들여다볼 필요가 있다. 성인 ADHD가 흔히 뒤늦게 발견되며 그와 관련된 편견 및 상반된 견해가 넘쳐나는 이유를 이해하려면, 의학계에서 말하는 장애의 한 종류로서의 ADHD가 탄생하게 된 역사적 배경부터 짚어보아야 한다.

과잉행동, 산만함, 주의력결핍, 충동성 등 전형적인 ADHD 증상을 보이는 아동들에 관한 초기 기록 중 하나는 뜻밖에도 의학 전문 서적이 아니라 19세기에 하인리히 호프만 Heinrich Hoffmann이 쓴 동화에서 발견된다. 《더벅머리 페터》 Struwwelpeter 라는 제목으로 유명한 이 책은 원래 독일 의사였던 호프만이 1844년에 아들에게 선물하려고 직접 쓴 그림동화였다. 처음 출간된 당시에는 대중들로부터 파격적이고 방종하며 반도덕적이라는 비난을 받기도 했다. 앞서 언급한 〈부산스러운 필립〉도 이 책에 실린 여러 이야기 중 하나로, 여기에는 가족의 저녁식사 자리가 필립의 행동거지 때문에 엉망이 되고 갈등이 빚어지는 과정이 서술되어 있다. 이야기는 음식이 차려진 식탁을 아이가 통째로 엎는 장면에서 절정에 다다른다. 분노가 극에 달한 아버지와 달리 어머니는 무심함 혹은 주의력결핍일까?의 극치를 보여주는데, 이 장면을 묘사한 "어머니는 무심히 식탁을 바라보고 있었단다."라는 인상적인 문장은 지금까지도 뇌리에 남아 있다.

비판이 무색하게 호프만의 책은 전 세계에서 날개 돋친 듯 팔려 나갔고, '부산스러운 필립'이라는 표현은 말 그대로 부산스러운 아이를 지칭하는 관용어로 쓰이기에 이르렀다. ADHD를 염두에 두고 쓴 것이 아님에도 호프만의 이야기에는 ADHD 증상이 비교적 자세히 묘사되어 있다. 가령 〈한눈팔이 한스〉Hanns Guck-in-die-Luft는 사방팔방 정신을 빼앗기고 다니다 물에 빠져 익사할 뻔한 소년의 이야기다. 현재 시점에서 보면 이 아이도 ADHD가 강력히 의심되지만 당시에는 물론 이를 판단할 만한 기준이 없었다.

학술 분야에서 ADHD가 최초로 상세히 기술된 것은 1902년 영국의 아동치료학 교수 조지 스틸George Still에 이르러서였다. 스틸은 소아과 의사로서 아이들을 진료한 경험을 바탕으로 일련의 주요 증상들을 정리했으나, '아동에게서 관찰되는 비정상적인 정신 상태'라는 표현을 써서 이것을 일종의 '도덕적 결함'으로 분류하는 실수를 범하고 말았다. 이처럼 부정적인 가정은 오늘날까지도 형태를 바꾸어 끈질기게 이어지고 있다. '과도한 텔레비전 시청이나 잘못된 육아방식이 ADHD를 유발시킨다'는 근거 없는 말과 글을 유포하는 사람들도 너무나 많다. 흥미로운 점은 스틸이 관찰한 사례 중 남아는 15건인 데 비해 여아는 5건에 불과했다는 사실이다. 스틸 역시 이 점에 주목하고 이를 '우연이라고는 할 수 없는 성비 불균형'으로 간주했다.

이후에도 종종 스틸처럼 특정한 증상들을 관찰하고 그에 관해 서술한 사람들은 있었으나, 이들의 연구 결과도 현대 ADHD 진단 기준의 근간이라 부르기에는 다소 미흡하다. 오늘날 알려진 ADHD의 일반적인 틀과는 거리가 있기 때문이다. 많은 학자들은 ADHD 증상을 기존에 알려져 있던 다른 질병의 동반질환 정도로 간주했을 뿐, 그 자체가 고유의 장애 증상이라거나 인간의 뇌가 가진 다양한 면면 중 하나라는 사실은 간파하지 못했다. 당시의 이론들 중 다수는 특정한 선입견이라든가 소위 의학적 발견이라 불리는 여러 가지 가설이 오늘날까지 이어져 오도록 만든 주범이다. 이는 여아 및 여성의 ADHD를 쉽게 간과하게 했을 뿐 아니라, 과도한 미디어 사용이나 당분 과다섭취 등의 개별 요인이 ADHD를 유발시킨다는 그릇된 믿음을 대중들의 뇌리에 깊이 새겨두었다.

1932년에 현재의 ADHD에 상응하는 '아동기 과운동성 질환'을 관찰한 독일인 의사 프란츠 크라머 Franz Kramer와 한스 폴노프 Hans Pollnow는 두부 외상, 분만 사고, 질병 등으로 인한 뇌손상이 그러한 '특이한 행동'의 원인일 것으로 추측했다. 1937년에는 정신의학자 찰스 브래들리 Charles Bradley가 우연한 기회에 새로운 사실을 알아냈다. 두통을 앓는 아이들에게 각성 효과가 있는 암페타민 amphetamine 성분의 벤제드린 benzedrin을 투여하자 아이들에게서 집중력이 향상되고 의욕이 높아지며 품행이 좋아지는 등의 놀라운 행동 변화가 나타난 것이다. 각성제가 ADHD 뇌에 미치는 영향이 최초로 발견된 순간이었다.

스위스의 화학자 레안드로 파니존 Leandro Panizzon은 이러한 발견에 힘입어 1944년부터 메틸페니데이트 methylphenidate 성분을 이용한 신종 약제를 개발하는 데 박차를 가했다. 이 약이 출시되기까지는 그로부터 10년이 걸렸다. 사실 자가 실험에서 파니존 자신은 아무런 효과를 느끼지 못했으나, 리타 Rita라는 애칭으로 불리던 그의 아내 마르그리트 Marguerite는 약을 복용하자 테니스를 칠 때 높은 집중력을 발휘하며 평소보다 좋은 결과를 냈다. 오늘날까지 유통되는 ADHD 치료제의 이름인 '리탈린 Ritalin'은 바로 리타의 이름에서 따온 것이다.

그러나 그 시기에도 'ADHD'라는 명칭은 아직 존재하지 않았고, 1968년부터 '아동기 과운동성장애'라는 새로운 용어가 사용되기 시작했다. 이 장애는 과활동성, 안절부절못함, 산만함, 짧은 주의 집중 시간으로 특징지어지며, 특히 어린

아이들에게서 두드러진다. 그러나 이러한 행동은 대개 청소년기에 접어들면 점차 줄어든다고 여겨졌다. 당시에도 '과운동성장애'의 원인은 밝혀지지 않았다. 1960년대 후반까지도 사람들은 객관적으로 입증할 수 없는 미세한 뇌 손상조차 과잉행동을 일으킬 수 있다고 믿었다. 그 밖에도 1960년대에는 ADHD 뇌와 똑같이 거의 작동하되 한 가지 차이를 보이는 뇌의 유형이 있다는 추측이 처음으로 등장했다. 그 차이는 과잉행동이 거의 혹은 전혀 없다는 점이다. 이렇게 해서 훗날 주의력결핍장애, 즉 ADD Attention Deficit Disorder 라 불리게 되는 개념이 탄생했다.

ADHD가 아이들에게만 있는 게 아닐지도 모른다는 의심은 1970년대에야 서서히 고개를 들기 시작했다. 일부 심리치료사들의 예리한 안목 덕분이었다. 아이를 데리고 찾아온 부모들이 자신도 비슷한 문제를 겪었다고 털어놓는 경우가 심심찮게 있었으며, 실제로도 이들에게서 ADHD 여부를 판단하는 데 핵심 기준이 되는 특징이 관찰되었던 것이다. 이는 ADHD가 저절로 '사라지는' 것이 아니라 일부에게서는 성인기까지 이어질 수도 있다는 추측으로 이어졌다. 그럼에도 성인들에게서 보이는 동일한 장애에 대한 연구는 1990년대에 들어서서야 본격적으로 시작되었다. 1994년에는 《타임 매거진》TIME Magazine 의 표지에 이런 문장이 실렸다.

"정리가 잘 안 되나요?
금세 산만해지나요?
머릿속이 뒤죽박죽인가요?
의사들은 이런 증상이 주의력결핍장애에서 비롯될 수 있다고 말합니다. 이 문제는 아이들에게만 나타나는 것이 아닙니다."

말하자면 성인 ADHD가 처음 주목받기 시작한 게 고작 20~30년 전이라는 뜻이다. 지금이라고 상황이 나아진 것은 아니라서, 성인 ADHD라는 말을 들으면 금시초문이라며 놀라는 사람들이 아직도 수두룩하다.

성인 ADHD는 기준을 정하는 것도 쉽지 않기 때문에 진단 기준을 확립하는 작업은 여전히 진행 중이다. 1995년에 고안된 벤더-라이머 성인 주의력결핍장애 척도 Wender-Reimherr Adult Attention Deficits Disorders Scale는 오늘날까지 성인 ADHD 증상을 판별하는 기준이 되지만, 이것이 독일어로 번역된 것은 2008년에 이르러서였다. 2013년에는 미국에서 가장 중요한 정신질환 분류 안내서 DSM-5 Diagnostic and Statistical Manual of Mental Disorders, 5th ed., 정신질환의 진단 및 통계 편람에 성인 ADHD 증상 및 진단에 관한 내용이 추가되었다. ICD International Classification of Diseases, 국제 질병 분류와 더불어 전 세계에 가장 널리 알려진 정신질환 분류 안내서로 꼽히며, 특히 각종 정신질환의 정의 및 성인의 '주의력결핍 과잉행동장애' 진단 기준이 이에 수록되어 있다. 이 두 안내서는 주기적으로 개정되며 최신 연구 현황에 맞게 내용이 수정된다.

마찬가지로 성인 ADHD 치료제 처방 문제도 자리를 잡지 못한 상태다. 예컨대 메틸페니데이트 성분의 치료제 리탈린은 2011년까지 아동에게만 처방되었다. 허용 대상이 아동에게 국한된 탓에 ADHD 성인들은 이때까지 약물 처방을 받지 못했다. 그러나 지금은 아동기에 ADHD 진단을 받았거나 면밀한 검사를 통해 뒤늦게라도 확진을 받은 경우 성인에게도 치료제가 처방된다.

ADHD의 증상이 처음 기록된 지 200년이 지났지만 진단이 본격화된 것은 극히 최근의 일이며, 관련 연구도 이제 막 걸음마를 뗀 수준이다.

구석기 시대에도 ADHD가?

주의력결핍 과잉행동장애는 지난 세기에 들어서야 학자들의 관심을 끌기 시작했지만, ADHD적 특성이 인류와 훨씬 오래 함께해 왔다는 가설도 존재한다. 작가 톰 하트만 Tom Hartmann 도 1997년에 출간된 《주의력결핍장애: 새로운 시각》 Attention Deficit Disorder: A Different Perception 에서 매우 흥미로운 이론을 제시했다. 산업화 훨씬 이전, 인류가 농사를 짓고 가축을 기르기 시작하기 전에 우리 조상들은 수렵채집인이었다. 사냥을 나가면 곳곳에 도사리고 있는 위험 때문에 끊임없이 주위를 경계해야 했으므로 당시 인류에게는 오늘날과는 다른 생존 능력이 요구되었다. 덤불 속의 바스락거림 하나, 갑작스러운 움직임 하나가 생사를 가를 수 있었기에 주변의 모든 것을 끊임없이 살피는 것이 중요했다. 사냥감이나 천적이 나타나면 순간적으로 반응해야 저녁거리도 확보하고 목숨도 보존할 수 있었다. 그처럼 '지금 이 순간'에 고도로 집중해야 하는 상황에서는 그 어떤 다른 것은 중요하지 않았다. 하트만은 바로 이들에게서 ADHD와의 연결고리를 발견했다.

하트만은 수렵채집인이 ADHD적 특성을 지닌 사람들의 직접적 조상이며, 그들의 생존 능력이 오늘날 ADHD의 두드러진 특성으로 나타난 것이라고 보았다. 문제는 구석기 시대 이후 오랜 세월 동안 이 능력이 점차 사용되지 않거나 잊혀졌을 가능성이다. 한때는 인류의 생존을 좌우하던 능력이 이제 쓸모없는 과거의 유물로 전락한 셈이다. 하트만은 또 현재의 기준으로 보면 '정상'이라 여겨졌을 조상들은 사냥 능력이 거의 없거나 전혀 없었을 것이라고 말한다. 그래서 이들은 한 곳에 정착해 농사를 짓는 데 집중했다. 이는 파종과 추수 사이의 길고 단조로운 시기를 견디며, 단순하지만 고된 육체노동을 묵묵히 해내야 함을 뜻했다. 처음에는 굶어 죽거나 맹수의 먹이가 되는 일도 많았겠지만, 오랜 세월이 지나면서 이런 적성은 오히려 장점으로 바뀌었다.

인류 문명 발전사에서 농사는 커다란 진보로 간주되나 그로 인해 인류가 치른 대가 또한 적지 않다. 자유는 정착생활과 맞바꾸어야 했고 충동성은 단조로움으로 대체되었으며, 창의력과 자유로운 사고는 고된 노동과 엄격한 계층 구조 속으로 흡수되었다. 인류에게서 '사냥꾼' 기질이 점차 퇴화하자 수렵채집인의 행동방식을 고수하고 농경생활에 적응하지 못한 사람들은 어느덧 튀어 보이거나 돌발행동을 한다는 이유로 공동체로부터 배척당했다. 혹은 그보다 훨씬 나쁜 일도 당했을 것이다.

그러나 하트만은 ADHD인이 보유한 '사냥꾼' 기질이 적어도 현대에는 특별한 역할을 하며, 인간의 삶 혹은 생존에 다른 어느 때보다도 중요한 의미를 가질 수 있다고 주장한다. 오늘날처럼 모든 것이 빠르게 변하고 기후 변화, 국제 분쟁, 인플레이션 같은 급격한 사건이 이어지는 시대에는 문제를 다른 각도에서 보고 남다른 해법을 찾을 수 있는 사람의 발상이 더욱 필요하다. 이런 사람들은 전체적인 맥락을 빠르게 파악하며 새로운 것도 과감히 시도할 준비가 되어 있다. 하트만은 우리 사회가 이 특별한 능력을 '질병'이나 '장애'로 치부하지 않고, '농부'의 능력과 조화시켜 목적에 맞게 활용한다면 어떤 시대적 난관도 극복할 수 있을 것이라고 말한다. 말하자면 ADHD는 산발적으로 나타나는 원인 불명의 비정상적 변이 Abnormität 가 아니라 인류의 진화사에 깊이 뿌리 내리고 있는 특수한 기질일 수도 있는 것이다. 이 얼마나 매력적인 생각인가.

ADHD 뇌는 왜 다르게 작동할까?

ADHD의 원인은, 적어도 이 책이 쓰인 2022년까지 명확히 밝혀지지 않았다. ADHD의 '암호'가 아직 해독되지 않았기 때문이다. 다만 다른 여러 정신과 질환과 장애, 신경학적 특수성과 마찬가지로 ADHD에도 복합적인 요인이 작용한다는 데는 이견이 없다. 다시 말해 ADHD를 결정짓는 요인은 여러 가지이며, 그중에 가족력 내인성 인자은 물론 환경적 요인 외인성 인자도 있을 가능성이 크다.

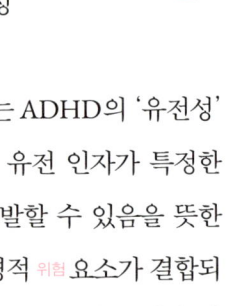

발달심리학자와 교육학자들이 말하는 ADHD의 '유전성'이란, 태어날 때부터 잠재적으로 지닌 유전 인자가 특정한 환경 조건에서 특정한 행동 양식을 유발할 수 있음을 뜻한다. ADHD는 대개 다양한 유전적·환경적 위험 요소가 결합되어 발현되는데, 사소한 영향력을 가진 요소라 해도 여러 가지가 결합되어 시너지를 일으키면 증상이 발현될 확률도 높

아진다. ADHD의 주요 증상이 모든 사람에게서 똑같이 나타나지 않는 이유도 이렇듯 선천적인 요인 외에 다른 요인들이 영향을 미치기 때문이다.

다시 말해, 어떤 발달 과정을 거치고 최종적으로 어떤 건강상태를 갖게 되는가는 항상 육체와 정신, 사회적 환경과 밀접한 관련이 있다. 의학에서는 이를 '심리사회 모델 Psychosocial model'이라 부른다. 독일 건강지식재단 Stiftung Gesundheitswissen에 따르면, 인간이 건강할지 병에 걸릴지는 끊임없이 상호작용하는 세 가지 영역에 의해 결정된다고 한다. 첫째는 내장 기관과 세포로 이루어진 신체이고, 둘째는 정신이 작용하는 정신 건강 영역이다. 정신은 우리의 사고와 행동, 그리고 특히 감정에 영향을 미친다. 세 번째, 사회적 영역에는 환경 및 생활 조건이 포함된다. 이 세 영역은 건강 상태에 긍정적 또는 부정적으로 작용하며, ADHD 발현에도 비슷한 영향을 미칠 가능성이 있다.

ADHD의 근본 원인과 그것이 발현되는 과정에서 각 요소가 어떤 역할을 하는지는 여전히 충분히 밝혀지지 않았다. ADHD가 신경병증이든, 발달장애이든, 혹은 단순히 뇌의 기능적 차이든 간에, 과학적 근거의 부족은 여전히 대중이 ADHD를 이해하고 받아들이는 데 큰 걸림돌로 작용한다. 연구가 지속되고 인간의 뇌와 정신·신체 건강에 대한 이해가 깊어질수록 ADHD의 '암호'를 해독하는 날도 가까워질 것이다.

지금까지 ADHD의 원인으로 추정되는 요인들이 밝혀지긴 했지만, 그중 어느 요소가 먼저 작용했는지, 또 얼마나 결정적인지는 여전히 '닭이 먼저냐, 달걀이 먼저냐'의 문제만큼이나 수수께끼다. 과거에는 단 하나의 명확한 원인을 찾는 데 초점을 맞췄지만, 오늘날에는 생물·심리·사회 모델에 따라 ADHD를 이해하려는 추세다. 모든 요인은 서로 복잡하게 얽혀 있기 때문이다. 아직 ADHD를 설명해 주는 명쾌한 이론은 없지만, 지금까지의 연구로 밝혀진 요인들을 간략히 정리해 보겠다.

Ⅰ. 신경학적 요인

인간의 뇌는 특정한 기능을 수행하는 여러 영역으로 나누어져 있다. 예컨대 어떤 영역은 외부 세계와 소통하며 우리가 보고 듣고 느끼는 바를 처리한다. 이는 우리가 외부 자극에 어떻게 반응해야 할지 결정하는 데 도움이 된다. 또 다른 영역은 주로 우리의 내면, 즉 신체와 소통하며 모든 기능이 순조롭게 유지되도록 조절한다.

각 뇌 영역은 주어진 임무를 수행하기 위해 신경회로를 통해 그물망처럼 서로 연결되어 있으며, 덕분에 정보가 한 지점에서 다른 지점으로 전달되고 처리될 수 있다. 이 기능에 필요한 것이 뇌의 신경전달물질이다. 각 뇌 영역을 담당하는 뇌세포, 즉 뉴런은 신호가 들어오면 즉시 신경전달물질을 생성해 이웃 뉴런과 그 사이 공간으로 분비한다. 이 공간을 시냅스라 부른다. 시냅스 덕분에 서로 이웃한 세포들이 연달아 자극되면서 정보는 최종적으로 처리되어야 할 지점까지 전달된다. 그런데 ADHD에서는 바로 이러한 처리 과정에 특이점이 있는 것으로 보인다.

사람들은 ADHD를 뇌의 정보 처리 과정에서 발생하는 일종의 오류로 간주한다. 뇌의 일반적인 정보 처리 과정은 신경전달물질 중에서도 주로 도파민, 노르아드레날린, 세로토닌과 밀접한 관련이 있다. 어떤 신호가 한 신경 세포에서 다른 신경 세포로 전달되는 데 이들이 핵심 역할을 하기 때문이다. 끊임없이 쏟아져 들어오는 수많은 자극을 뇌가 적절히 처리할 수 있도록 조절하는 게 그 역할이다. 예를 들어 도파민은 우리가 활기를 띠고 추진력을 발휘하며 의욕적으로 행동하도록 조절한다. 노르아드레날린은 무엇보다도 주의력을 담당하며 우리가 얼마나 목적에 맞는 행동과 사고를 할 수 있는가를 결정한다. 신경체계에서 스트레스를 조절하는 영역을 활성화시키는 것도 노르아드레날린이다. 다른 한편으로는 충동을 조절하는 세로토닌이 있다. ADHD가 있는 사람들에게서는 몇몇 특정한 뇌 영역에서 이처럼 중요한 신경전달물질이 충분히 분비되지 않거나 너무 빨리 재흡수되는 것으로 추정된다. 이때 다음 네 가지 뇌 영역이 특수한 역할을 하는 것으로 보인다.

전전두피질

전전두피질은 주의력을 유지하고 스스로를 정리·관리하는 기능을 담당하기 때문에 해야 할 일이 많다. 복잡한 행동을 계획하고 실행하는 데 필요한 이른바 집행기능도 이곳에서 이루어지며, 이는 우리의 성격을 형성하는 데에도 관여한다. 이 부위에 노르아드레날린이 부족하면 부주의해지고 일상 정리 능력에 문제가 생기며, 집행기능 전반이 저하될 수 있다.

변연계

진화의 역사를 보면 여러 뇌 영역 중 가장 오래된 영역이 바로 변연계다. 변연계는 주로 감정과 욕구를 담당하며, 새로운 것을 배우거나 정보를 저장할 수 있도록 동기를 부여하기도 한다. 또한 음식의 섭취와 소화, 생식기능 등에도 관여한다. 변연계의 기능이 저하되면 사람은 불안해하고 부주의해지며 감정의 기복이 심해진다.

기저핵

뇌로 들어온 정보는 다소 낯선 이름을 가진 이 신경 세포 집단에 가장 먼저 도달한 뒤, 이곳으로부터 제각각 적절한 영역으로 전달된다. 한마디로 뇌의 소통 통제센터라 할 수 있으며 특히 복잡한 운동 기능이 이곳에서 조절된다. 기저핵에 오류가 생기면 정보 전달이 어그러져 부주의해지거나 충동적으로 행동하게 되고, 단일 틱이 다중 틱으로 진행하거나 투렛증후군 같은 틱장애로 진단되기도 한다.

망상체활성계

줄여서 RAS라고도 부르는 이 신경그물망은 뇌에서도 가장 복잡한 구조물 중 하나로 꼽힌다. 망상체활성계에서는 수면-각성 리듬이 조절되며, 그 밖에 중요한 기능 중 하나는 수많은 정보들 중 어떤 것을 선택하고 활용할 것인지 결정하는 일이다. 뇌에는 온갖 감각 자극이 시시각각 홍수처럼 밀려든다. 이 모든 것을 동시에 인지하고 처리해야 한다면 정보의 엄청난 양과 작업 강도에 뇌가 과열되어 살아남지 못할지도 모른다.

말하자면 망상체활성계는 일종의 필터 역할을 한다. 청각이나 시각을 통해 인지한 모든 것 중 어느 것을 걸러내어 의식으로 들여보내줄지 결정하는 것이다. '신분증과 출입 허가증을 보여주십시오'라고 요구하는 출입 통제 요원과도 같다. 이쯤이면 누구나 짐작할 수 있겠지만, 세 가지 전형적인 ADHD 증상, 즉 주의력결핍, 과잉행동, 충동성이 유발되는 이유는 바로 이 필터가 제대로 기능하지 못해서다. 보통 ADHD가 있으면 뇌가 쉬지 않고 활동하며 특히 '자극'에 쉽게 흥분하는 것으로 잘못 알고 있는 사람들이 많다. 의학에서 말하는 자극이란 특정한 활성화를 촉발하는 외적·내적 자극원에 의해 신체 조직 세포, 신경 조직, 내장 기관 등이나 정신의 구조가 흥분을 일으키는 것을 말한다.

ADHD가 없는 사람의 뇌는 최적의 자극을 받으면 맑고 깨어 있으며, 새로운 것에 참여하거나 배울 준비가 되어 있다. 일반적으로 이런 뇌는 일상에서 변하는 내적·외적 자극에 적절한 수준의 흥분을 일으킨다. 앞서 설명한 신경전달물질들이 안정적으로 서로 조율되기 때문에, 자극의 변화에도 크게 흔들리지 않고 비교적 지속적인 집중을 유지할 수 있다. 자기조절 역시 안정적이며 행동 통제도 잘 이루어진다.

반면에 ADHD 뇌는 자극에 적절히 대응하는 일이 쉽지 않다. 의사이자 베스트셀러 작가인 토머스 암스트롱 Thomas Armstrong은 2010년에 《증상이 아니라 독특함입니다》에서 이에 관해 설명한 바 있다. 그에 따르면 ADHD가 있는 사람들은 주변인들로부터 사소한 자극에도 과민반응을 보인다는 뒷말을 자주 듣는다. 그런데 이는 틀린 말이다. 오히려 보통 사람들에게 자극적인 것이 ADHD 뇌를 자극하기에는 충분치 않다. ADHD 뇌는 나름의 규칙 체계를 갖추고 있기 때문에, 외부에서 중요하게 여기는 일이 아니라 자신만의 적정 자극을 탐색하는 일에서 동기를 부여받는다. 뇌의 흥분도와 그에 따른 주의력의 강도는 그것이 내적 동기에서 비롯된 것인지, 외부의 요구에 따른 것인지에 따라 달라진다. 이렇다 보니 주위 사람들의 눈에는 이들이 외부의 압력, 다시 말해 다른 사람들의 요구를 일부러 무시하는 것으로 보일 수 있다. 그러나 그건 오해다. ADHD 뇌는 본래 내적 동기를 더 강한 자극으로 받아들인다. 이것이 보상 호르몬인 도파민을 더 많이 분비시키기 때문이다.

메틸페니데이트 같은 각성제가 ADHD에 효과를 발휘하는 이유도 여기에 있다. 각성제는 뇌의 도파민 농도를 높여 보다 강한 자극 수준에 도달하게 만드는데, 모순적이게도 이게 안정 효과를 내어 ADHD 뇌가 차분해질 수 있는 것이다. 그래서 각성제는 ADHD 치료제로 가장 흔히 처방된다. 각성제는 주로 도파민 체계에 작용해 뇌세포들이 더 효과적으로 상호작용할 수 있게 자극한다.

대니얼 Z. 리버먼 Daniel Z. Lieberman 과 마이클 E. 롱 Michael E. Long 은 2018년에 《도파민형 인간》에서 도파민이 우리에게 행복과 의욕, 만족감 뿐 아니라 *'기대감'*도 유발한다고 설명한다.

뇌가 날마다 수행하는 주요 임무는 무슨 일이 일어나고 무슨 일이 일어나지 않을지 예측하는 것이다. 이 '내면의 예언자'는 우리의 몸이나 마음이 A지점에서 B지점을 향해 움직이고 지속적으로 성장하며 생존할 수 있도록 우리를 독려한다. 예측이 정확할수록 효율성도 높아진다는 점에서 일종의 나침반에도 비유할 수 있다.

뭔가 새롭거나 예기치 못했던 일이 발생하면 도파민은 '이

봐, 뜻밖의 상황이 벌어졌어. 정신 바짝 차리고 집중해야 해!' 라고 경고 신호를 보낸다. 뜻밖의 상황이란 신나는 일, 비유하자면 깜짝 보너스 게임일 수도 있고, 최악의 경우 당신의 최후, 그러니까 '게임 오버' 상황일 가능성도 있다. 전자의 경우에는 이른바 도파민 킥이 분출된다. 그런데 이때 우리 앞에 나타난 뜻밖의 좋은 일이 *무엇*인가는 부차적인 문제고, 그저 뭔가가 갑자기 눈앞에 나타났다는 사실 *자체*가 만족감을 유발시키는 것이다. 리버먼과 롱의 진화론적 해석에 따르면 도파민은 인류 역사의 시초부터 인간을 움직이게 하는 원동력 중 하나였거나 심지어 *유일무이한* 원동력이었을 것으로 보인다.

ADHD 코치로 활동하는 로저 드윗 Roger DeWitt은 〈ADHD, 의지력과 흥미: 긍정적인 접근〉 ADHD, Willpower, and Interest: A Positive Approach이라는 글에서 도파민에 관해 이렇게 이야기한다.

"우리가 미래에 사용할 자원의 비축량을 최대치로 늘리고 더 나은 삶을 모색할 수 있게 돕는 것이 도파민의 역할이다. 뜻밖에 식량이나 물의 새 공급원을 발견하는 일은 생존하는 데 매우 유리하므로 인간의 뇌는 뜻밖의 일을 탐색하고 실제로 그것을 발견했을 때 희열을 느끼도록 진화되어 왔다. 그러나 희열감은 한번 절정에 다다르고 나면 점차 잦아들기 마련이다. 그래서 도파민은 삶을 개선시키는 데 필요한 다른 자원을 계속해서 탐색해 나아갈 수 있게 우리를 독려한다."

쉽게 말하면 도파민은 우리에게 추진력과 동기를 부여할

뿐 아니라 갈망하는 것을 얻기 위해서라면 위험까지 감수하게 만든다. 그런데 ADHD가 있는 사람의 뇌는 어떤 과제를 완수하는 데 있어 ADHD가 없는 사람의 뇌보다 훨씬 큰 자극을 필요로 한다. 기대했던 강한 자극을 받으면 동기가 샘솟고 그 일에 집중적으로 몰두하기 때문에 ADHD 증상도 거의 나타나지 않는다. ADHD 뇌는 자극을 일으키는 그 무언가가 자신의 건강에 유익한지, 위험 요소는 없는지, 사회적으로 기대되는 일인지, 혹은 자기 발전에 도움이 되는지에 그다지 관심이 없다. 단 하나 확실한 것은 할 일에서 필요한 만큼의 자극을 받지 못하면 이 뇌는 주변의 기대에 부응하지도 못한다는 사실이다. 쉽게 말해 파업에 돌입한다. 다르게 표현하자면 ADHD 뇌를 가진 사람은 특정한 과제로부터 기대되는 도파민의 양이 부족하거나 없을 때 전형적인 ADHD 증상을 보이게 된다.

ADHD가 있는 사람에게서는 신경화학적 특징 외에 신경생물학적 특징도 관찰된다. 이는 연구를 통해 이미 검증된 사실로, 해당 연구에서 시행된 뇌 스캔 검사는 ADHD 뇌에 일련의 특이점이 있을 가능성을 확인시켜 주었다. 이는 2017년에 만 4세~63세의 실험 대상자 3,200명 이상을 대상으로 진행되었으며 ADHD 관련 연구 중 가장 규모가 크고 중요한 국제 연구로도 꼽힌다. 이를 주도한 네덜란드 학자들은 ADHD가 있는 사람들의 뇌 부피가 다른 사람들의 것에 비해 다소 작다는 사실을 밝혀냈다. 특히 ADHD 아동에게서는 자기공명영상MRI 검사 결과 전두엽이 평균보다 작은 경우가 많았다. 전두엽은 무엇보다도 문제 해결 능력, 주의력, 결정을 내리는 기능을 관장한다. 언어, 판단, 계획, 보상, 시간감각, 감정조절 등도 전두엽의 역할이다. 연구 결과 일부 ADHD 아동들에게서는 전두엽 발달이 평균보다 약간 느린 것으로 추정되었는데, 나이가 들수록 ADHD 증상이 줄어들거나 다른 양상으로 변하는 사람들이 있는 이유도 이로써 설명된다.

Ⅱ. 유전적 요인

DNA는 우리의 거의 모든 것을 결정한다. 외모나 취향은 물론이고, 우리가 어떤 결정을 내리고 얼마나 주의력이 깊으며 얼마나 대담한지 결정하는 것도 DNA다. 그런데 흥미롭게도 DNA 중 개인의 특성을 결정짓는 요인은 1.2퍼센트에 불과하다고 한다. 현재의 과학 발전 수준으로는 나머지 98.8퍼센트에 어떤 정보가 들어 있는지 아직 밝혀내지 못했다.

지난 10년 사이에는 ADHD와 그 동반질환의 발현에 유전자가 결정적인 역할을 한다는 사실이 증명되었다. 현재 시점에서는 ADHD에 가족력, 즉 유전력이 매우 강하게 작용한다는 것이 중론이다. 가령 ADHD가 있는 사람의 생애를 직계 가족과 비교해 보면 놀라우리만치 공통점이 많다.

ADHD의 유전력을 연구하는 방법에는 여러 가지가 있으나, 그중 쌍둥이 연구가 대표적이다. 2018년까지 발표된 37편 이상의 관련 연구를 분석한 결과, ADHD의 임상적 유전율은 평균 74퍼센트로 나타났다. 이는 자폐스펙트럼장애, 양극성장애, 조현병의 유전율과 유사하게 높은 수치다.

2013년에 시행된 한 쌍둥이 연구는 비슷한 결과를 도출한 여러 연구들 중에서도 중요한 사례로 꼽힌다. 이때 연구를 주도한 학자들은 1959년부터 2001년 사이에 태어난 스웨덴 쌍둥이 59,514명의 정보를 분석했다. 진료기록에 의거해 이들 중 누가 ADHD 진단을 받았으며 이에 ADHD 치료제가 처방되었는지 조사하되, 공식 진단을 받지 않은 경우는 고려에서 제외했다. 또 다른 연구는 2003년에, 5세에서 17세 사이의 실험 대상자 894명과 그들의 형제자매 1,135명을 대상으로 시행되었는데, 이때 실험 집단 아이들의 형제자매에게 ADHD가 있을 확률이 통제 집단 아이들의 형제자매에 비해 9배나 높다는 결과가 나왔다. 수치만 봐도 ADHD에 유전력이 얼마나 크게 작용하는지 추측할 수 있다. 그러나 유전력 말고도 큰 영향을 미치는 요인은 많다.

Ⅲ. 환경에 따른 위험 요인과 심리사회적 영향

학계에서는 ADHD를 직접 유발할 수 있는 원인 외에도, 잠재되어 있던 ADHD 유전력이 '활성화'되는 데 영향을 미칠 수 있는 요인에 대해서 연구하고 있다. 후자는 또한 ADHD가 발현되고 지속되는 양상, 그리고 그로 인해 당사자가 겪게 될 고난의 형태에도 영향을 준다. 예를 들어 뇌손상이나 저체중 등 출생 전후 신생아가 겪는 스트레스도 위험 요인으로 꼽힌다. 관련 문헌에는 임신 기간 중 어머니가 받는 극심한 스트레스나 외상 경험, 흡연과 음주 역시 위험 요인으로 언급되어 있다.

아이의 성장 발달을 저해하고 영구적인 손상을 입힐 수 있는 부정적인 심리사회적 영향 또한 ADHD가 발현되는 데 일조한다. 그 예로는 신체적·정서적·성적 학대, 방임, 그로 인한 아동기 트라우마, 그리고 잦은 훈육과 처벌이나 규칙의 부재 같은 특정한 양육방식을 들 수 있다. 2016년의 한 연구에서는 ADHD의 이러한 양상이 부모의 과도한 비난과 밀접한 관련이 있다는 결과가 나왔다. 연구를 주도한 플로리다 국제대학교연구팀은 ADHD 아동 388명과 ADHD가 없는 통제 집단 아동 127명을 선별해, 이들을 향한 부모의 비난과 과보호의 정도를 여러 해에 걸쳐 측정했다. 그 결과 부모로부터 칠칠치 못하다는 꾸중은 물론, 심한 인격 모독까지 당한 아이들은 청소년기에 이르러서도 지속적으로 강한 ADHD 증상을 보였다. 특히 과잉행동 특성이 강하거나 반항장애가 동반된 아이들에게서 이 점이 두드러졌다. 다만 부모의 꾸지람이 ADHD 증상을 실제로 악화시켰는지는 이 연구에서 밝혀지지 않았다.

2010년에는 의료계 뉴스와 연구 결과, 평론 등을 공유하는 웹사이트 MDEdge에 아이들이 학교에서 받는 비난의 잠재적 폐해에 관한 기사가 실렸다. 이를 이해하기 위해 ADHD 아동의 학교생활을 상상해 보자. 과잉행동과 충동성이 두드러지는 아동이 적합한 예시일 것이다. 기고문을 쓴 마이클 S. 젤리넥 Michael S. Jellinek은 이 아이가 교사들에게서 주기적으로 부정적인 말과 훈계를 들을 것으로 추측한다.

"주의하라고 했지!", "가만히 좀 앉아 있어!", "조용히 하고 문제나 풀어!" 같은 말을 시간당 평균 3번 듣는다고 가정하고, 독일의 연간 등교일 180일에 하루 평균 수업 시간 6시간을 곱해 계산하면, 이 아이는 해마다 3,200번 이상 부정적인 말을 듣는 셈이다. 부모, 형제, 친척, 친구들의 비난이나, 운동·악기 수업에서 듣는 꾸지람을 제외하고도 이 정도다. 젤리넥은 "ADHD 아동은 만 10세까지 학교에서만 2만 번이나 훈계 또는 부정적인 말을 듣게 된다"고 덧붙이며 글을 맺었다. 이것이 어린 한 인간에게 얼마나 큰 폐해를 남길지는 상상하기 어렵다.

전반적으로 불안정한 가족관계도 위험 요인에 포함된다. 2015년 호주의 한 연구 결과, 한부모가정이나 위탁가정, 사회경제적 수준이 낮은 가정, 양육자가 경제활동을 하지 않는 가정에서 자란 아동·청소년의 ADHD 발생률은 여타 아동보다 평균 두 배 높게 나타났다. 가족 중 누군가가 앓는 우울증, 불안장애, 내면화장애 같은 정신질환 역시 위험 요인에 속한다. 특히 이런 환경은 아동에게 ADHD의 동반질환이 나타나기 쉬운 조건을 만든다. 어느 대규모 가족 연구에서는 1촌이나 2촌 가족 구성원의 자살 시도나 그로 인한 사망이 ADHD 발생 위험도를 높인다는 사실도 확인되었다. 지금 이야기한 모든 요소들은 'ADHD 유전자를 타고난' 사람에게서 실제 증상이 발현되도록 작용하며, 특히 증상의 강도를 결정짓는 데 영향을 미친다.

ADHD 유전력을 가진 아동이 적절한 교육을 받고 주위로부터 격려와 애정을 듬뿍 받는 등 심리사회적으로 유리한 환경에서 성장할 경우, ADHD 유전력의 발현이 어느 정도 억제되거나, 발현되더라도 아이가 이를 적절히 조절할 수 있는 메커니즘을 체득하기도 한다. 그러나 증상을 감추기 유리한 환경 탓에 ADHD 진단이 오히려 어려워질 수도 있다. 중요한 것은 단 한 가지 위험 요소만으로 ADHD가 발현되는 경우는 결코 없다는 사실이다. 대개는 유전적 요인과 다양한 환경 요인이 각각 작은 영향력을 발휘한다. 따라서 위험 요인이 많을수록, 그것들이 동시에 작용하며 내는 시너지 효과로 인해 증상이 강하게 나타날 가능성도 커진다.

아동·청소년기의 ADHD

아동기와 청소년기의 ADHD는 실제로 성인 ADHD와 구별된다. 아동·청소년에게서 발현되는 ADHD는 세 가지 주요 증상이 특징이지만 이것이 어떻게 조합되는지는 개인차가 크다.

DSM-5에는 아동과 청소년에게서 ADHD를 진단할 때 그것이 어떤 양상으로 나타나는지에 초점을 맞추어야 한다고 명시되어 있다. 주의력 영역과 과잉행동·충동성 영역에서 각각 최소한 6개 항목, 혹은 두 가지 영역을 합쳐 6개 항목에 해당할 때 진단 요건이 충족된다. 일부 증상은 만 7세 혹은 12세 이전에 처음 나타났는지 여부가 중요하다. 또한 증상이 다른 정신과 장애나 질병에 의해 설명되지 않아야 하며, 증상으로 인해 당사자가 최소한 두 가지 이상의 생활 영역에서 지속적으로 어려움을 겪고 있어야 한다.

어린 시절의 나는 당연히 내가 ADHD라는 사실을 알지 못했다. 그러나 되짚어보면 내 아동기와 청소년기에도 이런 증상들이 확연히 나타나고 있었다.

A. 집중 좀 해! 부주의한 나

내가 뭔가에 집중해 본 적이 단 한 번도 없었던 것은 아니다. 꼭 해야 할 일이 있으면 때로는 이를 악물고라도 어찌어찌 해냈다. 안 그랬으면 고등학교와 대학교 졸업장 따기도 힘들었을 것이다. 특이한 점은 어떤 주제가 강하게 흥미를 돋우거나 특정한 과제에 구미가 당길 때면 언제 그랬냐는 듯 초인적인 집중력을 발휘했다는 사실이다. 작문 시험에서는 순식간에 답안을 완성해 제일 먼저 제출하기도 했고, 평소처럼 미적거리지 않고 숙제를 해치울 때도 있었다. 심지어 동기만 충분히 주어지면 집안일도 열심히 도왔다.

문제는 뭘 하든 지시받은 대로 무난히 해내는 경우가 드물었다는 점이다. 화분에 물을 주고 나면 물의 절반은 바닥에 흥건히 고여 있었다. 빨래를 널다가도 전화벨이 울리거나 갑자기 무슨 생각이 떠오르면 거기에 정신이 팔려 빨래는 반도 못 널고 자리를 떴다. 나중에 가족 중 누군가가 활짝 열려 있던 세탁기 문에 다리를 부딪치기라도 해야 그 안에 처량하게 방치된 빨래가 구조될 수 있었다. 이럴 때 어머니는 세탁기 앞에서부터 어딘가를 향해 드문드문 떨어져 있는 양말짝들을 추적해 내가 어디로 갔는지 찾아냈다. 학교 숙제는 비교적 꼬박꼬박해 갔지만 그것도 숙제가 뭔지 적어갔을 때 이야기고, 기껏 해놓고도 내 방 책상 위에 두고 등교하기 일쑤였다. 시험을 치를 때는 문제를 꼼꼼하게 읽어보지도 않고 무작정 답부터 쓰는 바람에 출제 의도와는 완전히 어긋나는 답안을 제출했다. 맞춤법 오류가 없는지 재확인하는 것은 애초에 내 사전에는 없는 일이었다. 그래서 학창 시절 내내 나는 이런 말들을 귀에 못이 박히도록 들었다.

"만점도 받을 수 있었는데, 너무 급하게 해치우니까 아는 것도 틀리잖니!"

"앞부분은 완벽하게 풀었는데, 혹시 뒷장에 한 페이지가 더 있는 걸 몰랐니?"

"이번 체육 실기 시험은 수영이라고 했는데 수영복을 안 가져왔으니 최하점을 줄 수밖에 없구나. 오늘 수영 시험 본다고 한참 전에 미리 통보했잖아!"

끊임없이 딴 생각에 빠지는 것도 문제였다. 나는 교사들에게 "앙겔리나? 듣고 있는 거니? 그렇다고? 그럼 방금 내가 설명한 것을 한번 말해보렴!", "뭔가 끝내주게 재미있는 일이 있는 모양인데, 그게 뭔지 반 친구들 모두에게 이야기해볼래?" 같은 말을 듣곤 했다. 물론 나도 수업에 집중해 보려고 노력했지만 창밖에서 까마귀 두 마리가 다람쥐를 공격하고 있다든가, 반 친구 마누엘이 볼펜 뚜껑이 떨어진 걸 눈치

채지 못하는 것을 보면 근질근질해서 견딜 수가 없었다. 나 들 그런 게 아니었나?

중학교 1학년 때의 수학 교사는 내가 딴생각에 빠져 있거나 주변 아이들을 방해하면 아예 교실 밖으로 쫓아냈다. 이로 인해 2시간짜리 수학 수업을 통째로 놓치는 일이 빈번해지면서 수학 성적은 당연히 곤두박질쳤다. 간혹 그 교사는 교실에 들어오자마자 특별히 나를 향해 이렇게 인사를 건네기도 했다.

"좋은 아침, 앙겔리나! 저기 말이다, 오늘은 정말이지 너한테 잔소리하느라 진을 빼고 싶지 않거든. 그러니 미리 나가 있는 게 낫겠다!"

그러면 나는 또 처량하게 복도에 앉아 있어야 했다. 부디 지금은 이런 훈육방식이 통용되지 않기를 바라지만 당시의 나에게는 흔한 일이었다. 결국 이 사례는 ADHD가 있는 학생의 행동에 대한 교사의 미숙한 대처 능력을 보여준다. 물론 당시에는 누구도 내가 ADHD임을 몰랐지만, 진단을 받았다 해도 대처가 더 나았을지는 의문이다.

어쨌거나 나의 유별난 성격과 이런 상황들은 빈번한 갈등과 어머니의 근심, 형편없는 성적으로 귀결되었다. 그리고 보편적인 시각으로 볼 때 이 모든 것은 부주의함이라는 키워드에 의해 하나로 묶일 수 있다.

DSM-5 ADHD 진단 기준 중 부주의 항목

* 세세한 부분을 놓치는 일이 많고 부주의로 인한 실수가 잦다.
* 과제나 놀이를 할 때 지속적으로 주의를 기울이는 데 어려움을 겪는다.
* 상대방의 말을 경청하지 않는 것처럼 보인다.
* 어떤 일을 지시받은 대로 수행하지 않고, 하던 일을 마무리하지 못하는 경우도 많다.
* 과제를 정리하고 체계화하는 데 자주 어려움을 겪는다.
* 오랜 시간 정신적 노력이 필요한 과제를 기피한다.
* 활동에 필요한 물건들을 자주 잃어버린다.
* 외부 자극에 쉽게 주의를 빼앗긴다.
* 일상적인 일을 잊어버리는 경우가 많다.

B. 차분히 좀 앉아 있어! 과잉행동하는 나

내 과잉행동은 초등학교에 들어가기 한참 전부터 이미 눈에 띄었다. 한참 동안이나 어머니의 무릎에 앉아 고사리 손으로 어머니의 머리카락을 조심조심 매만지거나 주의 깊게 귀걸이를 관찰하던 남동생과 달리, 나는 10초도 못 앉아 있고 고함치며 떼를 쓰는 아이였다. 오랫동안 얌전히 앉아 있는 일은 도통 나와는 맞지 않았다. 어른의 무릎에 앉아 있어야 할 때는 양쪽 다리 위로 이리저리 건너다니다가 별안간 벌떡 일어나 유리잔이 잔뜩 놓여 있는 식탁보를 잡아당겨

난장판을 만들어놓거나 '부산스러운 필립'이 따로 있으랴!, 갑자기 홱 뒤돌아보는 바람에 나를 안고 있던 어른의 턱에 의도치 않게 어퍼컷을 선사하기도 했다.

심심할 때는 가엾은 내 남동생이 먹잇감이 되었다. 동생이 소파 반대편에 느긋하게 앉아 〈생쥐와 함께 배워요〉Die Sendung mit der Maus를 보며 진행자 아르민 Armin과 크리스토프 Christoph의 설명에 열심히 귀를 기울이고 있노라면, 나는 시선을 텔레비전에 고정시킨 채 슬금슬금 발을 뻗어 동생을 툭툭 건드렸다. 짜증 난 동생이 내 발의 사정거리 밖으로 피하면 나는 다리를 쭉 늘여 따라갔다. 상황은 소파 끄트머리까지 내몰린 동생이 참다못해 화를 내며 고함을 칠 때쯤에야 종료되었다. 도대체 왜 그랬냐고? 나도 모르겠다. 그냥 누군가를 자극하고 반응을 관찰하는 게 재미있었다. 식사 시간에 맞은편에 앉은 동생을 향해 입을 크게 벌려서 반쯤 씹다 만 입 안의 음식물을 보여주는 것도 커다란 재밋거리였다. 밥맛 떨어지는 광경에 동생이 필요 이상으로 호들갑스럽게 소리를 꽥 지르면 어머니는 곧바로 나를 돌아볼 때면, 나는 이미 아무 일 없었다는 듯 천연덕스럽게 밥을 먹고 있었다.

과잉행동은 낮 동안에만 나타나는 게 아니었다. 내가 여느 아이들처럼 한밤중에 깨어 따뜻한 엄마 침대로 파고드는 날이면 어머니는 피로에 절어 하루를 보내야 했다. 내가 밤새도록 '몸부림을 치는' 바람에 한숨도 못 주무신 탓이었다. 내 고약한 잠버릇은 지금도 그대로다. 친구들은 어쩌다 같이 자게 돼도 내 옆자리는 피하고, 동거 중인 남자친구는 내가 잠들기 전이나 잠든 후에나 계속해서 움직이는 통에 몇 년 전부터 아예 침대를 따로 쓰고 있다.

그 밖에 내가 즐겨 움직이는 신체 부위는 바로 입이다 이것도 ADHD가 있는 사람들의 전형적인 특징일 수 있다. 두 돌 반쯤부터 나는 구연동화를 줄줄이 외워 읊거나 끊임없이 노래를 불러댔다고 한다. 독일 동요는 물론이고 스페인어와 영어 동요, 심지어 브라질 동요까지 그저 들리는 것은 닥치는 대로 외워서 불렀다. 개미 한 마리만 봐도 별의별 생각이 떠오르고 세상 모든 것이 궁금했으며 '왜'라는 질문에 간단한 대답으로는 만족하지 못했다. 마침내 취학 연령이 되었을 때는 설렘을 가득 안고 학교에 갔지만, 얌전히 앉아 열심히 공부하고 교사가 질문할 때만 말하는 게 허락되는 학교생활이 내게 쉬울 리 없었다. 쉼 없이 의자를 삐걱대거나 공부하는 급우들을 방해하고 성당에 가서도 조용히 앉아 있지 못하다 보니 2학년이 되면서부터는 주기적으로 벌을 받기 시작했다. 당시 다니던 가톨릭 성당에서도 미사 때마다 1시간씩 의자 뒤에 서서 벌을 받아야 했다. 사실 그때도 나는 여덟 살밖에 안 된 꼬마가 그 음산하고 어두컴컴한 곳까지 찾아가 자애로운 하느님 한번 가까이서 뵙는 게 무슨 의미인지 늘 의문이었다. 십자가에 매달린 예수님에게서는 생기라곤 느껴지지 않는데, 그 음습한 분위기에 나 같은 어린애가 좀이 쑤셔 못 견디는 것도 무리는 아니잖은가.

DSM-5 ADHD 진단 기준 중 과잉행동 항목

* 손발을 부산스럽게 움직이고 의자에 앉아서도 쉬지 않고 꼼지락거린다.
* 교실을 비롯해 차분하게 앉아 있어야 하는 장소에서 자꾸 일어나 돌아다닌다.
* 적절치 못한 상황에서 부산스럽게 돌아다니거나 어딘가에 기어오르는 행동을 보인다(청소년기와 성인기에는 이런 행동이 내면의 안절부절못함으로 대체되기도 한다).
* 조용히 놀거나 차분히 취미 활동을 하는 데 어려움을 자주 겪는다.
* 쉬지 않고 움직이거나 모터를 단 것처럼 행동하는 일이 많다.
* 지나치게 수다스러운 경우가 많다.

C. 생각부터 하고 행동해! 충동적인 나

세 번째 핵심 증상인 충동성은 과잉행동과 완벽한 한 쌍을 이룬다. 대부분의 경우 두 증상이 동시에 나타난다는 사실 또한 입증되었다. 충동적인 사람은 자기조절에 어려움을 많이 겪는다. 아이들의 경우 교사가 호명하기도 전에 불쑥 대답부터 하고, 게임을 할 때는 자기 차례까지 기다리는 것을 순화해서 표현하자면 '힘들어'한다.

언젠가 숙모님께서 내가 네다섯 살가량 됐을 때 찍은 동영상을 보내주신 적이 있다. 영상에서 나는 숙모님 가족의 친구인 어느 아저씨와 소파에서 책을 읽고 있었고, 내 옆에는 당시 두 돌이던 숙모님의 아들이 앉아 있었다. 우리는 책 속의 삽화에서 소가 어디에 있는지 찾아보거나 이런저런 사물의 이름을 묻고 대답하며 노는 중이었다. 영상은 매우 흥미로웠다. 내 입에서는 매번 아저씨의 질문이 미처 끝나기도 전에 대답이 총알같이 튀어나왔다. 그러고는 아직 어린 사촌동생이 더듬더듬 대답하거나 사물의 이름을 몰라 시간이 지체되면 나는 몸을 배배 꼬며 눈에 띄게 힘들어하고 있었다. 차분하게 기다리는 일이 내게는 너무나 고역이라서, 나는 매번 차례를 기다려야 한다는 것을 깜빡 잊고 끼어들곤 했다. 누가 나 아니랄까 봐.

충동성 때문에 학교 수업은 말할 것도 없고 친구의 생일 파티에서나 놀이터에서 모르는 아이들과 놀 때도 어려움이 많았다. 공동생활에 필요한 규칙을 배워야 하는 상황이 가장 큰 문제였다. 충동성과 더불어 나나 남들이 불의를 당하면 참지 못하는 유별난 정의감도 말썽이었다. 초등학교 2학년 때 같은 반이었던 한 남자아이는 쉬는 시간에 술래잡기를 할 때마다 '경찰'이랍시고 유독 여자아이들을 괴롭혔다. 누굴 한 명 붙잡으면 양팔을 등 뒤로 세게 꺾어 꽉 잡고 있어서, 잡힌 입장에서는 움직일 수 없는 것은 둘째 치고 무척 아프기도 했다. 너무 심하다고 생각한 나는 언제 한번 혼쭐을 내주기로 했다. 그래서 달리기라면 자신 있던 나였지만 일부러 한번 붙잡혀 주었다. 그리고 그 아이가 내 팔을 뒤로 꺾기 전에 번개같이 몸을 빼내고는 아이의 손을 낚아채 손가락을 꽉 물어버렸다. 그런데 그만 강도를 조절하지 못하는 바람에 아이는 아파서 비명을 질러댔고, 손가락에 선명히 박힌 이빨 자국에서는 피까지 조금 배어 나왔다. 결국 나는 교장실에 불려가 친구에게 폭력을 휘두르는 것은 아주 못된 행동이라는 일장연설을 들어야 했다.

한번은 우리 반에 어떤 여자아이가 단기 전학생으로 들어왔는데, 그때 나는 어린아이들이 참으로 악의적일 수 있음을 깨달았다. 그 아이가 보육원 출신이고 외모만 보면 2학년이 아니라 5학년이라 해도 믿을 정도로 성숙했던 탓에 급우들은 그 아이를 슬슬 피했다. 한번은 쉬는 시간에 여느 때처럼 교정을 배회하던 전학생이 갑자기 나를 향해 곧장 다가왔다. 그러고는 내 외투 깃을 잡아당겨 나를 땅바닥에 내팽개치더니 내 몸에 올라타는 것이었다. 심지어는 목을 조르는 시늉까지 했다. 나를 깔고 앉아 두 손을 내 목에 감은 채, 내 생일 파티에 자신을 초대해 주지 않으면 흠씬 두들겨 줄 것이라고 위협하는 것이었다. 그런데 초대하고 싶어도 할 수 없는 상황이라 이틀 뒤에 나는 전학생에게 안 된다는 말을 전해야 했다. 어머니가 생일 파티 프로그램을 제공하는 수영장에 이미 초대받은 아이들 수만큼 예약을 해두었기 때문이었다. 그 이유가 아니라도 이틀 전에 딸을 깔고 앉아 두들겨 패겠다고 위협한 아이는 초대하지 않을 거라고도 말씀하셨다. 그런데 며칠 뒤에 나를 데리러 학교에 오신 어머니는 뜻밖의 광경을 마주하게 되었다. 물고기 무늬 책가방을 짊어지고 부슬비를 헤치며 나타난 딸 옆에 낯선 아이가 따라온 것이다. 딸에게 시비를 걸었던 바로 그 전학생이었다.

"얘 이름은 안드레아야. 오늘 우리 집에서 같이 점심 먹기로 했어!"

나는 떨떠름한 표정으로 서 있는 어머니에게 이렇게 설명했다. 나중에 안드레아가 귀가한 뒤 어머니는 얼마 전에 그런 일이 있었다면서 도대체 어떻게 친해진 거냐고 물었다. 나는 어깨를 으쓱하며 대답했다.

"안드레아가 보육원 밥이 맛없대. 그리고 나한테 그렇게 했던 건 사실 슬퍼서 그랬던 것 같아, 엄마."

뭘 해도 튀는 행동 때문에 나는 빈번히 주변 사람들의 눈총을 샀다. 한번은 종교 수업 시간에 선생님이 테레사 수녀의 일상을 그려보라고 하기에 나는 수녀님이 고속열차 화장실에 앉아 여유롭게 잡지를 읽는 모습을 그렸다. 성인이라고 볼일도 안 보는 건 아니잖은가. 주어진 과제에 충실했을 뿐인데 교사들은 어째서 이걸 성인에 대한 모욕이자 불경스러운 짓거리라고 꾸짖는 건지 나는 도무지 이해할 수 없었다. 그나마 다행이었던 건 우리 가족이 그림을 보고 박장대소를 했다는 사실이다.

쉬지 않고 떠들어서 수업을 방해하다가 교사에게 야단맞는 것도 내게는 일상이었다. 참다못한 담임 교사는 어느 날

그야말로 상징적인 말을 남겼다.

“앙겔리나, 너를 총으로 쏘는 사람은 아마 입을 한 번 더 쏴서 확인 사살을 해야 할 거다!”

요즘이야 교사가 학생에게 이런 말을 했다가는 학교가 뒤집어지겠지만 1998년에는 그 정도는 괜찮았던 모양이다.

ADHD 진단을 받은 사람의 당연한 수순으로 초등학교 때의 성적표를 찾아본 나는 웃음을 참을 수 없었다. 성적은 대체로 꽤 괜찮았으나 안타깝게도 많은 의사들이 이것 때문에 ADHD 가능성을 일축했다 과제 수행과 사회성에 관한 기록은 많은 것을 암시하고 있었다.

“시급히 학습 태도 교정을 요함.”

“산만하며 급우들의 수업을 방해함.”

“수업에 집중하려는 노력이 더 필요함.”

“매우 사교적이고 솔선수범해서 급우들을 돕지만 때로는 자신의 관심사보다 공동체를 우선하는 태도가 필요함. 수업에도 활발하게 참여하나 반드시 지켜야 하는 대화 규칙을 잘 지키지 않음. 자율적이고 꾸준한 학습 태도를 가졌으나 신속하고 꼼꼼하게 과제를 완수하지 못할 때가 있음.”

이처럼 산전수전을 겪으면서도 나는 어디 가서 미움받는 아이는 아니었고 교사들도 나를 싫어하지는 않았다. 수업을 방해하고 쉴 새 없이 떠들고 남들이 말할 때 끼어드는 등의 문제되는 행동을, 타고난 창의력과 상상력과 말솜씨로 어찌

어찌 상쇄시킨 덕분이었다. 게다가 어떤 상황에서든 유창한 언변으로 나름의 해명을 내놓을 수 있었다. 물론 어른들은 이걸 '변명'이라고 했지만 내 입장에서는 그저 어떤 바람직하지 못한 행동을 한 나름의 이유를 설명한 것뿐이었다.

그래서 나는 어떤 상황에서든 할 말은 따박따박 했다. 중학교 2학년 때의 물리 교사는 수업 중 누군가 재채기를 할 때마다 급우들이 '건강해!'라고 외치는 것을 극도로 거슬려 했다 독일에서는 누가 재채기를 하면 주변 사람들이 의례적으로 '건강하세요Gesundheit!'라고 말한다 -옮긴이 주. 감기가 유행하는 계절에 29명의 학생들이 돌아가며 재채기를 하고 합창하듯 '건강해!'를 외쳐 수업의 흐름이 끊길 수밖에 없으니, 교사 입장에서는 거슬릴 만도 했다. 그래서 교사는 자신의 수업에서는 그 말을 하면 안 된다는 새 규칙을 만들었다. 그런데 매번 이걸 까먹는 학생이 있었으니, 그게 누구였겠는가? 당연히 나였다.

친구가 재채기를 할락 말락 할 때면 내 입에서 먼저 '건강해!'가 튀어나왔다. 그러면 교사는 즉각 교실에서 나가라고 명령했다. 나는 책을 덮고 의자를 뒤로 밀어젖히고는 느릿느릿 볼펜 뚜껑을 닫으면서 느긋하게 대꾸했다.

"네, 규칙은 규칙이니까요. 하지만 한 가지는 분명히 말씀드리고 싶어요. 저는 아주 어릴 때부터 옆 사람이 재채기를 하면 '건강하세요!'라고 말해주는 게 호의이자 예의라고 배웠거든요. 이것도 규칙이고 미덕이에요. 15년이나 그 규칙을 지키며 살았는데 선생님이 단박에 그걸 바꾸신 거예요.

뭐, 그래도 상관없어요. 그렇지만 몸에 밴 것을 그렇게 쉽게 바꿀 수는 없잖아요.”

그 뒤에 내가 교실에서 나갔을 것 같은가? 아니다. 교사는 이렇게 대답했다.

“네 말도 맞다, 앙겔리나. 그렇게 구구절절 옳은 소리를 하는데 내쫓을 수는 없지!”

DSM-5 ADHD 진단 기준 중 충동성 항목

* 다른 사람의 질문이 끝나기도 전에 대답부터 하는 경우가 많다.
* 자신의 차례가 될 때까지 기다리는 것을 매우 힘들어한다.
* 다른 사람의 말을 끊거나 방해하는 일이 많다. 예를 들어 대화나 놀이를 할 때 다른 사람의 차례에서 끼어든다.

나이가 들면 낫는다는 거짓말

-성인기의 ADHD

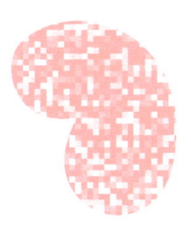

앞에서 설명한 진단 기준 가운데 상당수는 아동과 청소년을 중심으로 만들어졌기 때문에 성인에게 그대로 적용하기 어렵다. 아동기 이후 몇몇 증상은 변하거나 약해지기도 하고, 무엇보다 성인이 되면 ADHD가 자연스럽게 사라진다는 믿음이 오랫동안 정설로 받아들여진 탓이다. 이 잘못된 가설로 인해 지난 수십 년 동안 헤아릴 수 없이 많은 사람들에게 오진이 내려지거나, 애초에 ADHD 진단을 받을 기회조차 주어지지 않았을 것이다.

하지만 지금은 아동기에 ADHD가 있었던 이들 중 약 50퍼센트가 성인이 된 뒤에도 증상을 보인다는 추측이 힘을 얻고 있었다. 또 최근에는 ADHD를 보는 다양한 관점에 커다란 변화를 초래할 만한 흥미롭기 그지없는 새로운 관점이 등장했다. ADHD가 결코 사라지지 않고 평생을 가는 것이라면? 사라지는 것이 아니라 단지 어떤 증상은 잦아들고, 어떤 증상은 강해지며, 또 어떤 증상은 뒤늦게야 발현되는 것이라면? 이로써 그저 겉으로 표출되는 ADHD의 양상에 변화나 기복을 일으키는 것뿐이라면?

당사자인 ADHD 성인들 중 다수는 당연히 이 가정이 옳다고 확신하고 있으며, 최근에는 이를 입증하는 연구 결과도 속속 나오는 중이다. 한 예로 마거릿 시블리 Margaret Sibley 의 연구팀은 거의 600명에 달하는 8세 이상 아동들의 ADHD 증상을 1998년부터 수년에 걸쳐 관찰한 뒤 2021년《미국정신의학회지》The American Journal of Psychiatry에 그 결과를 발표했다. 추적 관찰 중에 시행된 여러 중간 검사에서는 연구 대상이었던 아동들의 약 50퍼센트에게서 뚜렷한 증상이 지속되는 것으로 나타난 반면, 나머지 절반의 아동들은 DSM의 진단 기준을 더는 충족하지 않았다. 심지어 후자 중 3분의 1가량에서는 증상이 전혀 나타나지 않는 시기도 종종 있었다. 그러나 모든 실험 대상자들이 평균 25세가 되었을 때 진행한 최종검사 결과, 이들 중 90퍼센트에게서 성인기 초입 무렵부터 증상이 재발한 것으로 확인되었다. 이는 ADHD 증상이 일시적으로 잦아들었다가 재발할 수 있음을 명확히 보여준다. 연구자들은 이러한 기복을 '환경 또는 건강 요인으로 인해 유발될 수 있는 현상'으로 보았다.

성인기에 ADHD 증상이 다소 완화되거나 일부는 '무증상'인 것처럼 보이게 되는 이유에는 여러 가지가 있다. 첫째로 ADHD를 진단받고 심리치료나 약물치료를 받은 것이 효과를 발휘해 증상이 눈에 띄게 호전되었을 가능성이 있다. 그 밖에 ADHD와 관련해 도움을 받을 수 있는 곳이 많아지고 이슈화되는 추세도 도움이 된다. 오프라인과 인터넷에서 비슷한 문제를 겪는 사람들과 소통할 방법도 무궁무진하다.

나 역시 우연히 들어갔던 *@ADHD_alien*이라는 인스타그램 계정에서 큰 위안을 받았다. 이곳에 업로드된 짧고도 인상적인 만화들은 나로 하여금, 내 뇌가 조금 특이하게 작동하기는 하지만 그게 마냥 나쁜 것만은 아님을 깨닫게 해주었다. 이후 심리치료와 약물치료를 받으며 수많은 자료를 검색해 보고, 비슷한 사람들과 교류하고 주위 사람들과 솔직한 대화를 나눈 끝에 현재 나는 훨씬 더 나은 일상을 누릴 수 있게 되었다. 그러나 내가 태어날 때부터 있던 ADHD는 앞으로도 사라지지 않을 것이다. 꽃길을 걸을 때든 진창길을 걸을 때든, ADHD는 내 일부로서 평생을 나와 함께하고 있다.

ADHD가 있던 사람에게서 증상이 더는 발현되지 않거나 완전히 사라진 것처럼 보이는 이유는 또 있다. 발견이 늦었거나 아예 진단을 받지 못한 경우, 혹은 아동기에 진단을 받았으되 이런저런 사정으로 치료받을 기회가 없었던 경우에는 다른 정신과 장애나 질환이 전면에 부각되며 ADHD가 가려지기도 한다. 그 밖에 ADHD 성인들 중에는 나처럼 평소에 증상을 조절하거나 의식적으로든 무의식적으로든 그에 대응하기 위한 나름의 전략을 터득한 경우도 많다.

ADHD 성인들은 규칙을 지키고 사회적 관례를 따르는 법을 평생에 걸쳐 배워야 하며, 눈총을 살 법한 행동 습관을 감추거나 완전히 억누르는 훈련도 해야 한다. 이에 더해 세월이 흐르는 동안 많은 ADHD 증상이 '성격'으로 굳어버리는 것도 성인의 ADHD 진단을 어렵게 만든다. *제멋대로다, 게으르다, 멍청하다, 의욕이 없다, 불성실하다, 다혈질이다, 까다롭다, 성가시다, 버르장머리 없다, 참을성이 없다, 예민하다……* ADHD가 있는 사람이 평생 들어야 하는 수식어는 이것 말고도 넘쳐나며, 그러다 보면 스스로도 그 수식어로 자신을 규정하게 된다. 주변과 끊임없이 부딪히는 것이 뇌 때문이라고 누군들 상상이나 하겠는가? 누구나 자기 삶을 스스로 책임져야 한다, 뭔가를 변화시키고자 한다면 스스로를 더 채찍질해야 한다는 사고방식이 수십 년 동안 위세를 떨쳐 온 상황에서는 더욱 그렇다. 실패하는 사람은 그저 '의지 부족'이라고 손가락질 받기 일쑤다.

나이가 들면서 ADHD 증상에 변화가 생긴다는 추측은 다양한 관점에 기반을 둔다. 때문에 성인기에 처음 진단을 받은 사람이 있다면 먼저 과거를 낱낱이 파헤쳐 보아야 한다. 먼저 다음과 같은 질문을 던져볼 수 있다.

* 어머니의 임신 기간과 출산 과정은 어땠는가?
* 당사자의 아동기는 어땠는가?
* 유치원이나 초등학교에서 눈에 띄는 점이 있었는가?

* 부모도 이해하지 못했던 특이한 행동방식을 보였는가?
* 당사자의 유년기를 자세히 기억하는 사람이 있는가? (그런 사람이 없다면 진단이 어려워진다.)

자신의 과거를 들여다보는 일은 극히 복잡하고도 고통스러운 일일 수 있다. 그러나 ADHD가 의심되어 검사를 받고자 한다면 이 과정을 반드시 거쳐야 한다.

과거를 역추적하는 접근법은 1994년부터 DSM과 ICD에 명시되었다. 어린 시절의 증상을 파악하는 데 활용할 수 있는 다양한 질문지와 자기평가 척도, 인터뷰 기술도 고안되었는데, 이는 세월이 흐르며 여러 차례의 수정을 거쳤다. 이 질문지의 검사 결과를 분석하면 당사자의 아동기와 청소년기에 이미 ADHD 의심 징후가 있었는지 판단할 수 있다. 만 6세에서 12세 이전부터 주요 증상이 나타났음을 증명하지 못할 경우 현재로서는 성인 ADHD 진단을 받을 가능성이 거의 없다.

성인 ADHD 진단 기준

2011년에 폴 H. 웬더 Paul H. Wender 교수가 고안한 WURS Wender Utah Rating Scale, 웬더 유타 평정 척도 는 ADHD를 진단하는 데 쓰이는 중요한 도구 중 하나이며 검사 이후의 성인 ADHD 치료 지침으로도 활용된다. 2016년 사망할 때까지 연구에 참여한 웬더 교수는 성인 ADHD 진단과 치료에 초석을 다진 장본인이며, 그가 남긴 업적은 오늘날까지도 가치를 인정받고 있다. 웬더 교수는 또한 1995년에 최초로 성인기의 ADHD 발현에 관해 상세하게 기술했다는 점에서 '성인 ADHD 연구의 개척자'로 불리기도 한다.

1. 주의력장애 영역

WURS에서 첫 번째로 검사하는 영역은 주의력장애다. 주의력장애가 있으면 주의가 쉽게 분산되고 동시에 여러 가지 일을 오고 간다. 이야기를 경청하는 것을 어려워하고 부주의로 인한 실수를 자주 저지르며 건망증도 심한 편이다.

2. 과잉행동과 안절부절 영역

이 영역에서는 과잉행동과 안절부절못하는 증상을 검사한다. 나 역시 항상 마음이 불안하고 쫓기는 느낌이 들며 늘 팽팽히 긴장되어 있다. '전원'을 차단하고 쉬는 것도 마음대로 되지 않는다. 어떤 이유로든 활동하지 않으면 참을 수 없이 짜증이 나거나 신경이 날카로워진다.

3. 감정기복 영역

감정기복은 주기적인 기분 변화로 나타나며 각각의 기분 상태는 몇 시간에서 최대 며칠까지 지속된다.

4. 무질서한 생활습관 영역

ADHD가 있는 사람은 잘 구조화되어 있지 않고 모든 일이 비슷한 중요도로 느껴지기 때문에 질서정연한 생활 방식을 유지하기가 극도로 어렵다. 업무나 활동을 계획하고 정리·체계화하는 능력이 부족해 과제를 끝까지 완수하지 못하는 경우도 흔하다. 약속을 잊거나 물건을 잃어버리는 일 역시 자주 일어난다.

5. 충동성 영역

충동적인 사람의 특징은 말이나 행동을 하기 전에 충분히 숙고하지 않는다는 점이다. 참을성도 매우 부족하다. 슈퍼마켓 계산대 앞에 줄을 서서 기다리거나 다른 사람이 이야기하는 것을 듣고 있어야 할 때면 몸이 배배 꼬인다. 과속, 과음, 과소비하는 경우가 많고 말을 속사포처럼 빠르게 하는 것도 충동성의 전형적인 특징이다. 나 역시 이런 특징에 완벽히 들어맞는다.

6. 감정조절장애 영역

당신은 별것도 아닌 일에 매번 신경질적으로 반응하는가? 금세 좌절하거나 순간순간 분노가 폭발하는가? WURS에서는 이런 요소가 감정조절 영역에 포함된다.

ADHD를 논할 때 좌절감은 매우 주목해야 할 영역이다. ADHD가 있는 사람은 극복할 수 있는 좌절감의 한계치가 현저히 낮다. 좌절감은 감정조절 능력과 관련된 수많은 뇌신경회로가 서로 영향을 주고받으며 만들어내는 복잡한 반응의 일종이다. 이 뇌신경회로들은 또한 신경해부학적 구조, 즉 신경체계가 형성되어 있는 방식과도 연관된다. 학계에서는 이러한 신경회로의 장애나 결함을 ADHD가 내재되어 있다는 징후로 추정한다. 흥미롭게도 이런 신경해부학적 관련성이 아동들에게서도 이미 확인된다는 점이다. 좌절감의 한계치가 낮으면 사람이 극도로 예민해질 수 있는데, 과학에서도 과민성은 좌절감의 낮은 임계점이 특징인 정서 상태로 정의된다. 2002년에 시행된 한 연구에서는 ADHD 아동의 민감성 수치가 최고 72퍼센트까지 달하는 반면, 통제 집단 아동에게서는 3.2퍼센트에 그치는 것으로 나타났다.

7. 정서적 과민반응 영역

마지막 평가 항목인 과민반응은 '스트레스 취약성'으로 바꾸어 말할 수도 있다. 일상적인 스트레스 원인에 적절히 대처하는 능력이 미비할 경우 이것이 과자극Overstimulation으로 이어지고 심하면 일시적인 블랙아웃도 유발될 수 있다.

위 7개 영역 중 제1, 제2영역은 성인 ADHD 진단에 필수 전제 조건이며 나머지 다섯 영역 중에서도 최소한 두 가지 이상이 충족되어야 한다. 나아가 직업 훈련이나 대학 공부,

직장생활, 사생활 등에서 벌어지는 다양한 상황에서 최소한 6개월 이상 위와 같은 징후들이 나타나야 한다. 이것이 여러 생활 영역에서 체감될 정도로 장애가 된다면 성인 ADHD를 의심해 볼 수 있다.

ADHD 진단은 의료전문가가 다양한 자료를 검토한 뒤에 내리는 것이므로 확진을 받기까지는 길고 까다로운 과정을 거쳐야 한다. 주관적인 확신, 가정의나 심리치료사와의 간단한 상담만으로는 진단이 불가능하다. 또한 검사 과정에서는 당사자의 협조는 물론이고, ADHD의 복잡한 구조에 대한 최신 전문 지식을 갖추고 수많은 진단 도구를 적재적소에 활용할 수 있는 전문가가 최소 한 명 이상 참여해야 한다.

안타깝게도 진단 과정에 걸림돌이 되는 요인은 한두 가지가 아니다. 이런저런 이유로 진단받을 길이 막혀버렸다며 연락해 오는 사람들도 꽤 많다. 어린 시절에 받은 성적표나 기타 평가서 등 진단에 꼭 필요한 서류가 없는 것이 가장 흔한 사유다. 어린 시절에 가장 가까웠던 주위 사람들에게 물어보는 것도 쉽지는 않다. 세월이 많이 흘러 연락이 끊겼거나 그들이 당시의 일을 잘 기억하지 못할 수도 있다. 물어볼 만한 사람들이 이미 세상을 떠난 경우도 심심찮게 있다.

심지어 당사자의 부모나 배우자 등이 질문지 작성을 거부했다는 사연도 종종 듣는다. 이를 부탁한 당사자에게 '핑계거리'를 만들어주고 싶지 않다는 것이다. 주위 사람들이

ADHD에 관해 이야기하는 것 자체를 거부하기도 한다. 혹은 남들이 색안경을 쓰고 볼까 두려워 ADHD가 의심된다거나 진단을 받았다는 사실을 함구하는 사람들도 적지 않다. 자신의 문제에 관해 이야기하는 것 자체를 어려워하는 사람들도 많다. ADHD 증상을 그저 성격상의 결점으로 여기고 남들 앞에서 이를 감추는 방법을 터득했거나, 우울증, 불안장애, 중독 등의 동반질환이 유발되고 ADHD 증상과 중첩되면서 증상이 악화된 탓일 수도 있다. 자신의 아동기를 자세히 기억하지 못하는 일부 사람들은 아마도 트라우마를 겪고 난 뒤 그 무렵의 기억을 통째로 기억에서 지워버렸을 가능성이 크다.

진단을 아예 받지 못하거나 진단이 보류되는 여러 원인들 중에서도 가장 안타까운 문제는 따로 있다. ADHD가 있는 사람들과 소통하면서 가장 자주 듣게 되는 문제이자 ADHD에 대한 금기를 깨려는 끈질긴 노력이 벽에 부딪히는 지점도 바로 여기다. 의료 시스템에서 비롯된 그 문제란 다름 아닌, 진단을 내릴 수 있는 전문의가 절대적으로 부족하다는 사실이다.

조용한 ADHD란 없다

ADHD는 지금껏 '과운동성장애', '경미한 뇌기능장애' 등 수많은 이름으로 불렸다. 과잉행동이 없는 ADHD를 구별 짓기 위해 사용되던 'ADD Attention Deficit Disorder'는 오늘날에도 종종 '조용한 ADHD'라 불린다. 그러나 어떤 정의를 사용하든 간에 이런 구별방식은 이미 효력을 잃은 지 오래다. 예전에는 다른 사람의 말을 경청하지 않거나 시간 관리에 어려움을 겪는 *주의력결핍* 증상이 있을 때 ADD 진단을 내렸다. *과잉행동과 충동성* 증상은 ADHD라는 용어와 짝을 이루었다. ADD 개념이 처음 등장한 것은 1980년 DSM-3에서였다. 앞서도 잠깐 언급했지만 미국정신의학협회 American Psychiatric Association, APA에서 만든 정신질환 분류 안내서 DSM은 정신건강 분야에 종사하는 전문가들이 정신질환을 진단할 때 사용하며, DSM의 분류 시스템이 처음 고안된 미국에서는 물론이고 세계 각국의 병원과 연구소에서도 중요한 참고자료로 쓰인다. 1994년에는 개정판인 DSM-4가 출간되었는데 여기에는 이미 'ADD'라는 용어는 이미 빠져 있었다. 그 대신 처음으로 ADHD의 세 가지 하위유형이 구분되었다.

A. 주의력결핍 우세형

주의력결핍 유형에서는 부주의함과 무질서한 성향이 두드러지고 과잉행동과 충동성은 약하게 나타나거나 전무한 경우도 있다. 과잉행동·충동성 우세형에 비하면 증상이 비교적 눈에 덜 띄기 때문에 이 유형에 속하는 사람은 ADHD를 진단받는 경우가 비교적 드물다. 이것이 큰 문제가 되는 이유는 여아와 여성 중에 주의력결핍 우세형이 많기 때문이다. 몽상에 잘 빠지고 소심하고 다소 어설픈 행동이 그저 '전형적인 여성성'으로 치부되는 탓에, 'ADHD의 프레임'에서 일찌감치 밀려나 있다가 뒤늦게 진단을 받거나 아예 진단을 못 받게 되는 일도 허다하다.

B. 과잉행동·충동성 우세형

명칭에서도 짐작할 수 있듯이 이 유형에서는 과잉행동과 충동성이 두드러진다. 반면에 부주의와 무질서함은 일상에서 크게 문제될 정도로 나타나지는 않는다.

C. 혼합형

이 유형에서는 세 가지 핵심 증상이 유사한 비율로 나타난다. 가장 흔하게 관찰되는 유형이기도 하다.

2013년에 출간한 DSM-5에서는 '하위유형'이라는 용어도 '발현형'으로 대체되었다. 여러 ADHD 증상이 일정한 형태로 나타나는 게 아니라 뚜렷한 경계 없이 혼합된 양상으로 발현된다는 새로운 이론을 반영한 것이다. 예컨대 부주의 증상은 평생 지속될 수 있는 반면, 과잉행동과 충동성은 나이가 들면서 점차 줄어들거나 다른 곳에서 발현되는 것이 일반적이다. 조금 더 조용히 앉아 있는 법을 학습하면서 겉으로 드러나던 산만한 행동이 대개 내면에서 안절부절못하는 상태로 대체되기 때문이다. 아동기의 충동적인 행동은 훈련을 통해 개선되기도 하고 자라면서 스스로 억제하려고 노력도 하기 때문에 점차 특정한 상황에서만 간헐적으로 나타난다. 그러나 내재된 행동과 감정을 억누르는 데는 위험이 따른다. 대응기제가 발동되면서 건강에 해악을 끼치기 때문인데, 나이가 들수록 위험성은 더욱 커진다. 성인이 되면 욕구불만을 해소하는 데 흔히 쓰이는 니코틴, 알코올, 마약류 등의 유해물질을 자유롭게 손에 넣을 수 있고 운전도 할 수 있기 때문이다. 이는 유해물질 오남용과 교통 범죄로 이어질 가능성이 있다.

과잉행동과 충동성이 성인기에 가까워질수록 대응기제

나 억제에 의해 덜 드러나는 방향으로 변하는 반면, 부주의 증상은 연령대와 상관없이 일정하게 유지되는 경향이 있다. 심지어 이 증상이 점점 우세해지면서 나이가 들수록 악화된다는 인상을 주기도 한다. 이처럼 특징적인 변화 양상으로 인해 '혼합형 ADHD' 진단을 받았던 아동이 성인이 되면 '주의력결핍 우세형 ADHD' 쪽으로 기우는 것이 일반적이다. 처음부터 있던 장애가 이렇게 연령대에 따라 다르게 발현되는 현상을 전문 용어로 이형연속성 Heterotypic Continuity이라고 한다.

용어 문제가 꾸준히 보완되고 최신 연구 결과가 속속 나오면서 마침내는 포괄적인 개념의 'ADHD'라는 명칭이 통용되기에 이르렀다. 통상적으로 DSM-5를 기준으로 삼는 의료계에서는 이 용어가 특히 광범위하게 자리 잡았다.

그런데 독일의 경우는 상황이 약간 다르다. 물론 독일도 한 가지 분류체계를 채택해 사용하지만 현재까지 이는 DSM-5가 아니라 ICD, 즉 국제질병분류다. ICD의 정식 명칭은 '질병 및 관련 건강 문제의 국제통계분류 *International Statistical Classification of Diseases and Related Health Problems*'로, 이는 1990년대에 세계보건기구 World Health Organization, WHO에서 출간한 질병안내서다. ICD 역시 초판 발간 이후 현재의 ICD-11에 이르기까지 여러 차례 수정되었지만 그중 일부는 국내 차원에만 한정되었다. 그러나 정신과 장애와 질병을 국제적으로 비교하기 위해서는 반드시 통일된 진단 기준이 있어야 한다. 그렇지 못할 경우 사람들은 'ADHD'나 'ADD' 같은 용어를 제각기 다르게 이해할 것이다. ADHD를 진단할 때도 ICD와 DSM을 모두 참고하는 것이 이상적이다. 활용만 제대로 한다면 이 두 안내서는 상호 보완되는 점이 매우 많기 때문이다. 2019년에 출간된 ICD-11은 2022년 1월부로 독일에서 공식적으로 효력을 갖게 되었는데, 흥미롭게도 ADHD 진단 기준의 요점들이 DSM-5와 대부분 일치한다.

이론상으로는 ICD-11과 같은 새로운 지침은 효력을 갖는 즉시 진료 현장에서도 적용할 수 있다. 그러나 보통은 새 지침이 실효성을 갖기까지 어느 정도 시간이 걸린다. 독일 연방 의약품·의료기기연구소*Bundesinstitut für Arzneimittel und Medizinprodukte, BfArM*는 ICD-11을 점검·보완하고 실제로 적용시키기까지 최소 5년이 걸릴 것으로 내다봤다. 심지어 일각에서는 의료기관 전반에서 이것이 자리 잡는 데 10년에서 15년이 걸릴 것으로 예상한다. 그때까지 독일의 보건시스템은 기존에 깊숙이 자리 잡고 있던 ICD-10에 계속 의존할 것이므로, 그에 명시된 'ADD'라는 진단명을 받는 사람들도 여전히 있을 것이다. 그러나 엄밀히 따지면 이는 최신 연구 결과와 맞지 않는 용어다.

ADHD에 관심을 갖고 정보를 찾는 사람들도 이 사실은 잘 모르는 경우가 많다. 내가 이 책의 독일어판 제목에서 ADHD의 'H'를 괄호 안에 넣은 이유도 이 때문이다. 이렇게 표기함으로써 자신이 'ADD', 즉 '조용한 ADHD'라고 여기거나 실제로 이 진단명을 받은 이들도 이 책을 접할 수 있게 하려는 것이다. 하지만 책에서는 내 인스타그램 채널인 *@kirmesimkopf* 에서와 마찬가지로 ADHD라는 정식 용어만 사용할 것이다. DSM과 ICD 역시 이를 권장하는 추세다.

III

운영체제의 오류

실행기능장애

지금부터 내가 ADHD를 이야기할 때 쓸 용어를 반드시 기억하기 바란다. 이는 A-D-H-D의 알파벳이 무엇의 약자인지 아는 것보다도 중요하다. 이 단어는 바로 실행기능장애다.

오늘날 윈도우 운영체제를 써보지 않은 사람은 아마 없을 것이다. 그렇다면 '.exe'나 'EXE'로 끝나는 파일 이름도 본 적이 있을 텐데, 이는 '실행 가능한'이라는 의미의 영단어 'executable'의 약자이다. 이런 이름의 파일을 클릭하면 그 안에 숨어 있던 프로그램이 실행된다. 사람의 뇌 또한 일종의 운영체제 기능을 하므로 이와 비슷하게 작동한다.

'실행기능 Executive Function'이라는 포괄적인 용어는 뇌 연구와 신경심리학 분야에서 사용되며 인간이 모든 환경 요인을 반영해 자신의 행동을 통제하는 사고 과정을 일컫는다. 초반에서 언급했듯이 이것을 통제하는 중앙통제센터는 뇌의 전두엽 부위인데, 이쯤에서 다시 한 번 이 기능을 면밀히 살펴볼 필요가 있다. ADHD가 있는 사람의 삶이 힘들어지는 핵심 원인도 바로 이 중요한 능력과 관련이 있기 때문이다. 물론 누구나 가끔 이 기능에 사소한 오류가 발생하기는 하지만 ADHD가 있는 사람에게는 비할 바가 못 된다. 그 이유는 ADHD 뇌의 발달 및 사용에서 자주 발견되는 특징이 바로 실행기능장애로 불리는 자기조절 영역의 오류이기 때문이다.

실행기능

-자기조절시스템

뇌가 잘 작동하려면 앞서 언급한 신경전달물질, 특히 도파민과 노르아드레날린이 필요한 곳에 충분히 공급되어야 한다. 그렇지 않으면 스스로 동기를 내어 과제를 시작하고 끝내는 일, 어떤 일을 정리하고 계획하는 일, 정보를 기억하고 처리하는 일, 감정을 조절하는 일, 결정을 내리는 일, 실수를 통해 배우는 일까지 어려워진다. 이러한 기능은 보통 두 살 무렵부터 발달하기 시작해 20대 중반쯤 완성되지만, 이 기능에 생긴 어려움은 보통 어느 정도 나이가 지난 뒤에서야 드러난다. 실행기능은 크게 세 가지 핵심 영역으로 나눌 수 있다.

충동조절

이런 경험이 없는 사람도 있을까? 책상 앞에 앉아 과제를 끝내야 하는데 갑자기 딴생각이 떠오른다. 내가 제일 좋아하는 드라마 다음 편이 나올 때가 됐을 텐데……. 아, 드디어 구름이 걷히고 해가 나는구나. 근처 아이스크림 전문점에 신상품이 나왔던데 한번 먹어보고 싶다……. 그러다 마침 수다를 떨고 싶던 친구나 보고 싶던 사람이 들르기라도 하면 과제는 물 건너간 셈이다.

충동조절기능에 이상이 없는 사람은 이럴 때도 주의력과 행동을 조절할 수 있다. 드라마를 보거나 아이스크림을 먹고 싶다는 충동을 따르지 않는 것이다. 하던 일이 끝날 때까지 주의를 빼앗기지 않으며, 다른 모든 일들은 그 뒤로 미룬다.

작업기억

작업기억의 저장 용량은 제한적이지만 그 중요도는 결코 무시할 수 없다. 작업기억이란 나중에 사용할 유용한 정보를 임시로 저장해 두는 것이다. 특히 중간 단계가 필요한 과제를 할 때는 작업기억이 도움이 된다. 수학 문제를 풀면서 중간 단계의 숫자를 기억해야 하는 경우가 그렇다. 문장을 문법적으로 정확히 이해하거나 작문을 해야 할 때, 한 언어를 다른 언어로 번역할 때, 물건을 사고 거스름돈을 기다리거나 어떤 작업에서 지켜야 할 지침을 전달받을 때도 마찬가지다. 렌터카를 빌릴 때는 휘발유차인지 경유차인지 기억해 두어야 하고, 누군가에게 길을 물을 때는 그가 가르쳐주는 길을 기억해야 한다. 어떤 문제에서 최선의 해결책을 찾기 위해 여러 가지 대안을 비교할 때도 작업기억이 필요하다.

인지 유연성

유연한 사고는 작업기억과 충동조절 능력의 토대 위에 자란다. 인지 유연성이 탄탄히 형성되어 있는 사람은 새로운 상황에 직면해서도 신속히 적응할 수 있다. 다양한 상황과 사람들을 새로운 시각에서 바라보고 여러 관점을 자유롭게 넘나드는 일도 가능하다. 다양한 의견에 귀를 기울이고 실수로부터 배우며, 새로운 생활 여건이나 새 업무의 요구에 부응하는 일도 그다지 어렵지 않게 느낀다.

사고가 유연할수록 예측과 반추를 조화시키는 일도 수월해진다. 예측이란 한 번 더 생각한 뒤에 행동하고 어떻게 하면 에너지를 이상적으로 분배할 수 있을지 숙고하는 것이며, 반추란 지나간 일을 곱씹어 보고 경험으로부터 배우는 것을 의미한다. 예측과 반추가 조화롭게 기능하는 것이 이상적이며 이때는 주위의 모든 사람들을 배려하는 것도 가능해진다. 이에 숙련될수록 주위 사람들과 자기 자신을 긍정적으로 받아들일 수 있게 된다.

ADHD가 있는 사람은 이 모든 것에서 보통 사람들과 차이를 보인다. 임상심리학자 토머스 E. 브라운Thomas E. Brown은 25년 넘게 ADHD 아동·청소년 및 성인들을 치료한 끝에,

ADHD로 인해 손상되었을 가능성이 있는 복잡한 인지기능을 설명하는 모델을 고안했다. 브라운이 이 모델에서 6개 군으로 분류한 인지기능은 서로 다양한 방식으로 결합해 작동하며, 그 손상 정도에는 개인차가 크다.

1군. 과제 정리, 우선순위 결정, 실행 준비

매사를 끝도 없이 미루다가 벼락치기로 해치우는가? 이런 사람은 뭔가를 시작하는 것 자체를 극도로 어려워한다. 시간관념도 부족하며 우선순위를 정하는 것도 쉽지 않다.

2군. 집중하기, 하던 일에 지속적으로 주의 기울이기

끊임없이 자기 생각에 빠져 있거나 쉽게 주의가 분산되거나 삼천포로 빠지는 이들은 바로 이 군에 속한 인지기능에서 차이를 보인다. 이 기능이 손상된 사람에게는 하던 일에 집중하라고 끊임없이 닦달해야 한다. 온갖 일들을 벌려놓고 끊임없이 왔다 갔다 하는 것도 이들의 특징이다.

3군. 주의력 조절, 지구력 및 작업 속도 유지

어떤 이들은 몽상에 자주 빠지고 수동적으로 보이며 무엇을 시작하든 금세 의욕을 잃는다. 이럴 때는 작업 속도도 느려져서 생산성에 부정적인 영향을 미친다. 어제는 빠른 속도로 능숙하게 해내던 일을 오늘은 한도 끝도 없이 질질 끌어서 주위 사람들을 의아하게 만든다.

4군. 좌절감 극복과 감정조절

이 기능에 취약한 사람은 뭔가가 뜻대로 되지 않거나 충분한 자극이 없으면 금세 좌절한다. 비판에 매우 민감하고 쉽게 흥분하는 것도 특징이다. 쓸데없는 걱정으로 머리를 쥐어짜며 온갖 나쁜 시나리오를 그려보다가 제 풀에 의욕을 잃고 침울해지기도 한다.

5군. 제때 작업기억을 불러오고 활용하기

이 기능이 손상되면 물건도, 약속도, 생각도, 심지어 방금 하려던 행동까지도 까맣게 잊어버린다. 저장되었던 정보를 필요한 순간에 즉각 불러오는 데도 어려움을 겪는다.

6군. 언어 및 행동조절

이 기능에 문제가 있는 사람들은 신중히 생각하지 않고 충동적으로 행동한다. 또한 내적으로나 외적으로나 불안감에 시달린다.

왜 마음먹은 일을 실천하지 않는가

사람은 보통 어떤 과제가 주어지면 앞에서 살펴본 기능들이 활성화되면서 능숙하게 일상을 헤쳐 나아갈 수 있도록 도와준다. 원래 이 과정은 무의식적으로 이루어지는 일종의 자동 메커니즘이기 때문에 보통 사람들은 ADHD가 있는 사람에게 '그냥 하면 되잖아!'라며 답답해한다. 그러나 지극히 일상적인 일도 암벽 등반만큼이나 고되게 만드는 것이 ADHD다. 이와 관련해 나는 얼마 전에 읽은 《여아와 여성들의 ADHD 이해하기》*Understanding ADHD in Girls & Women* 라는 책에서 좋은 사례를 발견했다. 영국의 심리학자인 조앤 스티어 Joanne Steer 박사와 다른 몇 명의 ADHD 전문가들이 ADHD가 있는 여성 및 소녀들과 함께 집필 작업에 몰두한 끝에 2022년에 출간한 책이다. 책의 한 장에는 ADHD 코치로 일하는 발레리 아이븐스 Valerie Ivens 가 ADHD 소녀 젬마 Jemma 와 상담하며 경험한 일들이 기술되어 있는데, 그중 한 가지 일화가 내게 깊은 인상을 남겼다. 어느 날 수업 시간에 교사가 칠판에 적힌 문제를 풀라고 지시했는데 주변이 어수선해서 집중할 수 없었던 젬마는 이를 놓치고 만다. 수업이 끝날 즈음에 교사에게 가서 문제를 못 풀었다며 도움을 구하자 교사는 짜증스럽다는 듯 젬마의 말을 무시했다. 알아듣게 설명해 주었는데 뭐가 문제이며, 심지어 전에도 이미 배웠던 내용 아니냐는 것이었다. 그리고 지금은 바쁘니 정 못하겠으면 이메일을 보내 면담 약속을 잡으라고 덧붙였다. "면담 시간 잡아서 한 번 더 설명해 줄 테니 나중에 메일 보내!"라는 교사의 말에는 학생에 대한 배려심이 전혀 묻어나지 않았다. 아이븐스는 이 '간단한 지시'가 요구하는 바를 여러 세부 사항으로 쪼갠 뒤 ADHD가 있는 사람에게 이것이 어째서 복잡한 문제가 되는지 설명한다.

1. 감정 다스리기

* 교사의 몰이해한 태도로 인한 수치심
* 이때 필요한 실행기능: 감정조절

2. 이메일 작성 준비

* 잊어버리지 않도록 알림 설정하기, 노트북 켜기, 교사의 이메일 주소 찾기, 자신의 이메일 계정에 로그인하기 위해 잊어버린 비밀번호 찾기
* 이때 필요한 실행기능: 정리와 시간 관리

3. 작성방식 정하기

* 상세하게 설명할 것인가, 간단명료하게 쓸 것인가? 사무적으로 쓸 것인가, 감정적으로 쓸 것인가?
* 이때 필요한 실행기능: 감정조절, 목적 달성에 필요한 지구력

4. 어떤 점이 문제인지 파악하기

* 이때 필요한 실행기능: 감정조절, 메타인지(자신의 인지 과정 파악하기)

5. 이메일 작성

* 이때 필요한 실행기능: 과제에 착수하기

6. 언제 시간을 낼 수 있을지 파악하기

* 이때 필요한 실행기능: 정리, 작업기억, 시간 관리

7. 이메일 완성 및 전송

* 이때 필요한 실행기능: 목적 달성에 필요한 지구력, 감정조절, 과제 완수 능력

8. 답장이 왔는지 확인하기

* 이때 필요한 실행기능: 정리, 감정조절

9. 회신 및 면담 시간 합의

* 이때 필요한 실행기능: 정리, 시간 관리, 감정조절

여기에서 우리는 '엄격한 교사에게 이메일을 보내 면담 시간을 정하고 문제에 관해 상의하기'라는 간단해 보이는 일이 별안간 9개의 복잡한 과제로 늘어나는 것을 볼 수 있다. 물론 이런 일은 누구나 겪을 수 있지만 ADHD가 없는 사람은 이를 수많은 개별 과제가 아닌 단 한 가지 '할 일'로 받아들인다. 앞의 사례에서 보듯 ADHD가 있는 사람에게는 이런 단순한 일조차 곳곳에 도사린 장애물 때문에 번번히 좌절되고 만다. 그 원인은 첫째로 이런 사람의 뇌가 하나의 과제를 세세한 단위로 쪼개는 데 치중하기 때문이다. 두 번째 원인은 매 지점에서 하나 이상의 실행기능에 장애가 발생하는 바람에 말하거나 계획한 것이 실행으로 이어지지 못하는 데 있다. 이런 일이 반복되다 보면 결국 자신이 짧은 이메일 하나도 못 쓰는 무능한 인간이라는 자괴감과 수치심이 자라난다.

보이는 것이 전부가 아니다

-ADHD의 진짜 얼굴

ADHD가 있는 사람을 이해하고자 할 때 중요한 것은 그에게서 실행기능이 어떤 역할을 하는지 파악하는 일이다. 주위 사람들이나 당사자 스스로 일이 순조롭게 '돌아가지 않는다'는 느낌을 받는다면 높은 확률로 실행기능의 일부 또는 전부에 오류가 발생한 것이다. 그러나 주변 사람들은 보통 이런 사실을 모르거나 이해하지 못한다. 그래서 ADHD가 있는 사람이 이미 배운 수학 문제를 또 틀리거나 밥 먹던 것도 잊고 창밖에 나는 새에게 정신을 팔 때, 숙제한 공책을 집에 두고 왔을 때, 동생이 만든 모래성을 밟고 지나갈 때, 아버지의 차를 몰다가 담장을 들이받았을 때 주위에서 이를 너그럽게 이해해 주는 경우는 매우 드물다.

이렇다 보니 평생 악순환이 반복되면서 심각한 부작용을 초래하게 된다. 부모님과의 끊임없는 갈등, 자신감 부족, 신체적·정신적 트라우마, 생물심리사회적

발달의 불균형, 약물 남용, 각종 사고, 인간관계 문제, 우울증·중독·불안장애·자살 생각 같은 정신과 동반질환까지 부작용의 종류는 헤아릴 수 없을 정도다.

ADHD가 무엇인지 잘 안다고 자부하거나 ADHD가 있는 사람을 가까이서 경험하는 이들도 이런 사실까지는 모르는 경우가 대부분이다. 관련 지식 부족은 ADHD 진단을 받은 당사자나 그 부모조차도 ADHD가 삶에 어떤 영향을 미치는지 예측하기 어렵다. 한번 ADHD 뇌는 영원한 ADHD 뇌이므로 그 영향력 또한 평생을 따라다닐 것임에도 말이다.

그 밖에 ADHD가 있어도 진단을 너무 늦게 받거나 아예 받지 못하는 것, 충분한 관련 정보를 얻거나 장기적으로 반드시 필요한 도움을 받기 어렵다는 점도 지금까지 이야기한 온갖 문제들을 유발시키는 주범이다. 이렇다 보니 대중들도 ADHD에 관해 극히 적은 부분만 알고 온갖 편견을 품게 된다. 이에 더해 우리 사회에서는 정신과 질환과 정신건강, 나아가 다양성을 대하는 태도 전반에 여기저기 구멍이 뚫려 있다.

ADHD가 있는 사람은 어려서부터 끊임없이 자신이 부족하다는 느낌에 시달린다. '더 노력은 해봐야겠지만 그냥 난 애초부터 비정상인 거야. 이 세상에 내가 설 자리는 없는 것 같아. 내 '다름'은 인간의 다양한 면면 중 하나가 아니라 시스템 오류 같은 건지도 모르지.' 설상가상으로 이런 생각이

나 관련 화제를 입 밖에 내는 것이 금기시되다 보니 혼자서 이 모든 것을 안고 살 수밖에 없다고 생각한다. 그러나 이는 틀렸다. 세상에는 그와 같은 사람이 헤아릴 수 없이 많기 때문이다.

IV

나도 ADHD일까

어느 정도인지가 중요하다

평생을 겪어 온 나의 일상을 묘사해 보겠다. 자, 나는 어떤 일을 하려고 집 안의 한 지점에서 다른 지점으로 이동하고 있다. 예를 들어 며칠째 현관문 앞에 방치되어 있는 재활용쓰레기를 분리수거장에 가져다 버리려고 밖으로 나간다고 가정하자. 커다란 쓰레기 더미를 들어 올리다가 한쪽에 삐져나와 있던 금속 조각에 손을 베여 피가 배어난다. 그래서 쓰레기를 일단 내려두고 집 안으로 들어가 반창고를 찾는다. 다행히도 현관문 열쇠는 들고 나왔다. 욕실에 반창고 통이 있던 기억이 나서 그쪽으로 간다. 욕실 수납장 서랍을 열었다가 다시 닫으려는데 잘 닫히지 않는다. 왜 이러지? 개폐장치의 나사가 헐거워졌나? 나는 서랍을 살짝 들어 올리고 휴대폰 불빛으로 안쪽을 살펴본다. 예상한 대로 나사 하나가 반쯤 빠져 있다. 드라이버가 필요하겠군. 나는 휴대폰을 한옆에 놓아두고 공구가 있는 다용도실로 간다. 그런데 세탁기에 세탁 완료 표시가 깜빡이고 있다. 망할! 젖은 빨래를 또 한참이나 세탁기 안에 방치해 둔 것이다. 별 수 없이 세탁기를 한 번 더 돌린다. 그런데 어제 사 온 세제를 어디다 두었더라? 어, 저기 맛있어 보이는 토마토소스가 있네. 친구가 이탈리아에서 선물로 사다 줬었지. 그러고 보니 위장이 밥 달라고 아우성을 치는데, 마지막 끼니가 언제였더라? 남자친구와 먹을 깜짝 메뉴로 맛있는 채식 볼로네제 스파게티를 요리할까? 둘 다 입에 맞을 것 같은데. 곧 그이 퇴근시간이니 집에 오면 배가 많이 고플 거야! 15분밖에 여유가 없어서 나는 서둘러 프라이팬에 올리브유를 둘러 전기레인지에 올리고, 기름은 서서히 달구어야 한다고 남자친구가 골백번이나 일러주었던 것도 잊고 화력을 가장 높은 단계로 맞춰 놓는다. 그때 어느새 집에 온 그가 등 뒤에서 있어서 나는 화들짝 놀란다.

"어, 궁금한 게 있는데, 왜 분리수거 쓰레기가 집 앞에 내팽개쳐져 있고 현관문에는 피 묻은 열쇠가 꽂혀 있는 거지? 그리고 손을 씻으려고 욕실에 들어갔더니 수납장 서랍이 분리된 채 욕실 한가운데 놓여 있던데?"

그는 쿡쿡 웃고는 말을 잇는다.

"도대체 뭘 하던 중인지 모르겠지만 오늘 안에 저 난장판을 다 치우는 거지?"

무안해서 시선을 떨어뜨리는데 그의 손에 들려 뭉게뭉게 김을 뿜고 있는 종이봉투가 보인다.

"그건 뭐야?"

"뭐긴 뭐야, 우리 저녁밥이지! 내가 먹을 걸 사 올 테니 밥 안 해도 된다고 메시지 보냈잖아. 여태 안 읽은 거야?"

그제야 온 힘을 다해 욕실 수납장 안을 밝히고 있다가 배터리가 다 되어 장렬히 전사했을 내 휴대폰이 떠오른다. 그때 까맣게 잊고 있던 올리브유가 등 뒤에서 치지직거리며 튀고 있다. 남자친구는 나무라는 대신 짐짓 호들갑스럽게 화력을 1단계로 낮춘다.

"맙소사, 설마 저녁 준비를 하고 있었던 건 아니겠지. 난 당신이 오늘 밀린 집안일을 해치우겠다기에 조금이라도 부담을 덜어주려고 한 건데. 쓰레기 분리수거랑 밀린 빨래도 한다고……."

아! 맞다, 빨래!

ADHD 진단을 받았음을 공표하고 나자 자신도 ADHD가 아닐까 의심된다며 연락하는 사람들이 늘었다. 개중에는 친구, 친구의 친구, 친구의 배우자나 연인, 동료 등 평소에 알고 지내던 사람들도 있었다. 그러나 나는 심리치료사도 정신과 전문의도 아닌지라 그들이 정말 ADHD인지 판단하는 일은 내 몫이 아니었다. 특정한 증상을 토대로 계속해서 관찰해 보라고 조언하는 정도가 다였다.

안타까운 점은 틱톡이나 인스타그램, 유튜브 등에서 주워들은 것만 가지고 자신이 ADHD라고 확신하는 사람들이 있는 것이었다. '여기서 5개의 증상이 있다면 당신도 ADHD다!'라고 떠드는 15초짜리 동영상 같은 것 말이다. 들어보면 그 증상이란 게 '노래 한 곡을 며칠 동안 반복해서 듣는다.', '옆 사람이 쩝쩝거리며 음식을 먹으면 미칠 것 같다.' 등이다.

물론 그런 게 ADHD와 관련이 있을 수도 있다. 그러나 이런 동영상은 그 자체로 문제가 많다. 평소에 그와 비슷한 몇 가지 증상이나 행동을 보인다고 해서 의사가 곧장 ADHD 진단을 내리지는 않는다. ADHD가 있다고 갑자기 보통의 지구인들에게는 없는 뭔가가 생기는 것도 아니다. 해부학적으로는 그냥 보통 사람들과 똑같다. 텔레파시를 쓰거나 눈에서 레이저를 쏘지도 않고 뇌가 2개인 것도 아니잖은가. ADHD가 있는 사람들은 외계인이 아니라 물론 외계인 보듯 보는 사람도 간혹 있지만 지극히 평범한 인간이다. 그냥 어떤 특징은 평균보다 강하고 어떤 특징은 약하게 타고났을 뿐인데 그게 일정 기간에 국한되지 않고 줄기차게 나타나니 눈에 띌 수밖에 없다. 사실 ADHD는 그 이면에 어떤 메커니즘이 작용하는지 일단 알고 나면 모르고 지나치려야 지나칠 수 없기도 하다.

'전형적인 ADHD 메커니즘'이라는 게 실제로 있다 해도 한 가지만은 반드시 유념해야 한다. 바로 ADHD가 있는 사람은 전적으로 '이러이러할' 것이라고 단정 지어서는 안 된다는 점이다. 그러기에는 ADHD가 사람마다 어떤 모습으로 드러날지, 또 그 경험이 어떻게 자리 잡을지를 좌우하는 요인이 너무 많다. 그리하여 이해를 돕고자 내가 경험한 여러 가지 상황을 모아 들려주고자 한다. 매 상황에서 내가 어떻게 행동했는지도 이야기할 것이다. 개중에는 ADHD가 없는 사람도 충분히 할 수 있는 행동이 포함되어 있음을 참작해 주기 바란다. 모든 사람이 ADHD인 것은 아니지만 모든 ADHD인은 사람이기 때문이다.

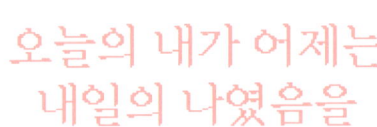

오늘의 내가 어제는 내일의 나였음을

-지연행동

책을 쓴다는 것은 내게 상상조차 할 수 없는 일이었다. 물론 포부만은 대단했다. 심지어 드러누워서 구상만 한 것도 아니었다. 어마어마하게 많은 아이디어가 일단 떠오르기는 했는데 대부분은 몇 달, 몇 년 동안 무르익다 못해 상해서 버리기 일쑤였다. 한 프로듀서 친구가 멋진 비트까지 넣어준 내 자작곡으로 앨범을 만들어 거의 발표하기 직전까지 간 적도 있다. 다양성을 주제로 동화책도 구상했고, 서로 다른 두 쌍의 연인들에 관한 소설 두 편은 집필을 시작하기까지 했다. 내 반려자의 박진감 넘치는 인생을 다룬 전기를 쓰려고 종이 가득 메모해 둔 것만도 벌써 여러 장인데, “언젠가는 꼭 세상 빛을 보게 하겠다”고 호언장담한 게 언제인지도 이제 까마득하다. 4분의 3 정도 완성된 단편소설도 여러 편이지만 다른 아이디어가 생각나 되는 대로 적다 보니 구상안 목록이 한도 끝도 없다. 메모 노트에는 손으로 직접 쓴 메모가 빼곡하고, 컴퓨터 바탕화면에는 디지털 메모 앱이나 '구상안', '아이디어' 같은 제목을 단 폴더도 여럿이다. 그런데 컴퓨터를 켤 때마다 보이는 게 거슬려서 다른 폴더에 넣어버리고, 얼마 있으면 그 폴더는 또 다른 폴더에 들어간다. 그리고 이 모든 아이디어들은 하지 않은 다른 일들에 대한 생각과 뒤섞여 날마다 내 머릿속에서 소용돌이치고 있다. 다른 일들이란 '언젠가 시간이 날 때 해도 되는 일들'과 '미루지 말아야 하는데도 미뤄둔 일들'이다. 그중 어떤 것은 이따금 험악한 얼굴로 찾아오는 사채업자처럼 내 머릿속에 나타나 내게 한심하다는 눈빛을 보내며 빚을 갚으라고 채근한다. 또 다른 어떤 것은 슬픈 표정으로 나를 바라보다가 어느샌가 사라지고 두 번 다시 나타나지 않는다. 다시는 들춰보지 않을 내 메모 보관함이나 수첩 속 깊이 숨어버린 것이다.

지금 이 순간에도 내 머릿속에서는 족히 40갈래는 될 법한 생각들이 서로 다른 방향으로 나를 끌고 가려고 아우성치고 있다.

이 원고를 어떻게 구성하는 게 좋을까? 충전기는 어디 갔지? 저 아랫집 사람들은 몇 시간째 정원에서 도대체 뭘 하고 있는 걸까? 허리는 왜 또 아픈 거야? 고장 난 옷장 문을 고쳐야 할 텐데. 맙소사, 세무사한테 빨리 연락해야 하는데! 내일 첫 미팅이 몇 시더라? 내가 무선 이어폰을 충전해 뒀던가? 지난번에 H&M에서 주문한 옷값을 이체하지 않아서 경고장이 날아왔는데 지금 기한이 언제까지였지? 자전거 타고 동네 한 바퀴 돌고 왔으면 좋겠는데 바람 빠진 타이어를 아직도 안 갈았네. 그런데 난방기 고장 난 거 고쳐 주겠다고 집주인이 연락을 했었나? 난 왜 이리 구제불능일까? 언제쯤 날이 풀릴까? 마지막으로 뭘 마신 게 언제였더라? 아, 뒷목은 또 왜 이리 뻐근하지. 그런데 내가 뭘 하려고 여기 앉았더라? 그리고 이 망할 충전기는 대체 어디 있는 거야……?

생각을 다잡고 하던 일에 집중하려 애써 봐도 머릿속은 뒤죽박죽이고 노트북 화면에는 창이 20개는 열려 있다.

이는 내가 생산성을 발휘할 수 있는 유일한 방식이다. 말 그대로 나는 *모든 것*을 동시에 해치운다. 이메일을 체크하며 IT 서비스에 전화를 걸고, 그 사이에 다른 휴대폰으로는 다른 고객서비스센터 통화 대기를 걸어두었으며, 구글로 어떤 단어의 맞춤법을 검색하고, 날마다 정원 일을 하는 이웃이 서재의 창밖에 보이는 게 거슬려서 블라인드를 주문하려고 인터넷을 뒤진다. 그러다 구글 창을 열고 하루 수분 섭취 권장량이 얼마나 되는지 검색한 뒤, 흘러나오는 노래 가사 하나하나가 머릿속에 꽂히는 게 신경 쓰여 스포티파이 Spotify에서 주의를 흩뜨리지 않을 만한 플레이리스트를 찾아보기도 한다. 보다시피 내 사전에는 차근차근이라는 게 없다. 모든 일을 동시다발적으로 해치우든가 아무것도 하지 않든가, 둘 중 하나다.

이러고 있을 때 남자친구가 들어와서 청소기 먼지 봉투가 다 떨어졌냐고 묻는다. 주문하라는 게 아니라 그냥 확인 차

물어보는 것뿐이다. 그러나 나는 대답을 하는 게 아니라 반사적으로 구글에 우리 집 청소기 모델명을 입력한 뒤, 앞서 블라인드를 넣어두었던 장바구니에 먼지 봉투를 추가한다.

"어, 앙겔리나? 내 말 듣고 있는 거야?"

"벌써 주문했어!"

"뭐라고?"

"먼지 봉투 필요하다며."

이따금 사람들이 내게 '고민'을 털어놓으면 나는 내 일처럼 즉각 반응하며 해결책을 찾는다. 프로그램 작동방식과 비슷하다. 그리고 머릿속에서 찾아낸 검색 결과 목록을 복사기처럼 쏟아낸다. 물론 이것도 에너지가 드는 일이다 보니 그 뒤에는 배터리가 방전되기 일쑤다. 해야 할 내 일은 제쳐두고 부탁받지도 않은 남의 일부터 두 팔 걷고 해결하는 데 에너지를 다 써 버리는 것이다.

이렇듯 나는 매사를 처음부터 끝까지 순서대로 하는 게 아니라 이동식 비상 발전기처럼 사방천지를 돌아다니며 온갖 일에 참견한다. 그리고 무슨 말을 듣는 즉시 머릿속으로 해결 방법을 좌르륵 스캔한 뒤 제일 쉬워 보이고 이해하기 쉽고 마음에 드는 것을 뽑아낸다. 덜 완성된 조각이라도 일단 많이 모은 뒤에 이걸 잇고 붙이고 다듬어서 최종적으로 퍼즐을 완성시키는 식이다. 학창 시절에도 마찬가지였다. 숙제의 마지막 부분부터 조금 해놓고 다시 처음으로 돌아가 일부를 한 다음 중간으로 건너뛴다. 1번 문제를 풀고 2번은 건너뛰고 3번을 푼 다음 생뚱맞은 데로 가 버리는 것인데, 이러다 보면 당연히 뭘 빠뜨릴 위험도 커진다.

시험에서는 매우 빠른 속도로 문제를 풀다가도 한 문제에 꽂히면 헤어날 줄 모르는 식으로 편차가 매우 심했다. 시험지 뒷장에 문제가 더 있었는데 확인하지 않고 제출한 적도 있다. 그래서 담임 교사들이 학부모 상담 시간에 어머니에게 한 말대로 '기대에 못 미치는' 성적을 받을 때가 많았다.

"그것 말고도 앙겔리나는 숙제한 것을 놓고 오거나 수영 수업 때 수영복을 챙겨서 오지 않을 때가 많아요. 언제 무슨 준비물을 챙겨야 하는지 다른 학생들이랑 똑같이 듣고도 그래요. 그리고 말이 너무 많아요. 영리한 아이이긴 한데 자꾸 그러니까 본인도 손해지만 다른 아이들 수업에도 방해가 됩니다. 참 아쉬워요."

사실 이 책도 훨씬 일찍 출간될 수도 있었다. 책에 어떤 내용을 담을 것인지 구상을 다 마치고 집필을 시작했기 때문이다. 그러나 약속한 원고 제출일이 코앞으로 다가왔을 때도 탈고는 아득히 먼 이야기였다. 한두 장이라도 써보려고 노트북을 펼치려 하면 꼭 '급히' 해결해야 할 일들이 수천 가지는 떠올랐다. 노트북 저장 공간 확보 농담이 아니라 실제로 집필을 시작하며 데이터 정리 작업부터 해야 했다, 냉장고 청소, 안 입는 옷가지 헌옷 수거함에 갖다 넣기, 어머니와 함께 할머니 묘에 성묘 가기, 친구

이사 돕기, 온갖 뉴스레터 구독 취소하기, 양탄자 세탁, 병원 예약 잡기……. 그 전에도 세월아 네월아 미뤄 온 일이었건만, 원고 쓸 '시간이 없다'는 구실로 삼을 수 있게 되자 갑자기 이 모든 일들이 손끝에 착착 감기는 것이었다.

이를 일컬어 '지연행동'이라 한다. 많은 이들이 이 용어를 한번쯤 들어보았을 것이다. 별안간 다른 모든 일들이 진짜 해야 할 일보다 더 중요해 보이고, 평소에는 집을 돼지우리처럼 해놓고 살던 사람이 갑자기 결벽증에 걸린 듯 청소를 시작한다. 그 진짜 해야 할 일을 미룰 수만 있다면 말이다. 중요한 일을 먼저 해치우는 편이 좋다는, 그 일을 반드시 해야 한다는 사실을 몰라서 그러는 것은 당연히 아니다.

이 정도는 누구나 종종 겪는 일로 볼 수 있다. 귀찮은 집안일, 직장과 관련된 일, 학교 숙제나 대학교 과제 등의 경우는 특히 그렇다. 그러나 ADHD가 있는 사람에게는 미루는 정도도 그와는 비교할 수 없이 심한 데다 '논스톱'이기 때문에 문제가 된다. 그 할 일이 무엇인가가 중요한 게 아니라 '그냥' 안 하는 것이다. 사용한 식기를 식기세척기에 넣는 일, 장 봐온 물건들을 봉투에서 꺼내어 정리하는 일, 약속을 정하거나 취소하는 일, 누군가의 생일을 축하해 주는 일, 각종 고지서 납부, 쓰레기 분리수거처럼 지극히 일상적인 일들을 거의 사람이 할 수 없는 일처럼 느껴져서 한도 끝도 없이 미루게 된다. 심지어 물 마시고 밥 먹고 샤워하고 화장실에 가는 것조차 더는 버틸 수 없을 때까지 미룬다. 그 결과 주위는 늘 엉망이고 스스로도 죄책감을 느낄뿐더러 주변 사람들과는 갈등을 겪는다. 기본적 욕구도 제대로 충족되지 않고 재정적으로 손해를 보는 등 부정적인 영향을 꼽자면 끝이 없다. 할 일이 부담스러워서 회피하다가 결국은 문제가 눈덩이처럼 불어나는 것이다. 이처럼 미루기가 극단적인 형태로 지속되고 병적인 수준에 이르는 것이 바로 지연행동이다.

지연행동은 공식적으로 인정된 정신과 장애에 속한다. 지연행동이 있는 사람은 하기 싫다고 느끼거나 집중력을 요하는 일, 혹은 하던 것을 중단하고 먼저 해야 할 일이 생겼을 때 혼자 힘으로 그 거부감을 극복하지 못한다. 그로 인해 어떤 대가를 치러야 하든 말이다. 대개는 자기조절기능의 장애가 그 원인이다. 심리학자들은 특히 집중력 결핍이 큰 영향을 미친다고 말한다. 어떤 형태로든 에너지가 소모되는 일을 회피하려는 심리도 작용하지만, 수천 가지 잡다한 생각이 한꺼번에 밀려들면서 어떤 일에 착수하는 것을 저지하는 것도 원인이다. 시작한 일을 끝내는 것은 말할 필요도 없다. ADHD 뇌는 '자신을 가져! 해치우고 나면 마음이 후련할 거야. 너도 뿌듯할 테고 사람들도 좋게 볼 거야. 심지어 너 자신에게 보상을 해줘도 돼!'라는 메시지를 전달하는 것이 불가능하다. 이 회로 자체가 막혀 있는 것이나 다름없어서 애초부터 비용과 효용의 무게가 같다는 생각을 꿈에도 못하는 것이다. 그러니 당연히 틱톡에서 웃긴 고양이 영상을 보는 쪽을 선택한다. 그것이 즉각적인 즐거움을 주기 때문이다. 초콜릿이나 새 운동화도 마찬가지다.

내가 성인 ADHD보다 먼저 접한 것도 바로 '지연행동'이라는 주제였다. 보다 정확히는 미루는 습관을 검색하다가 ADHD라는 단어를 처음 발견했다. 보통은 그 반대일 것이다. 2019년 10월에 나는 WDR Westdeutscher Rundfunk, 서부독일방송의 인스타그램 채널 중 하나인 *@maedelsabende* 이하 〈여자들의 저녁〉에서 교육을 주제로 주간 이슈 행사를 기획하게 되었다. 그리고 이 기회에 내가 학창 시절과 대학 시절에 압박감에 어떻게 대처했는지 이야기하고, 반드시 지켜야 할 데드라인이 있는데도 할 일을 미루다가 막판에 벼락치기로 해치우면서 느낀 점을 사람들과 나누고자 했다.

자료를 찾다가, 뮌스터대학교 심리학과 산하 심리치료 외래센터에서 재학생을 대상으로 상담과 치료를 제공하는 '지연행동 전문 클리닉'이 운영되고 있다는 사실을 알게 되었다. 이 치료실은 만성적인 미루기 습관의 치료법을 보다 효과적으로 개선하기 위해 관련 연구팀과도 긴밀히 협력하고 있었다. 무엇보다도 대학교에서 고안한 자가 테스트를 통해 내 미루기 습관이 어느 정도인지 측정해 볼 수 있다는 점이 흥미로웠다. 이 자가 테스트는 '미루기 습관', '우울증', '주의력 문제'와 관련된 여러 종류의 설문지로 구성되어 있었다. 익명으로 온라인 테스트 질문지를 작성하고 평가하기를 클릭하면 곧바로 내 미루기 습관이 정상적인 수준인지, 아니면 이미 지연행동 단계에 접어들었는지 설명하는 페이지가 뜬다. 약 25분에 걸쳐 여러 질문에 답하고 난 결과는 대략 이랬다. 지연행동인가? 예스! 우울증인가? 예스! 그리고 주의력결핍인가? 예스! 내 평가 결과는 주의력 문제가 없는 사람들의 평균을 그냥 넘는 수준이 아니라 무려 90퍼센트에 도달해 있었다. 축하합니다! 당첨되셨습니다!

물론 이런 테스트가 정식 진단을 대신할 수는 없지만, 적어도 이로써 나는 주의력결핍 과잉행동장애가 극단적인 미루기 습관의 원인일 수 있음을 처음 알게 되었다. 평가지에는 전문가와 상담할 필요가 있다는 안내도 덧붙어 있었다. 하지만 내가 누군가? 곧장 조언에 따르는 게 아니라 당연히 대강 훑고 넘어가 버렸다. 이것이 지나온 내 인생에 무슨 의미가 되는지도 몰랐고, 병적인 미루기와 우울삽화, 스트레스, 긴장, 인간관계 문제, 그 밖에 지금껏 내가 겪어 온 크고 작은 문제들의 원인이 ADHD일지도 모른다는 생각은 꿈에도 하지 못했다. 내 머릿속에 이 모든 것을 성인 ADHD와 연관 지을 만한 어떤 실마리도 들어 있지 않았던 탓이다. 그러니 즉각 '이거야, 앙겔리나! 너는 ADHD였던 거야! 당장 의사를 찾아가서 확인해 봐!'라는 긴급재난 메시지를 보낼 수도 없었을 것이다. 마지막 퍼즐을 끼워 맞출 수 있었던 것은 그로부터 한 달이 지난 뒤였다. 우연한 기회에 위르겐 도미안Jürgen Domian의 TV스튜디오를 찾았을 때였는데, 이 순간은 곧 내 인생의 전환점이 되었다.

결정하지 않기로
결정했다

-분석마비

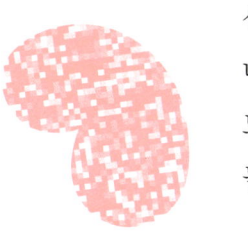

최근 나는 양탄자 위에 축 늘어진 채 한참을 누워 있던 적이 있다. 고된 하루 끝에 녹초가 된 내 머릿속에서, 남자친구와 함께 반려견을 데리고 산책을 나갈지 말지를 두고 마음이 옥신각신하고 있었다. 산책하러 가자는 마음은 의사에 엉덩이를 붙인 채 꼬박 8시간을 일했으니 잠시 몸을 움직이며 신선한 공기를 마셔야 한다고 주장했다. 나가지 않겠다고 버티는 쪽은 움직이기도 귀찮고 밖에 비가 오는 데다 춥고 어둡기까지 해서 싫다고 버텼다.

그때그때 에너지 레벨에 따라 다르기는 하지만 내게는 이런 사소한 결정조차도 세기의 난제처럼 느껴진다. 이렇게 말하면 어리둥절해하며 '뭐라고요? 그냥 하고 싶거나 하기 싫거나, 둘 중 하나 아닌가요?'라고 반문할 것이다. 그런데 그게 말처럼 쉽지 않으니 문제다. 지극히 사소한 결정 하나를 두고도 내 머릿속에서는 난투극이 벌어진다. 뭔가 하고 싶지 않은 일만 생기면 내 안의 망나니가 돌연 초사이어인으로 변신하기 때문이다. 난투극은 눈물이나 다툼이나 체념으로 막을 내리기도 한다.

그러나 방금 예시로 든 산책 문제는 의외로 싱겁게 끝났다. 방바닥에 웅크린 채 머릿속으로 혼자 온갖 쇼를 벌이는 사이에 남자친구가 이미 개를 데리고 나간 것이다. 나는 그것도 눈치채지 못할 정도로 고뇌에 빠져 있다가 그들이 산책을 마치고 돌아와 초인종을 눌렀을 때에야 퍼뜩 생각에서 깨어났다.

이런 증상을 전문 용어로 ADHD마비 혹은 분석마비라고 하는데, 이보다 더 정확한 표현은 없을 것이다. '성인 ADHD의 삶 Living with Adult ADHD'이라는 블로그를 운영하는 언론인 오스틴 하비 Austin Harvey는 온라인 매거진《미디엄》MEDIUM에 기고한 글에서 이와 관련해 다음과 같이 쓰고 있다.

"당신이 지금 의자에 묶여 옴짝달싹 못하는 상태라고 상상해 보라. 그 와중에 파리 한 마리가 윙윙거리며 당신의 머리 주위를 맴돈다. 파리가 귓가를 스치거나 눈앞을 날아가는 것을 다 보고 들으면서도 당신이 할 수 있는 것은 없다. 이때 파리는 한 가지 생각, 다시 말해 한 가지 할 일을 상징한다. 그러면 이제 파리 한 마리가 아니라 파리 떼가 몰려와 미친 듯이 당신 주변을 날아다닌다고 상상해 보라. 파리들을 잠재우기 위해 당신이 할 수 있는 것은 아무것도 없다."

초원 한가운데서 온종일 꼬리를 흔들며 성가신 파리를 쫓는 소나 말들에게 꼬리마저 없다고 생각해 보라. 하비는 이 비유를 통해 ADHD가 있는 사람들의 상태를 설명하고자 한다. 이들의 머릿속에는 늘 윙윙대는 파리 떼만큼이나 수많은 생각들이 걷잡을 수 없이 들끓는다. 할 일이 많을수록 뭔가를 시작하고 계획하고 실행하기는 더욱 어렵다. 휘몰아치는 생각들로 인해 결국 이들은 의자에 꼼짝없이 묶인 것처럼 무기력해진다. 이때는 온몸이 마비된 것처럼 느껴진다. 뭔가를 결정해야 할 때도 이런 현상이 벌어질 수 있다. 아이를 가질 것인가, 말 것인가? 직장을 그만둘까, 말까? 차를 한 대 살까, 말까? 이런 인생의 중대사를 말하는 게 아니다. 지극히 사소한 것을 결정해야 할 때조차 이런 증상이 나타난다. ADHD가 없는 사람이 들으면 그게 거창하게 결정까지 할 일인가 싶을 것이다. '산책하러 갈까, 말까?' '후식을 주문할까, 말까?' '〈스파이더맨〉을 볼까, 〈배트맨〉을 볼까?' 이런 문제들이 나를 블랙아웃에 빠뜨리기도 한다.

제삼자의 눈에는 이상하게 보이겠지만 이런 행동에는 여러 가지 원인이 있다. ADHD가 있는 사람들 중 대다수는 뭔가를 결정하거나 어떤 일을 시작하거나 뭔가에 집중하는 데 큰 어려움을 겪는다. 물론 그 문제가 무엇인가, 그게 당사자에게 무엇을 의미하는가에 따라 달라지기는 한다. 즉각 어떤 행동을 취해야 하거나 뜻밖의 위기나 응급상황이 발생해 신속한 결단이 필요한 상황은 ADHD가 있는 사람의 충동성에 트리거로 작용한다. 그래서 다른 사람들이 멍해 있거나 당황해서 어쩔 줄 모를 때, 심지어 지금 무슨 일이 벌어지고 있는지, 어떻게 이를 해결해야 하는지 상황 파악조차 못하고 있을 때 ADHD인은 별안간 능숙하게 이에 대처하며 결단을 내린다. 생각이고 뭐고 일단 움직여야 할 때 아닌가!

반대로 주어진 정보가 너무 많아 선택의 폭도 그만큼 넓어지면서 '잘 생각해 보라' 혹은 '시간을 두고' 고민해 보라는 과제가 주어지면 이들은 갑자기 결정불능 상태에 빠진다. 가령 내게는 밥을 먹으러 식당에 가는 것도 커다란 난관이다. 메뉴가 5개밖에 없고 이미 많이 가봤던 식당인데도 머리를 쥐어뜯으며 뭘 먹을지 고민하는 나를 보면 같이 갔던 사람들까지 머리를 쥐어뜯는다. 이 순간 내 뇌의 상태를 묘사하자면 이렇다.

'내가 뭘 먹고 싶은 거지? 단 음식? 매운 음식? 새로운 메뉴를 시도해 볼까? 지난번에 먹었던 걸 또 먹을까? 아, 이게 맛있어 보인다! 그런데 저것도 맛있겠는데. 실제로 맛이 있어야 할 텐데…… 몸이 잘 받을까? 어, 이것도 추가로 시키면 좋겠다. 그럼 양이 너무 많지 않을까? 옆 사람에게 나눠 먹자고 물어볼까? 그러면 또 부족할 것 같기도 하고. 게다가 저 사람이 버섯을 좋아하는지 싫어하는지도 모르잖아. 싫어한다고 하면 내가 버섯만 골라 먹거나 절반은 버섯을 빼고 요리해 줄 수 있는지 종업원에게 물어볼까? 그러면 추가로 돈을 내야 할지도 몰라. 양이 아주 적은 메뉴가 아니어야 할 텐데. 그런데 옆 사람은 뭘 주문했지? 나도 같은 것으로 주문할 걸 그랬나? 옆 사람 음식이 더 맛있어 보여서 나도 모르게 흘깃거리지는 않을까? 맙소사, 마실 것은 또 뭘 주문하지?'

이것도 내 머릿속을 스치는 수많은 생각들 중 극히 일부에 불과하다. 남들에게는 고민 축에 속하지도 못할 이런 일에 나는 매번 커다란 에너지를 소모하게 된다. 여기에는 혹시나 잘못된 결정을 하지 않을까 하는 두려움과 잦은 후회도 적잖이 작용한다. 나 역시 성급한 결정으로 인해 좌절감을 맛본 경험이 많다. 메뉴 선택에 실패하는 것은 사소한 문제지만, 심각한 문제가 유발된 적도 있다. 그래서 ADHD가 있는 사람들은 결정을 아예 미루는 경향이 있다.

그냥 모른 체 해야지. 입 다물고 있어야지. 그 문제(또는 할 일)는 무시해 버려야지. 운이 좋으면 태풍이 나를 비켜가고 문제도 저절로 해결될지 몰라.

이런 사고방식인 것이다.

시간감각 마비와 만년 대기 모드

30대 초반이 된 지금도 나는 시간감각이란 게 없다. 하루에 할 일의 양은 어느 정도가 적당할까? 한마디로 '난들 아오!' 사실 뭐든 해치울 수 있을 것처럼 의욕이 충만해서 일정을 빽빽하게 짜 놓는 날이 많다.

이걸 다 할 수 있을까? 물론! 아침 일찍 개를 산책시킨 뒤 운동을 하고 얼른 장을 보고 몇 군데 전화를 돌려야지. 그다음에는 책상 앞에 앉아 글을 쓰고 이른 저녁쯤에 친구를 만나러 나가는 거야.

그런 하루의 끝에는 어김없이 계획한 것들 중 극히 일부분만 겨우 해내고 참담해하는 내가 있었다.

ADHD가 있는 사람들이 흔히 겪는 시간감각장애는 비유하자면 시간을 보는 '눈이 먼' 상태라 할 수 있다. 그렇다고 그들이 늘 나처럼 시간이 어찌 가는 줄도 모르고 있다가 매번 약속에 늦는 것은 아니다. 그러나 딱히 시간적 제약을 받지 않는 일이나 언제 시작해서 얼마나 오래 걸릴지 스스로 판단해야 하는 일은 완전히 그르칠 위험이 있다. 어떤 일이 얼마나 걸릴지, 어떤 과제와 어떤 할 일이 우선인지 판단을 잘 못하기 때문이다. 이 역시 실행기능장애와 관련이 있다. ADHD의 영향을 가장 많이 받는 뇌 영역과 계획, 시간 관리, 목표설정, 정리 등을 담당하는 뇌 영역이 우연히도 겹치는 것이다.

그 밖에도 시간지각은 우리 내면에 강하게 뿌리를 내리고 있는 센서 요소를 갖춘 것으로 알려져 있다. 이때 뇌와 협력해 가며 우리 몸을 조절하는 중요한 동지가 있으니, 심장이 바로 그것이다. 심장은 통상 매우 규칙적으로 뛰기 때문에 예측이 가능하다. 그래서 뇌는 심박 수를 정보 삼아 '오케이, 심장이 분당 ○○번 뛰니까 대략 이 정도가 1분이겠구나'라는 식으로 시간을 어림한다. 그리고 센서기능을 통해 측정된 빛, 온도, 기타 여러 신호들을 이 시간 정보와 결합해 시간감각을 완성한다.

시간지각에 문제가 있는 사람에게는 시간이 풍선껌처럼 한없이 늘어지는 순간이 있다. 그러다 퍼뜩 정신을 차리고 보면 어두컴컴한 방에 앉아 언제 하루가 다 지나간 것인지 어리둥절해하고 있다. 정신과 의사이자 연구가인 가보 마테Gabor Mate는 1999년에 결과 면에서는 비슷하지만 전제는 완전히 정반대인 가설을 세웠다. 그에 의하면 ADHD가 있는 사람들도 시간을 잘 지각하지만 그 정도가 지나친 게 문제라고 한다. 마테는 이들이 문자 그대로 '시간의 흐름'을 온몸으로 느끼며, 이것이 유발한 극도의 스트레스가 부주의와 과잉행동, 충동성의 원인일 수 있다고 추측했다.

ADHD의 또 다른 문제는 '시간이 넉넉하다'는 이유로 어떤 일을 시작조차 안 한다는 점이다. 가령 누군가 나에게 "마감 기한은 3주일 뒤, 이달 26일입니다."라고 말하면 내 뇌는 이것을 '26일에 할 일'로 저장해 버린다. 준비 작업을 하고 자료를 읽고 과제를 완성도 있게 마무리하는 데도 시간이 든다는 사실을 고려하지 못하는 것이다. 그래서 대학 시절에는 어떤 시험이든 코앞에 닥쳐서야 벼락치기로 공부하고 치렀는데, 대부분의 경우 내게 주어진 시간은 24시간 이내였다. 또 어디에 지원하든 무엇을 제출하든 늘 막판에 서두르다가 대부분은 마감 기한 마지막 날에 간신히 해치웠다. 결과는 좋을 때도 있었고 덜 좋을 때도 있었다.

그런 것을 보면 "압력이 다이아몬드를 만든다."라는 말이 괜히 나오지는 않았구나 싶다. 흥미롭게도 누가 머리에 총구를 들이대면 별안간 최고치의 능력을 발휘하는 게 나에게만 해당하는 이야기는 아닌 모양이다. 수많은 연구가 이를 증명하고 있으니 말이다. 2016년에 결과가 발표된 이란의 어느 연구에서는 아동의 시간지각을 분석하기 위해 ADHD가 있는 초등학생들과 없는 초등학생들에게 무난한 과제와 시간 제한이 주어져 '압박감을 유발하는' 과제를 풀게 했다.

ADHD가 있는 아이들은 무난한 과제에서는 예상대로 저조한 성적을 기록했다. 그런데 놀랍게도 부담스러운 과제에서는 정반대의 결과가 나왔다. 통제 집단 아동들에게는 압박감 이는 심박 수에도 영향을 준다 이 수행을 지연시킨 반면, ADHD가 있는 아동들은 이런 감정적 자극을 받고서야 뇌가 시간을 제대로 지각하며 모든 기능을 활성화한 것이다.

'ADHD와 시간'이라는 주제에서 자주 등장하는 또 하나의 특징은 바로 ADHD가 있는 사람에게 약속이 쥐약이나 다름없다는 점이다.

오전 10시에서 오후 1시 사이에 배관공이 오기로 했지? 그러면 그때까지 할 게 있지. 바로 아무것도 안 하는 것. 오후 3시에 통화 약속이 있네? 그럼 당연히 그때까지 아무것도 시작하지 말아야지. 오후 5시에는 중요한 병원 예약이 되어 있군. 좋아, 그러면 그때까지 소파에 드러누워서 시간을 때우는 거야. 예약 시간을 놓칠까 봐 전전긍긍 손톱을 물어뜯으면서 말이야. 그렇게 소파에 늘어진 채 한없이 기다리는 동안 내 머릿속은 온통 예약 생각뿐이다.

또 무의미하게 시간을 허비한다는 수치심과 죄책감이 나를 닦달해도 꿋꿋이 대기 모드를 유지하며 예약 시간까지 아무것도 하지 않는다.

ADHD는 수다쟁이

-조용히 말해! 천천히 말해! 그만 좀 말해!

앞서 나왔던 내 초등학교 시절의 담임 교사 이야기를 기억하는가. 내가 말이 너무 많아 총으로 쏴 버리고 싶다고 하던 교사 말이다. 물론 말이 그렇다는 거겠지만. 어쨌거나 수다 떨기 좋아하는 사람을 두고 흔히들 성격이라고 말한다. 예를 들어 외향적인 사람은 대화에도 도가 튼 경우가 많다. 그 밖에도 많은 이들이 친구는 물론이고 처음 보는 사람과도 즐겁게 대화를 나누지만, 대개 이쯤에서 마무리하는 게 좋겠다는 감 정도는 있다. 그렇게 적절한 시점에 대화를 중단할 수 있는 사람이라면 수다스러움을 그저 성격의 일부분으로 봐도 무방하다.

그러나 특정한 의사소통 표본은 정신과 질환 및 특수성의 증상이며 여러 가지 변형된 형태로 나타날 수 있다. 한 예로 압박적 말하기는 조증삽화의 한 증상으로 나타나는 경우가 많은 반면 언어 와해는 조현병 증상일 가능성이 있다. 장황하거나 과도한 말하기는 사회적 불안과 맞물려 나타나기도 한다. 이런 사람들은 말실수를 하거나 사람들이 자신을 평가할까 봐 두려워하면서도 결국에는 의도한 것보다 말을 많이 하게 된다. 이는 두려움을 상쇄시키고 사람들이 자신에 대해 어떻게 생각할지 불안한 마음을 진정시키려는 시도로 볼 수 있다. 양극성장애가 있는 사람들이 조증삽화기에 성공이나 목표, 계획에 관해 장황하게 설명하는 경우도 드물지 않은데, 주변 사람들에게는 이것이 과장스럽고 비현실적으로 들리는 게 보통이다. 또한 주목과 인정을 얻기 위해 자신의 능력이나 성취, 혹은 자신이 아는 중요한 인물들을 과하게 언급하는 경우는 자기애성 인격장애와 연관될 수 있다.

ADHD가 있으면 흔히 말이 많은 편이다. 말하는 중에는 스스로도 머릿속에서 흘러넘치는 단어들을 통제할 수 없다는 느낌을 받는다. 이 생각에서 저 생각으로 쉼 없이 건너뛰며 빠른 속도로 생각들을 연결시키다 보니 듣는 사람은 피곤해지고 이야기에 일관성이 없다고 느낀다. 게다가 상대방이 한마디 하려고 해도 ADHD는 기다리는 것을 잘 못하는지라 자꾸만 말을 끊어버린다. 비슷한 소통 표본을 가진 ADHD인끼리의 대화는 박진감이 넘친다. 옆에서 듣다 보면 올림픽 탁구 경기장에 와 있는 느낌이 들지도 모른다. 생각이 끓어 넘치고 말은 이리저리 정신없이 튀고 이야기의 주제가 몇 초마다 바뀌는 와중에도 당사자들은 110퍼센트의 집중력을 발휘하며 대화에 열중한다. 상대방의 말을 들으면서 머릿속으로 자기가 할 말을 미리 생각해 두는 것도 이들에게는 누워서 떡 먹기다. 보는 사람은 이 핑퐁 대화를 도저히 못 따라가겠다고 푸념하는데 이들은 물 만난 물고기처럼 신이 나 있다.

내가 생각하는 나는 대화를 즐기며 활짝 열려 있는 사람이다. 어려서부터 늘 그랬다. 그러나 불과 얼마 전에야 내가 ADHD임을 알게 되었다. 이런 성격은 ADHD의 세 가지 주요 증상 중 하나와 긴밀히 맞물려 있는데, 충동성이 바로 그것이다. 충동성에 점수를 매긴다면 나는 10점 만점 중 의심할 여지없이 10점이다. 그만큼 거의 항상 충동적인 본능에 의해 움직인다는 소리다. 감정과 욕구에 충실하며, 그에 어떤 결과가 따를지는 일정 정도 이상으로 숙고하지도 않는다. 충동성은 내게 수없이 반짝이는 순간과 황홀함을 선사해 주는 동시에 ADHD가 있는 사람들의 두드러진 특징인 '오버셰어overshare'의 원인이 될 때도 많다. 오버셰어란 부적절한 상황 혹은 부적절한 상대방 앞에서 개인사와 같은 부적절한 화제를 꺼내는 것을 말한다. 나처럼 자신이 생각하고 느끼고 보는 모든 것을 인스타그램에 공유하거나 개인적인 문제 때문에 직장에서 업무에 지장이 가는 경우도 있다. 나는 어떤 화제가 너무 사적인 것이 아닌지, 다른 사람들이 나를 어떻게 볼지, 내일의 나도 지금과 같은 생각일지 고민하지 않고 그냥 말해버릴 때가 많다. 필터를 거치지 않고 내 생각과 의견, 감정을 표현하고 싶은 욕구에 따르는 것이다.

이미 저지르고 난 뒤에 회의감과 부끄러움이 밀려올 때도 물론 있다. 내가 또 선을 넘었나? 너무 세세한 부분까지 지나치게 많이 말했나? 주위에서 "이번에 올린 글도 *TMI* too much information던데 또 후회할 일 만들지 말고 빨리 내려."라고 충고한 적도 여러 번이다. 누군가는 남들이 왜 참견이냐고 되물을지 모르지만 사실 내게는 오히려 고마운 충고다. 이 사진, 이 글, 이 동영상을 아무나 봐도 괜찮은 걸까, 스스로도 고민되는 순간에는 특히 이들이 든든한 지원군이다. 물론 그럼에도 여전히 내가 확신하는 것, 옳다고 생각하는 것이라면 주위에서 뭐라 해도 물러서지 않는다. 내가 어마어마한 환희와 열정과 공감 능력을 지닌, 한마디로 '감수성이 풍부한' 사람이라는 것은 부정할 수 없다. 그러나 나라는 사람 또는 내가 한 말에 대해 사람들이 한마디 덧붙이는 등 외부에서 영향력이 들어오다 보니 지금은 충동성을 한 단계 낮추어 원래의 '과도하게 감정적인' 사람에서 '감수성이 매우 풍부한' 사람이 되었다.

내가 예전과 달라진 점이 있다면, 내 이야기를 공유하고 싶은 강한 욕구에 대해 굳이 변명하거나 부끄러워하지 않게 되었다는 사실이다. 더 이상 소심하게 움츠러들고 자기검열을 하고 싶지 않기 때문이다. 사람들이 나를 어떻게 보는가에 대해서도 생각하고 싶지 않다. 사람들은 여전히 내게 프로답지 못하다, 과시적이다, 거슬린다, 오글거린다며 비웃거나 상처 주거나 공격할지도 모르지만, 이제 그런 생각에 전전긍긍하지 않기로 했다. 나는 그냥 원래 이러니까 말이다. 이게 내가 생각하고, 일하고, 존재하는 방식이다. 나는 느끼기 위해 산다. 날마다 새로운 나 자신을 발견하고, 변화무쌍한 것이라면 내 감정기복까지 사랑하며, 그럼에도 항상 중심을 되찾을 수 있다. 그리고 수다쟁이다. 그게 뭐 어떤가? 그게 나인 것이다.

성인 ADHD 진단을 받아서 무엇이 달라지느냐고 사람들이 물을 때마다 내가 해줄 수 있는 유일한 대답은 이것이다. 진단은 진짜 내 모습을 이해하고 가면을 벗을 수 있게 도와주었고, 비로소 나 자신으로 살아갈 수 있게 되었다.

눈에서 멀어지면 마음도 멀어진다

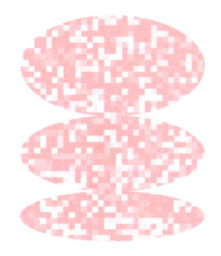

살면서 내 입에서 "맙소사!", "아이, 씨!" 같은 말이 얼마나 자주 튀어나오는지 상상도 못 할 것이다. 사람에게 화를 내는 것은 아니고, 엄청나게 중요한 일을 또 깜빡하고 있었다는 게 퍼뜩 생각나면 나도 모르게 그렇게 된다. 이미 여러 번 다시 데운 찻물이 다른 일에 정신을 빼앗긴 사이에 또 식어버린 것을 보았을 때, 며칠 전부터 일정표에 빨간색 동그라미까지 쳐두고 기다리던 중요한 미팅이 1분 뒤에 시작된다는 것을 깨달았을 때, 벌금을 물지 않으려면 반드시 기한 내에 납부해야 하는 체납 요금 고지서를 뒤늦게야 발견했을 때도 그랬다. 제일 친한 친구의 집에 가기로 한 날, 몇 시간을 보채던 아기가 겨우 잠들었으니 절대로 초인종을 울리지 말라던 친구의 말을 잊고 초인종 버튼 위에 올린 손가락에 힘을 주던 순간에도 마찬가지였다. 너무나 자주 반복되어 이제 이런 일은 일상이나 다름없지만, 건망증 때문에 내외적으로 자꾸만 큰 문제를 겪는 게 마냥 괜찮지만은 않다.

건망증은 흔히 대상영속성 Object Permanence 과 대상항상성 Object Constancy이라는 두 개념과 연결된다. 스위스의 발달심리학자 장 피아제 Jean Piaget 가 기틀을 다진 이 두 개념은 일상에서 매우 중요한 의미를 갖는다. 대상영속성은 어떤 물체나 사람이 우리가 인지할 수 있는 영역으로부터 벗어나 있어도 그것 또는 그 사람이 여전히 존재한다는 사실을 알 수 있는 능력을 일컫는다. 대상항상성은 특정한 사람이 내 욕구를 충족시켜주지 않는 순간에도 그와의 관계 자체는 여전히 안정적으로 유지되고 있음을 아는 능력이다. 유아는 놀이터에서 혼자 주변을 탐색하며 기어다니거나 유모에게 잠시 맡겨져 있는 등 부모와 떨어져 있는 순간에도 부모가 자신을 양육하고 돌봐준다는 사실을 알고 있다. 당장 보거나 만질 수 없는 것을 상상하는 능력은 유연성을 기르고 새로운 환경에 빨리 적응하는 데 도움이 되기 때문에 이 능력은 아동기 초기부터 발달하기 시작한다.

이 두 개념과 ADHD 증상 간의 연관성이 공식적으로 증명된 것은 아니지만 ADHD가 있는 대다수 사람들에게서 이를 떠올리게 되는 것도 사실이다. 특히 건망증과 관련해 그렇다. 이들에게는 물건이 됐든 사람이 됐든 보고 듣고 만질 수 없는 대상은 존재하지 않는 것이나 다름없다. 말하자면 그렇다는 거다. ADHD가 있는 사람은 체납 고지서가 당장 눈에 안 보이는 서랍 한구석에 처박혀 있을지언정 '있다'는 것 자체는 인지한다. 누군가 왓츠앱 WhatsApp 메시지를 보냈다는 것도 인지는 하는데, 열어보지 않기 때문에 답장도 하지 않는다. 빨래가 세탁기 안에 '존재한다'는 것도 인지는 한다. 그럼에도 납부 기한을 놓치고, "금방 다시 연락할게."라고 일단 답장한 뒤에 실제로 다시 연락하는 것을 잊어버리고, 이미 두 번이나 다시 돌린 빨래를 세탁기에서 꺼내는 것을 또 잊어버린다.

ADHD의 작업기억은 흔히 이런 정보를 '엄청, 엄청, 엄청나게 중요한 일'로 저장하지 않고 잠시 한옆으로 밀어둔다. 당장 자신을 '매혹'시킨다는 이유로 훨씬 더 중요하게 느껴지는 다른 일에 초집중해야 하기 때문이다. 아니면 긍정적인 자극을 주어 수월하게 해치울 수 있는 일에 집중한다. 실패할 가능성이 높은 일, 여러 단계에 걸쳐 진행되다가 중간에 막히는 일일수록 ADHD 뇌가 '나중에 할 일'로 분류해버릴 확률도 높아진다. 문제는 그 일거리가 눈앞에 있지 않은 경우다. 그러니 막상 미뤄두었던 '그 일'을 하려고 하면 그게 뭐였는지 기억나지 않는다. 그래서 일단 방에서 나가 찾아보려고 하지만, 문턱을 넘는 것과 동시에 그 일이 뭐였는지 알아내는 일도 이미 물 건너갔다고 보면 된다. 어리둥절한 채로 그 자리에 서서 '도대체 내가 여기에서 뭘 하려고 했더라?'라며 머리를 쥐어뜯고 있을 테니 말이다.

그래서 잊어버리지 않으려고 할 일을 큰 소리로 외치며 집 안을 뛰어다니는 웃지 못 할 일도 자주 벌어진다. 가령 점심 요리 재료로 병아리콩 통조림이 필요하면 식료품 저장고까지 가는 내내 "병아리콩! 병아리콩! 병아리콩!"이라고 외친다. 직장에서는 한창 일에 열중해 있을 때 누군가 흐름을 끊으면 "방해하지 마세요! 이거 먼저 빨리 끝내지 않으면 또 엉망진창이 된다고요!"라고 비명처럼 외칠 때도 있다. "미안해요. 머릿속에 떠오르던 게 또 날아가 버릴까 봐 한 말이에요."라는 말이 불쑥 튀어나오기도 한다. 그래서 ADHD가 있는 사람들은 메모 앱이나 할 일 목록, 스케줄 플래너 등을 신주단지 모시듯 한다. 그리고 어디에다 뭘 메모해 뒀는지 또 잊어버린다.

대상항상성 문제는 당연히 인간관계에도 영향을 미친다. 다른 사람들, 그들이 나에게 갖는 의미, 심지어 내가 그들에게 갖는 의미까지도 '시야'에서 사라질 위험이 있기 때문이다. 당신이 ADHD가 있는 누군가와 아주 즐거운 시간을 보내며 친해지고 공동의 추억을 쌓았다 해도, 이후 그에게서 또 소식이 올 거라는 기대는 접어두는 게 좋다. ADHD 뇌는 물건이나 약속을 잊어버리듯 특정한 순간에 느꼈던 감정도 잊기 때문이다. 어느 특별한 저녁에, 황홀한 여행길에서, 심지어 내게 매우 중요한 사람과 함께 있을 때 들었던 감정까지도 기억에서 삭제될 수 있다. 그래서 때로는 뭔가를 그리워하는 일조차 쉽지 않다. 자신이 다른 사람들에게 중요한 의미를 갖는다는 사실도 잘 알지 못한다.

ADHD가 있는 블로거 아미라 라다크 Ameera Ladak 는 건강 관련 업체 더 마이티 The Mighty 의 온라인 커뮤니티에 쓴 글에서 이에 관해 이렇게 이야기한다.

"사람들에게 내 ADHD 증상에 관해 이야기하며 깨닫게 된 것은, 덜렁대는 내 성격이 신체 증상에 관한 것일 때는 이들도 매우 너그럽게 이해해 준다는 점이다. 열쇠나 양말, 심지어 신발을 잃어버려도 그러려니 한다. 그러나 정서적·감정적인 측면에서는 사람들의 이해를 기대하기 어렵다. 나를 사랑하고 걱정하는 그들의 마음을 내가 잊고 사는 것을 이해하지 못하고, 정작 내가 누군가를 필요로 할 때 그들을 찾지 않는다고 서운해한다. 그러나 나는 어떤 대상이 눈앞에 있어야만 그에 관해 생각할 수 있다."

다음 정차할 역은 코블렌츠입니다!

-나는 왜 친구의 서른 살 생일 파티를 놓쳤나

함부르크에 가기 위해 기차를 탔다. 곳에서 ADHD와 직업, 그리고 ADHD가 있는 사람들에게 잠재된 기회를 주제로 열리는 콘퍼런스에 참석할 예정이었다. 이것 때문에 전날 밤 일찍 잠자리에 들려고 했지만 당연히도 그러지 못하고 저녁 늦게야 짐을 싸기 시작했다. 그다음에는 내 옷장에 생각보다 예쁜 옷이 많다는 것을 깨닫고 이 기회에 입어봐야겠다고 생각했다. 그런데 그중에 맞는 옷이 한 벌도 없어서 옷 입어보는 일이 어마어마한 스트레스가 되고 말았다. 당일에는 아헨에서 함부르크까지 5시간의 여정에서 먹을 음식을 미리 준비하지 못해 500밀리미터들이 물 한 병만 가지고 길을 나섰다. 그런데 아침에 복용한 약에 심한 갈증을 유발하는 부작용이 있어서 얼마 못 가 목이 바짝바짝 타기 시작했다.

여정을 보니 쾰른에서 기차를 갈아타기 위해 27분을 대기

해야 했다. 그 시간에 먹을 것을 사고 함부르크행 ICE InterCity Express, 독일 내 주요 도시를 연결하는 고속열차 -옮긴이 주에 오르면 될 것 같았다. 그러나 인생은 생각대로 되지 않는 법. 쾰른에서 갈아 탈 열차가 연착된 것이다. 나는 양손에 샌드위치와 사과, 견과류, 초콜릿 바에 1.5리터들이 생수병까지 들고 5번 플랫폼에서 있었다. 아무리 기다려도 감감무소식이었다. 5분이 10분이 되고 10분이 20분이 되더니 결국 기차는 60분이나 연착했다 원래 갈아타는 시간이었던 27분을 제외하고 말이다. 기분은 망칠 대로 망친 데다 좌석 예약을 해두지 않은 것도 걱정이었고, 고작 1.5일 여정에 신발만 네 켤레가 들어 있는 무거운 트렁크를 끌고 힘겹게 기차에 올랐을 때 내 컨디션은 이미 한계에 다다른 뒤였다.

그때 불현듯 예전에 겪었던 비슷한 상황이 떠올랐다. 그때도 함부르크 왕복 여정이었고, 과민성대장과 공황장애를 주로 다루는 인스타그램 계정 *@kikidoyouloveme*의 운영자이자 자칭 '칵플루언서 Kackfluencerin, 채널 운영자가 영어의 'shit'에 해당하는 독일어 'kacken'과 '인플루언서'의 여성형인 'Influencerin'을 결합해 만든 단어 -옮긴이 주' 키키를 취재하는 것이 여행의 목적이었다. 분야는 다르지만 그는 나와 비슷한 취지로 인스타그램 채널을 통해 자신의 영향력을 펼치고 있었다. 출장 첫날인 2022년 1월 6일, 나는 키키를 만나 과민성대장에 관한 대화를 나눌 생각에 설레는 마음으로 집을 나섰다. 독일 철도청의 자랑인 ICE로 함부르크까지 가는 데는 이론상 5시간이면 충분했으나, 실제로는 거의 2배의 시간이 소요되었다. 이런저런 이유로 가다가 멈추기를 몇 번이나 반복한 데다 매번 대기 시간도 너무나 길었던 탓이다.

다행히도 이튿날 예정되었던 키키와의 인터뷰는 매우 순조롭게 끝났다. 심지어 취재가 끝난 뒤에 친구를 만나 커피 한 잔을 마실 여유도 있었다. 그다음에는 당시 한창 유행하던 코로나19 검사를 받고 서둘러 귀갓길에 올랐다. 아헨에 사는 매우 친한 친구의 서른 살 생일 겸 집들이 파티에 참석하기로 했기 때문이다. 그런데 그날 저녁에 내가 어디에 있었을 것 같은가? 다름 아닌 코블렌츠로 향하고 있었다!

독일 노르트라인베스트팔렌주의 철도 노선도를 들여다보면 함부르크발 기차의 노선이 중간에서, 쾰른과 아헨 그리고 코블렌츠로 갈라지는 것을 알 수 있다. 그런데 갈리는 지점이 하필 '쾰른 메세/도이츠역'이었다. 나는 이곳에서 내려 기차를 갈아타야 했지만 역 이름만 듣고 내가 탄 기차가 쾰른 중앙역도 거쳐 가겠거니 생각해 버렸다. 맙소사. 평소라면 곧바로 그 다음 역인 본 지역의 보이엘역에서 내려 반대 방향으로 가는 기차를 타고 20분쯤 걸리는 쾰른 메세/도이츠역으로 되돌아가서 아헨행 기차로 갈아탈 수 있었을 것이다. 그런데 하필 그날 내가 탄 기차는 그 역을 그냥 통과해 버렸다. 무슨 공사 때문이라고 했다. 맙소사. 그래서 나는 꼼짝없이 기차에 갇혀 코블렌츠까지 실려 가는 신세가 되었다. 또 맙소사. 코블렌츠는 태어나서 한 번도 가본 적도 없었고, 그날 그 시간에는 더더욱 가고 싶지 않았다. 친구가 생일 겸 집들이 파티를 하려고 나를 기다리고 있지 않은가.

내릴 역을 지나친 대가로 결국 기차 타는 시간이 1시간 늘어났다. 함부르크에서 출발한 지 6시간이 지난 셈이었다. 게다가 코블렌츠에 내린 뒤에도 쾰른 메세/도이츠로 되돌아가는 기차는 30여 분 뒤에나 왔고, 쾰른 메세/도이츠까지 가서 아헨행 기차로 갈아타고 집에 도착하기까지 2시간이 추가로 소요되었다.

살면서 내가 이런 일을 몇 번이나 겪었을 것 같은가? 너무 많아서 셀 수도 없을 정도다. 장소도 다양했고 교통수단도 다양했다. 어려서부터 내게 이런 일은 일상이었다. 나는 인구 250여 명 남짓의 시골 마을에서 내 인생의 대부분을 보냈는데, 시골살이란 나에게 정말 쉽지 않은 일이었다. 15년을 살았어도 '외지인' 취급을 하며 모른 체하는 주민들 때문도, 일 년 중 절반 동안 풍기는 거름 냄새 때문도 아니었다. 내게는 그런 것보다 버스가 1시간에 한 대밖에 다니지 않는다는 점이 가장 힘들었다. 그것도 저녁 6시면 막차가 끊겼고 주말에는 아예 안 다녔다.

당시 버스 출발 시각이 항상 정각에서 15분 전이었던 것을 나는 지금도 기억한다. 그리고 내가 버스정류장에 도착한 시간은 정확히 매시 45분, 46분, 아니면 44분이었다. 평소 습관에 비하면 비교적 정시에 나간 셈인데도 나는 번번이 버스를 놓쳤다. 그처럼 외진 마을에서는 버스가 1시간에 한 대만 다닌다고 해서 혹시 올지 모르는 승객을 기다려주지는 않기 때문이다. 기다리기는커녕 가끔은 누가 정류장에 앉아 있어도 쌩 지나가 버린다. 그때 내게 남은 대안이 뭐였겠는가? 마을 주변으로는 광활한 들판과 숲뿐이었으므로 걸어가는 것은 애초에 불가능했고 어린 여자아이 혼자서는 더더욱 위험했다. 그러니 다음 버스를 기다리든가 고백하건대 나는 버스 두 대를 연달아 놓친 적도 있다 수학 과외나 합창단 연습 같은 중요한 일정이 있을 때는 가용자원을 총동원하는 수밖에 없었다. 물론 일순위 후보는 엄마였다.

"다녀오겠습니다!"라고 외치며 허겁지겁 문을 박차고 뛰어나간 지 5분도 채 지나지 않아 현관 열쇠 구멍에서 달그락 소리가 나고 "엄마……"하고 부르는 내 기어들어가는 목소리가 귓속을 후비고 들어올 때마다 어머니가 어떤 기분이었을지, 나는 지금도 자못 궁금하다. 어머니가 외출 중이라 부득이 외할아버지에게 전화를 해야 할 때면 내 목소리는 한층 더 기어들어갔다. 혼날 것에 대비해 외할아버지가 나를 끔찍이 아낀다는 사실을 속으로 주문처럼 외며 전화를 걸었다. 외할아버지는 허허 웃으며 넘기는 법이 없었으므로. 수화기 너머에서는 늘 어김없이 일장연설이 흘러나왔다. 어떻게 이런 일이 매번 반복되는 것이냐, 시간 엄수와 성실성은 기본 중의 기본인 걸 모르냐, 그런 습관을 못 고쳐서 나중에 뭐가 되겠느냐. 말씀은 그렇게 하면서도 전화를 받는 순간부터 다른 한 손으로 서둘러 모자와 외투를 찾아 입는 소리가 수화기 너머 부스럭대며 울렸다. 꾸지람은 '머리가 몸에 붙어 있지 않으면 제 머리도 어디에 두고 다닐 놈'이라는 말로 끝을 맺었다. 어쨌거나 외할아버지는 언제나 나의 든든한 지원군이었다.

나는 외조부모님 가까이에서 자라며 이분들로부터 큰 영향을 받았다. 외조부님이 아니었다면 내가 지금 모습으로 이 자리에 있지도 못했을 것이다.

외할머니는 1936년 생이었다. 전쟁이 일어난 뒤 내 외증조할머니와 외할머니는 외증조할아버지와 생이별하고 러시아군에게 끌려가 한동안 수용소 생활을 했다고 한다. 외할머니는 그때 아주 어린 나이였다. 당시 함께 잡혀 있던 민간인 포로는 400여 명이었는데 후에 무사히 풀려난 사람은 40여 명에 불과했다. 이때부터 외할머니에게는 종종 갑작스럽게 다리가 꺾이는 증상이 나타났다. 외할머니가 돌아가실 때까지 어떤 의사도 그 원인을 찾아내지 못했다. 그러나 정작 외할머니에게 이것이 장애가 된 적은 한 번도 없었다. 어렸을 때는 짓궂은 남자아이들이 친구들을 괴롭히면 구두를 벗어던지고 귀걸이까지 빼서 누구에게 맡긴 다음 주먹다짐도 서슴지 않았다. 학교에서 부당한 대우를 받았다고 느끼면 회초리를 비롯해 어떤 훈육방식에도 굴하지 않고 꿋꿋이 말대꾸를 해서 외증조할머니가 학교에 불려간 일도 여러 번이었다고 한다.

심지어 외할머니는 한번 춤추기 시작하면 말 그대로 다리가 풀려 일어나지도 못할 지경이 될 때까지 춤을 춰서 동네에서 로큰롤 스타로 이름을 날렸다. 더는 일어날 수 없으면 앉은 채로 계속 춤을 추었다. 사람들은 외할머니가 손주는커녕 자기 자식도 못 보고 스물네 살 전에 단명할 거라고 장담하곤 했다. 내가 태어났을 때 외할머니는 이미 휠체어를 탔지만, 내가 아는 모든 사람들 중 가장 공감 능력이 뛰어나고 언제나 삶에 대한 기쁨이 흘러 넘쳤으며 어떤 사람에게서든 좋은 점만을 보는 분이었다. 내가 무슨 '말썽'을 부리든, 어떻게 행동하든, 항상 나를 감싸준 이도 외할머니였다. 나에게 아낌없는 사랑을 주었을 뿐 아니라, 주변의 모든 사람들까지 그분만의 독특한 매력으로 사로잡던 분이었다.

뜬금없이 외할머니 이야기를 하는 이유가 궁금한가? 바로 내가 외할머니와 어머니를 빼다 박았음을 그 어느 때보다도 절감하고 있기 때문이다. 그게 ADHD 증상의 일부였다는 것은 얼마 전에야 알게 되었지만, 어쨌거나 지금의 나를 빚어낸 수많은 내 특성들은 다름 아닌 외할머니에게서 물려받은 것이었다. 이 유전자의 사슬이 내게서 어머니를 거쳐 외할머니에게로, 그리고 그 이전의 수많은 세대로까지 거슬러 올라간다는 사실을 최근에야 이해할 수 있었다.

외할아버지는 나의 영웅이었지만 슈퍼맨은 아니었으므로 내가 언제, 어디에 있든 혜성처럼 나타나 나를 구하는 건 불가능했다. 그래서 중요한 대학교 시험이 있던 날이나 어느 지역신문의 의뢰로 원거리에서 취재 일정이 잡혔던 날에도 어김없이 나는 엉뚱한 기차에 올라타 헤매고 다녔다. 맙소사. 당장 오늘도 귀갓길에 버스를 잘못 타서 낯선 종점에 떨어질지 모른다. 그럴 경우 퇴근 후의 귀한 휴식 시간을 더 낭비하지 않으려면 거의 40유로를 들여 집까지 택시를 타고 가야 한다. 맙소사. 대학생 시절에는 마지막 남은 그 달의 용돈을 긁어모아 새 가을 부츠를 장만하고는 5분도 채 안 돼서 기차역 어딘가에 두고 왔다. 맙소사. 그로부터 2주일 뒤에는 쇼핑하려고 따로 모아둔 돈으로 양 손 가득 새 옷을 사 들고 신나게 집에 가다가 기차에 쇼핑백을 통째로 놓고 내렸다. 맙소사. 마찬가지로 대학생이었던 시절, H&M에서 친구의 생일 선물로 줄 옷을 구입하고는 쇼핑백을 버스정류장에 둔 채 버스에 올라탄 기억도 있다. 그날은 뒤늦게 집에 도착해서야 그 사실을 깨달았다. 맙소사. 지금이야 내 건망증을 탓하며 다시 선물을 사러 갔겠지만, 그때는 어떻게 했는지 아는가? 그냥 친구의 생일 파티에 안 갔다. 친구에게는 '두통 때문'이라고 둘러댔지만 사실은 새 선물을 살 돈이 없었던 것이다.

앞의 생일 파티 이야기로 되돌아가서, 2022년 1월 코블렌츠까지 갔다가 먼 길을 되돌아가야 했던 그날 나는 결국 친구의 생일 파티에 가지 못했다. 심지어 이때도 선물까지 잘 챙겨두었음에도 말이다. 못 간 이유는 물론 귀갓길이 총 9시간이나 걸린 탓이었다. 물 한 방울 못 마시고 긴 시간을 기차에 앉아 있었더니 결국 극심한 갈증이 들면서 머리가 깨질 듯이 아파 왔다. 엎친 데 덮친 격으로 장시간 끼고 있던 인이어 in-ear 이어폰이 귀를 자극해 심한 통증을 일으키는 바람에 이어폰까지 빼야 했다. 내게 이어폰은 항상 필수품이다. ADHD 뇌가 감각과 관련해 겪는 여러 고질적인 문제 가운데 청각과민증도 포함된다. 게다가 ADHD 뇌는 중요하지 않은 정보들을 잘 걸러내지 못해 모든 소리들이 같은 강도로 들리고, 그로 인해 집중력도 크게 저하된다. 당시의 나처럼 극도로 예민해진 상태에서는 더욱 그렇다.

견딜 수 없는 소음이 피로해진 청각을 한층 더 자극했다. 머릿속에서는 여느 때처럼 수천 가지 생각들이 소용돌이치며 천둥처럼 울리는 것 같았다. 주위에서는 고장 난 객실 문이 덜그럭거리는 소리, 두 좌석 건너에서 누군가 병상에 있는 어머니와 통화하는 소리가 들려왔다. 내 자리에서 비스듬히 뒤쪽에 앉아 있는 승객은 이어폰도 없이 볼륨만 낮춰서 동영상을 시청하는 중이었고, 어느 아이 아빠는 어린 딸에게 다정하게 동화책을 읽어주고 있었다. 피로에 절어 벌게진 눈을 들자 그곳이 '정숙 객실'임을 알리는 안내판이 보였다. 나는 소리 죽여 흐느꼈다. 맙소사.

우여곡절 끝에 아헨의 내 집에 도착했을 때는 늦지 않고 파티에 갈 여유가 겨우 남아 있는 시각이었다. 이론상으로는 말이다. '겨우' 저녁 8시밖에 안 된 이른 시간이었고 파티도 아직 본격적으로 시작되지는 않은 모양이었다. 오는 길에 친구에게 연락해 내릴 곳을 지나쳐서 늦을 거라고 이야기하기는 했으나 차마 파티에 안 간다고 딱 잘라 말할 수는 없었다. 누군가를 실망시킨다는 것은 내게 상상도 할 수 없는 일이었다. 친구 집에 손님이 하나 둘 모여들고 주인공인 친구는 멋진 저녁시간을 준비하느라 분주할 무렵, 나는 울어서 퉁퉁 부은 눈과 깨질 듯 아픈 머리를 간신히 지탱하며 힘겹게 트렁크를 끌고 기차역 계단을 내려가 그날따라 엘리베이터도 고장 나 있었다 남자친구가 차를 세워 둔 곳으로 좀비처럼 어기적어기적 걸어갔다. 그날 남자친구가 나 때문에 외출한 게 벌써 세 번째였다. 내가 예약해 준 코로나19 백신을 접종받으러 갔던 것이 첫 번째 외출이었다. 그런데 내가 검사 날짜를 착각하고 달력에 잘못 적어두는 바람에 그는 접종 장소에 도착해서야 예약 날짜가 닷새 전이었음을 알게 되었다. 맙소사. 그다음에는 기차역으로 나를 마중하러 나갔는데 뜬금없이 내게서 쾰른과 코블렌츠 사이의 어디쯤에 있다는 연락이 왔다. 맙소사. 그러고도 한 번 더 차를 끌고 나와 나를 기다린 것이다. 맙소사. 그는 나름대로 짜증이 잔뜩 난 상태였지만 내 몰골을 본 순간 눈빛에 짜증은 사라지고 측은함만 가득했다. 지칠 대로 지친 나는 조수석에 몸을 파묻기가 무섭게 곯아떨어져 버렸다.

V

이제는 말할 수 있다

지나고 나면 보이는 것들

다섯 번째 생일을 앞두고 나는 읽는 법을 스스로 터득했다. 그냥 지루해서였다. 어머니의 기억에 아직도 생생하게 남아 있는 그날, 아헨 시내를 돌아다니던 중에 어느 도로를 건너는데 갑자기 내가 엄마의 외투 자락을 잡아당기며 불쑥 이렇게 말했다고 한다.

"엄마, 저것 보세요. 시-청-앞-약-국!"

그 바람에 도로 한가운데 멈춰 섰던 우리를 택시 한 대가 아슬아슬하게 비껴갔다. 나는 놀라서 입을 딱 벌리고 서 계신 어머니를 향해 해맑은 웃음을 지었다. 아마도 그날부터 어머니는 내가 뭔가 다르다는 사실을 감지하신 것 같다. 어머니만 그렇게 느낀 것은 아니었다. 초등학교에 입학하자마자 담임 교사가 어머니에게 다가와, 내가 어떤 부분에서는 또래보다 월등히 앞서 있지만 너무 쉽게 지루해하고 과제를 끝까지 풀지 못한다고 일러주었다고 한다. 이해력이 뛰어나고 나이에 비해 매우 수준 높은 어휘력을 갖추었다고도 덧붙였다. 그러니 혹시 '영재' 테스트를 받아볼 생각이 없느냐는 것이었다.

일단 ADHD와 '평균 이상의 지능' 사이에는 어떤 연관성도 증명된 바 없음을 강조해 두고자 한다. 사실 나는 한 인간의 IQ만 가지고 그의 인지 능력을 측정하는 '지능'이라는 사회적 창작물에 다소 비판적인 입장이다. 이것이 좋은 조건하에서의 학업 성과를 예측하는 도구로 너무 자주 활용되는 것도 문제지만, 무엇보다 특권을 유지하고 사람들을 일정한 카테고리에 분류해 넣으며 타인을 억압하는 데 악용되는 경우도 많기 때문이다. '영재성'이라는 개념 역시 현재까지 명확히 정의된 바가 없으며 학계에서도 이를 두고 의견이 분분하다. 한 가지 분명한 것은 우리가 알고 있는 '지능'이 이른바 '재능'이라는 의미로 연결되며, 이는 우리 삶에 영향을 미치는 수많은 요인들 중 하나에 불과하다는 사실이다. 또한 ADHD와 '재능'은 서로 별개의 영역이기는 하되 몇 가지 겹치는 부분이 있기는 하다.

ADHD의 긍정적인 특성은 이른바 '영재'들에게서도 자주 관찰된다. 뛰어난 창의력, 기발한 아이디어나 해결책, 순발력과 유연성, 적극적인 참여, 뚜렷한 주관 등이 그 예다. 동시에 부정적인 면도 양쪽 모두에게서 두드러질 수 있다. 쉽게 지루해하며 주변 사람들을 방해하는 것, 학습 난이도가 지나치게 낮거나 반대로 너무 높을 때 주의집중력이 떨어지는 것, 교사와 부모를 비롯해 권위 있는 사람과 자주 부딪히는 것도 공통점이다. 문제는 ADHD가 있는 아동이 지능검사에서 평균 이상의 점수를 받을 경우 ADHD 진단이 늦어지는 경우가 많다는 점이다. ADHD의 약점을 어느 정도 지능으로 상쇄시키기 때문에 증상이 가려지는 것이다. 나 역시 ADHD 진단을 받으면서 아동기에 이와 비슷한 경우였을 거라는 말을 들었다.

당시 어머니는 내게 '영재' 검사를 받아보게 하라는 권유를 흘려듣지 않고 아동발달센터를 찾아갔다. 그곳은 아동,

청소년, 부모와 가족에게 각종 진단 및 상담, 치료 기회를 제공하는 기관으로, 아동의 '영재성'이나 ADHD 검사도 받을 수 있었다. 이때 받은 각종 검사 결과지 중 일부를 아직도 보관하고 있으며 2020년 ADHD 진단을 받을 때도 가져갔었다.

이쯤에서 이런 질문을 던질 수도 있을 것이다. 앙겔리나는 왜 스물아홉 살이 되어서야 ADHD 진단을 받았을까? 어렸을 때는 왜 진단이 내려지지 않은 것일까? '영재' 검사를 받는 과정에서 ADHD 문제가 구체적으로 거론되고 어머니가 이전부터 어렴풋이 추측하던 바를 확인할 수도 있지 않았을까? 이 질문에 대답하기는 쉽지 않지만, 적어도 나는 그 이유를 전적으로 이해할 수 있다.

당시 어머니는 어린 나를 끌고 각종 테스트를 전전할 것인가 말 것인가의 기로에 서 있었다. 그렇게까지 해서 진단을 받고 나면 그 후에는 또 뭐가 올지도 불투명했다. ADHD 양성 확진이란 곧 '낙인'을 의미했고, 그게 아직 너무나 어린 딸의 장래에 부정적인 영향을 미칠지도 모른다는 생각이 어머니를 불안하게 만들었다. 연달아 이런저런 의사나 심리치료사를 찾아다녀야 하는 건 아닌지도 걱정이었을 것이다. 혹시 의사가 약을 처방할 경우 그게 아이의 본모습까지 바꾸어놓는 것은 아닐까? 진단 때문에 아이가 학교에서 차별을 받게 되면 어쩌지? 다른 아이들에게 따돌림이나 놀림을 받는다면? 특별대우를 받는다는 비난이 쏟아진다면?

홀로 우리를 키우던 어머니는 이 모든 고민까지 혼자 떠

말아야 했고, 당시 만연하던 편견에 대한 두려움과 딸이 불이익을 당할지 모른다는 걱정 때문에 결국 더 이상의 검사는 받지 않기로 결정했다. 테스트까지 받게 만들었던 내 '남다름'도 어쨌거나 대체로 긍정적인 동기가 작용하지 않았는가. 내게 심각한 문제가 있었다면 어머니도 분명 다른 결정을 했을 것이다. 누군가 내게 어머니를 원망하는지 묻는다면 나는 단호하게 '전혀'라고 대답할 수 있다. 물론 'ADHD 진단을 더 일찍 받았더라면 어땠을까?'라는 의문을 품었던 적은 수없이 많다. 그랬다면 내 삶도 전혀 다른 방향으로 흘러갔을까? 나는 지금과는 전혀 다른 사람이 되었을까? 아마도 그랬을 것이다. 하지만 어쨌거나 나는 지금의 나인 것이다.

그때가 1990년대였다는 사실 또한 기억해야 한다. 당시에는 집중력을 키워주는 훈련이라든가 여타 치료법이 정작 아동들에게는 거의 활용되지 않았거나 그런 것을 비판적으로 보는 분위기가 지배적이었다. 거의 25년이 지난 지금도 자녀가 '남다르다'라는 말을 들은 부모들이 마냥 느긋하게 대처할 수 있을 만큼 상황이 개선된 것은 아니다. 사람들은 어떤 진단이 아이의 삶에 부정적인 영향을 끼칠지도 모른다는 두려움 때문에 여전히 쉬쉬하고 경계한다. 그러나 명심하시라. 진단을 안 받는 것 또한 악영향을 미칠 수 있음을. 그것도 몇 배는 더 심각한 악영향을 말이다.

혹시 내가 정신병자인가요?

이전까지만 해도 정신건강은 나와 아무 상관없는 개념이었다. 내게 정신건강이란 대학 강의나 영화, 노래 가사 등에서 한번쯤 다루어지는 것을 봤거나, 누군가 이야기하는 것을 주워들은 적이 있거나, 고작해야 언론 쪽 일을 하면서 언젠가 관련 기사를 쓰게 될 수도 있는 추상적인 무엇이었다. 정신건강에 문제가 생긴다는 게 무슨 의미인지 어렴풋이 알고는 있었지만 그것을 나 자신과 연관시켜 본 적은 한 번도 없었다. 감기나 방광염에 걸려 가정의를 찾아간 적도 많고 어깨에 염증이 생겨 정형외과 치료를 받거나 교정치과에서 치아교정을 받은 일도 있지만, 정신과 쪽으로는 한 번도 문제를 겪어본 적이 없었다. 적어도 그렇다고 믿고 있었다. 대학교를 간신히 졸업하고 직장인이 되기 전까지는 말이다.

그 무렵부터 별안간 어마어마한 스트레스가 날마다 나를

짓눌렸다. 독립하고 혼자서 해야 하는 집안일, 정해진 시간에 출퇴근하는 일, 연인과 친구, 가족을 모두 챙기는 일도 버겁기만 했다. 그리고 나는 금세 정신적 한계에 다다르고 말았다. 물론 사는 것이 누구에게나 쉽지 않다는 것을 모르는 건 아니다. 감당할 수 없이 많은 선택지와 기대치를 우리 앞에 들이밀며 끊임없이 진보하는 사회의 구성원으로 살다 보면 정신적으로 짓눌리지 않는 게 더 이상하다. 그래도 다들 어찌어찌 잘 적응해 나아가는 것 같은데, 어째서인지 나 혼자만 일상적인 일들조차 해내지 못해 허덕이고 있었다.

이런 느낌을 안고 지내는 동안 점점 의문이 커져 갔다. 남들은 도대체 어떻게 하는 거지? 다들 쉽게 해내는 것 같은데 왜 나는 제대로 하는 게 하나도 없지? 나는 왜 항상 약속에 늦고, 매번 일정을 미루게 되고, 항상 허둥지둥하지? 다른 사람들은 10시간, 12시간을 일하고도 친구를 만나거나 운동을 하러 잘만 가는데, 나는 고작 8시간 일하고도 녹초가 되어 방바닥에 뻗은 채 심한 요통과 경추통 때문에 움직일 엄두조차 내지 못하고 있었다. 약속을 취소할 힘이라도 남아 있으면 다행이었다. 그런데도 남들 앞에서는 아주 잘 살고 있고 뭐든지 알아서 잘하는 것처럼 행동했다. 스트레스와 피로가 쌓일수록 더 그렇게 보이려 애썼다.

그러자 내 몸은 끊임없이 재발하는 위염과 과민성대장 증세로 이에 화답했다. 위장병학 전문의를 찾아가 위내시경과 대장내시경을 받아봐도 신체적으로는 아무 이상이 없다는 결과가 나왔다. 의사는 정신신체질환이 의심되니 정신과 상담을 받아보라고 조언했다. 그러나 정신과 예약을 잡는 것이 어쩐지 꺼려져서 다른 모든 일들과 마찬가지로 차일피일 미루어버렸다. 대신에 늘 그래 왔듯이 나 스스로를 질책함으로써 문제를 해결해 보려 했다. 너는 노력을 너무 안 한다, 그렇게 살아서 뭘 이루겠느냐 따위의 비난을 평생 듣고 산 사람은 이렇게 습관적으로 자아비판에 빠지기 마련이다. 나는 깊은 자기회의에 젖어 스스로를 향해 물었다. 내가 스트레스에 너무 취약한 게 아닐까? 아니면 태만하고 게으른 건가? 어른이 되면 원래 다 이런 걸까, 아니면 번 아웃이라도 온 걸까? 직업 자체는 재미있는데도 항상 남들보다 빨리 에너지가 고갈되는 이유를 내 머리로는 도무지 알아낼 수 없었다.

시간이 흐르고 고민이 깊어질수록 내 머릿속에는 어두운 그림자가 드리우기 시작했다. 주위 사람들은 암울한 생각에 잠식당해 눈에 띄게 무기력해진 나를 걱정하며 전문가의 도움을 받아보라고 조언했다. 다행히도 당시 내 가정의는 공감능력이 매우 뛰어난 사람이어서, 내가 정신적으로 간신히 버티고 있는 상태이며 당장 치료가 필요하다는 사실을 일찌감치 간파하고 내게 쾰른 지역의 심리치료사 목록을 건넸다. 그마저도 나는 2주일 동안 책상 한구석에 방치하다가 그나마 약간 기운을 차린 어느 날에야 전화기를 손에 잡았다.

한번이라도 심리치료를 받아보려 했던 사람이라면 이때부터 어떤 과정이 시작되는지 익히 알 것이다. 독일에서는 심리치료를 받기가 매우 어렵다. 심리치료사가 부족한 탓도 있지만 공보험 환자 진료 허가가 지나치게 제한되는 것도 원인이다 독일 의료보험은 누구나 가입할 수 있는 공보험과 특정 조건을 충족해야 가입할 수 있는 사보험으로 나뉜다. 대다수의 국민은 공보험에 가입되어 있는데, 독일 공보험의사협회는 개원 의료인이 특정 지역에 편중되는 것을 막기 위해 지역별로 공보험 환자를 받을 수 있는 개인의원 수를 제한한다 –옮긴이 주.

심리치료사 앙케 글라스마이어Anke Glaßmeyer는 인스타그램@diepsychotherapeutin에서 이에 관해 자세히 설명했다. 일단 독일에서 개인 심리치료클리닉을 운영하려면 대개는 심리학 석사 학위를 소지해야 한다. 이후 3~5년이 소요되는 심리치료사 전문 수련 과정을 거친다. 이를 마쳐야 비로소 개인 클리닉을 열고 독립적으로 심리치료를 할 수 있는 자격이 주어진다. 이론상으로 규정된 내용은 여기까지다. 이후에는 공보험 진료 허가가 남아 있다. 심리치료사를 포함한 독일 개원 의료인들이 공보험사에 진료비를 청구할 수 있으려면 이 허가를 받아야 한다. 그러나 1999년에 제정된 심리치료사법에 의거해 공보험 진료 허가를 받을 수 있는 심리치료사 수 역시 제한되어 있다.

당시 허가 건수는 각 지역의 필요도에 따라 유연하게 책정되었다. 그러나 지난 23년간 독일에서는 심리치료에 대한 인식이 개선되어 이를 찾는 사람들이 대폭 늘어났다. 물론 이것 자체는 좋은 현상이다. 그에 따라 독일 공보험의사협회도 복잡한 예산 기획 과정을 거쳐 수요 계획을 세우고 곳곳에서 공보험 진료 허가 건수를 늘렸으나, 앙케 글라스마이어를 비롯한 다수의 심리치료사들과 연방심리치료사협회는 이것이 현재의 수요를 충족하기에 아직도 턱없이 부족하다고 비판한다. 심지어 자격 요건을 갖춘 젊은 심리치료사 수가 충분한데도 말이다. 결과적으로 긴급히 심리치료가 필요한 경우를 포함해 많은 환자들의 진료 예약 대기 시간은 무한정 길어진다.

베를린-브란덴부르크방송Rundfunk Berlin-Brandenburg, rbb이 독일 전역의 123개 심리치료클리닉을 선별해 설문조사를 시행한 결과, 절반이 넘는 환자들이 최초 예약을 문의한 시점으로부터 실제 진료를 받기까지 4개월 이상을 기다리는 것으로 드러났다. 수요가 너무나 많다 보니 각 심리치료클리닉의 대기 목록도 더는 늘릴 수 없을 정도로 꽉 찬 상태다. 글라스마이어가 지적한 또 한 가지 문제는 기존의 공보험 진료 허가가 일부 '불법 거래'되고 있다는 점이다. 허가를 둘러싼 경쟁이 워낙 치열하다 보니 대개는 기존의 치료사가 진료권을 팔아야 대기하고 있던 치료사들이 지원이라도 해볼 기회가 생긴다. 그런데 넘쳐나는 지원자 수만큼이나 거래 가격도 치솟아서 때로는 그 숫자가 100만 유로 단위에 이르기도 한다. 자격을 갖춘 치료사가 되기까지의 적잖은 교육비에 더 많은 추가 비용까지 발생하는 것이다.

나 역시 심리치료사를 찾는 과정에서 이 같은 상황을 피해갈 수 없었다. 전화번호 목록 가장 위에 있던 심리치료클리닉 세 군데에서는 자동응답기의 음성만 들려왔고, 다음 한 군데는 계속해서 통화 중이었다. 다섯 번째 전화번호에서는 드디어 정상적인 통화연결음이 흘러나왔지만 기대감은 이내 실망으로 바뀌었다. 신규 환자를 더 받지 않는다는 것이다. 그럼에도 나는 실낱같은 희망을 안고 대기 명단에 이름을 올려두었다. 연락이 올 거라는 기대는 하지 않았으나 뜻밖에도 몇 주 뒤에 해당 클리닉으로부터 환자 한 명이 빠져 자리가 났다는 전화가 왔다.

그렇게 첫 상담을 마치고 나자 치료사와의 대화가 그저 친한 친구에게 고민을 털어놓는 것과는 다르다는 것이 실감되었다. 심리치료사는 의뢰인의 이야기를 경청하고 그에게 적절한 질문을 던지며 그와 함께 적합한 해결책을 찾도록 훈련된 전문가다. 아무 선입견도 없이, 내 말을 끊지 않고 경청해 주는 치료사 앞에서 마침내 자유롭게 속마음을 털어놓을 수 있었다. 나를 짓누르는 모든 것에 관해 거리낌 없이 이야기하는 것만으로도 마음이 한결 가벼워질 정도였다. 그러나 전문가와 함께 내 문제에 관해 대화를 나눌 수 있다는 기쁨도 잠시, 내게 배정된 심리치료 초기 면담이 고작 6회에 불과하다는 사실을 알게 되었다. 이에 관해서는 뒤에 조금 더 자세히 설명할 것이다.

퍼즐의 마지막 조각을 찾다

〈여자들의 저녁〉의 포맷을 만든 내 예전 상사는 해당 팟캐스트 작업을 위해 다음과 같은 구상안을 마련했다. 일단 우리는 이른바 주간 이슈로 불리는 주제 하나를 선정해 일주일 동안 이에 관해 다루었다. 주제를 소화할 충분한 작업 시간을 확보하고 그에 대한 담당자 개개인의 생각과 사실 관계, 전문가 및 관련 경험을 한 당사자의 의견까지 모두 수렴하기 위해서였다. 우리는 선정된 주간 이슈의 다양한 면면을 이레에 걸쳐 조명했다. 진행자로서 나는 이 프로그램에 막중한 책임감을 느끼고 있었다. 정보를 수집하고 인터뷰 대상을 섭외하며, 날것의 자료들을 인스타그램에 올릴 수 있도록 다듬고 정리하는 것이 내가 담당한 업무였다. 현지 인터뷰를 하고 휴대폰으로 직접 영상을 찍고 주간 이슈 프로그램 전체를 조정하며, 마무리로 팔로워들과 소통하는 것도 내 몫이었다.

어느 정도 시간이 흐르자 나를 포함한 진행자 4명에게는 각자의 전문 분야에 따라 일종의 프로필이 생겼다. 내가 다루는 분야는 '정신건강'과 '인간관계'였는데 후자에는 친구, 가족, 연인과의 관계 등 모든 종류의 인간관계가 포함되었다. 2019년 봄에 열린 이슈 회의에서 우리는 이후 몇 달 동안 다룰 주제들을 미리 확정해 두었다. 내가 맡은 주간 이슈 중 대표적인 것은 '결혼', '알코올중독', '어머니', '아버지' 등이었고 연말에는 '비밀'을 다룰 예정이었다. '주간 이슈 비밀'의 일정계획은 2019년 11월부터 시작되었다. 나는 특히나 이를 손꼽아 기다렸는데, 그 이유는 내가 예전에 오랜 세월 몸담았던 '1LIVE WDR의 라이브스트리밍 플랫폼 -옮긴이 주'를 방문하는 일정이 여기에 포함되어 있었기 때문이다. 내 '비밀' 주간 마지막 인터뷰 상대는 다름 아닌 야간 토크쇼의 거장 위르겐 도미안Jurgen Domian이었다.

WDR의 TV 방송 프로그램이었던 도미안의 전화 토크쇼는 특히 노르트라인-베스트팔렌 지역에서 압도적인 인기를 누렸다. 1995년에서 2016년까지 무려 21년 동안, 이 방송에서는 매일 밤 익명의 청취자와 시청자들이 전화를 걸어 자신의 기이한 경험이나 성적 취향, 어두운 비밀에 이르기까지 모든 것을 털어놓았으며 '도미안'은 이야기를 듣고 질문을 던지거나 조언을 건네기도 했다. 어떤 여성은 남성들에게 수유하는 데 페티시가 있다고 털어놓기도 했다. 양다리를 걸치고 있다고 고백한 사람, 어린 시절에 가족에게 성적으로 학대당했던 일을 이곳에서 처음으로 입 밖에 낸 사람, 지구가 평평하다고 굳게 믿는 사람, 그야말로 별의 별 사람들이 있었다. 그러니 이 방송의 진행자였던 도미안은 '주간 이슈 비밀'의 이상적인 인터뷰 상대였다.

인터뷰 당일, 준비했던 인터뷰를 마친 뒤 잠시 도미안과 잡담을 나눌 기회가 있었다. 그에게 나는 물론이고 어머니도 그의 열성팬이며, 요즘도 어머니는 식사 준비를 하는 동안 그의 옛 방송 클립을 유튜브로 틀어놓을 정도라고 이야기했다. 그러자 그는 즉석에서 제안을 했다. 현재 그는 예전에 진행했던 라디오 방송을 텔레비전용으로 변형시킨 〈도미안 라이브〉Domian Live라는 프로그램을 진행하고 있는데, 내주 금요일에서 토요일 사이의 밤 시간에 WDR 구내식당에서 새 에피소드 촬영을 한다는 것이었다. 흥미로운 인물들도 게스트로 출연하니 시간이 된다면 어머니와 함께 방청객으로 오라는 깜짝 제안이었다. 위르겐이 살갑게 초대하는 영상을 휴대폰으로 찍어서 어머니에게 건넸더니, 어머니는 뜻밖의 초대에 날아갈 듯 기뻐했다. 생방송 현장에 가본 적이 한 번도 없는 어머니에게는 촬영 장면을 두 눈으로 볼 수 있다는 것이 더 할 나위 없이 특별한 기회였다. 그런데 그의 초대가 어머니뿐 아니라 나와 내 인생에도 다시없을 기회가 될 것임을 당시에는 꿈에도 생각지 못했다. 그날의 방송이 내 일생일대의 '비밀'을 풀 열쇠가 된 것이다.

사실은 그 넝쿨째 굴러온 호박을 하마터면 내 발로 차버릴

뻔했다. 언급했듯이 그날 촬영은 매우 늦은 밤 시간에 잡혀 있었는데, 어머니와 나는 평소 저녁 9시나 10시만 돼도 소파에 드러누워 꾸벅꾸벅 졸곤 했기 때문이다. 촬영 당일인 금요일에는 어머니가 미리 내 집으로 와서 함께 저녁을 해 먹고 어두워질 때까지 수다를 떨었다. 그런데 아니나 다를까, 밤 10시가 가까워오고 슬슬 방송국으로 출발하려는데 또다시 졸음이 쏟아졌고, 우리는 그토록 좋은 기회임에도 그냥 포기해 버릴까 심각하게 고민까지 했다. 그러나 도미안의 개인적인 초청을 내팽개칠 수도 없고 모처럼 어머니와 멋진 시간을 보낼 기회이기도 해서 우리는 결국 방송국에 가기로 결정했다. 천만다행하게도 말이다!

그날 출연한 4명의 게스트는 워르겐이나 방송 팀이 직접 섭외한 게 아니라 스스로 출연을 요청한 지원자들이었다. 일종의 깜짝 출연인 셈이었다. 시청자들은 생방송을 보다가 즉흥적으로 전화를 걸어 출연자에 대한 의견을 이야기할 수 있었다. 첫 번째 게스트는 쉰여섯 살의 제이슨으로, 본인의 설명에 의하면 그는 '여성에서 남성으로' 변모하는 중이었다. 약 21분이 지난 11시 51분에 제이슨이 퇴장하자 마흔네 살의 간호사 이본이 '독일의 열악한 요양제도'라는 주제를 들고 등장했다. 물론 중요한 사회적 이슈였으나 이때부터 내 눈꺼풀은 무거워지기 시작했다. 나는 돌아가는 카메라 앞에서 잠드는 사태가 발생하지 않도록 졸음과 사투를 벌여야 했다. 방송이 시작되고 35분째, 시간도 어느덧 자정을 넘겼을 때 도미안이 박수로 맞이한 세 번째 게스트는 젊은 여성이었다. 이름은 카리나, 나이는 스물넷이고 그가 준비한 주제는 '성인 ADHD'였다. 그저 피곤할 뿐이었던 내게 이 주제는 아무런 호기심도 불러일으키지 못했다. 그런데 어느 순간부터 문득 카리나의 말이 귀에 들어오기 시작했다.

"…… 머릿속에 텔레비전이 있다고 상상해 보면 이해가 될 거예요. 거기서 500개의 채널이 한꺼번에 돌아가는데 누군가 리모컨을 가져가 버려서 끌 수가 없는 거죠."

졸린 와중에도 나는 쿡쿡 웃음이 새어나왔다. 저건 내 얘긴데? 그러자 도미안이 카리나에게 그로 인해 일상생활에 어떤 지장이 있는지 물었다. 카리나는 뇌의 도파민 부족과 보상중추에 대해 이야기한 뒤, 보통 성인들은 고지서 납부나 집안일, 그 밖에 재미가 없어도 해야 하는 일들을 별로 힘들이지 않고 처리할 수 있다고 이야기했다. 그러나 카리나의 뇌는 보통 사람들의 뇌와 다소 달라서 '이 따위 재미없는 것을 해서 내가 얻는 게 뭔데? 그에 대한 보상은 어디에 있어?'라는 식으로 저항한다고 한다. 이 때문에 즉각 보상이 주어지지 않는 일을 할 때면 그의 뇌는 거대한 시멘트 벽에 가로막힌 듯 꼼짝도 않는다는 것이다. 올 테면 와 봐라, 라는 식이다. 어느새 나는 언제 졸았냐는 듯 맑은 정신으로 카리나의 이야기에 열심히 귀를 기울이고 있었다.

이미 사람들에게 셀 수도 없을 만큼 자주 들려준 이야기인데도 글로 써 내려가다 보니 또다시 소름이 돋고 울컥한 기분이었다. 내 인생의 가장 결정적인 전환점을 꼽자면 바로 이때가 아니었나 싶다. 과거, 현재, 미래를 통틀어서 말이다. 잃어버린 퍼즐 한 조각을 찾은 것이다. 그날 하루 스튜디오로 변신한 WDR의 구내식당에는 어머니와 도미안도 있었고 수많은 카메라도 돌아가고 있었지만, 나는 마치 카리나와 단 둘이 있는 착각이 들었다.

카리나가 스포트라이트를 받으며 들려준 이야기는 다른 사람들에게는 아무 감흥도 주지 못했을지 모르나 내게는 그야말로 심금을 울리는 것이었다. 카리나는 몰랐겠지만, 내가 잃어버린 줄도 모르고 있었던 퍼즐의 마지막 조각을 내 손에 쥐어주고 있었다. 긴장감에 등이 꼿꼿해지고 식은땀이 났다. 도미안은 아마도 방청객들 중 다수가 궁금해하고 있었을 질문을 던졌다.

"저한테는 무척 새로운 이야기네요. 굉장히 활동적이고, 한시도 가만히 앉아 있지 못하고 뭔가를 하는 게 ADHD인 줄 알았거든요. 그런데 카리나 씨 이야기를 들어보면 완전히 정반대인 것 같아요."

카리나는 자신이 대체로 활동적인 것은 사실이며 심지어 과도할 때도 있지만, 이는 내적인 활동에 국한해서만 그렇다고 대답했다.

"그러니까, 수천 가지 생각들이 끊임없이 머릿속에 들끓어서 도리어 신체 활동이 저해되는 거예요."

가만 보니 귀를 쫑긋 세우고 흥미진진하게 듣고 있는 사람은 나 혼자가 아니었다. 도미안도 나만큼이나 궁금한 게 많아 보였다. 그가 카리나에게 집 안이 어떤 모습인지 묻자, 리탈린 덕분에 예전처럼 돼지우리 같은 광경은 아니라는 대답이 돌아왔다. 그리고 직업이 무엇이냐는 질문이 나왔다.

"저는 심리학을 공부하고 있어요. 나중에 성인 ADHD를 주요 대상으로 하는 심리치료클리닉을 열 계획이랍니다. 저를 찾아오시는 많은 분들에게 '저도 잘 알아요!'라고 진심으로 말하고 싶어요. 제가 만나 본 정신과 의사나 심리치료사는 훌륭한 분들이기는 하지만 ADHD가 없기 때문에 그게 실제로 어떤 느낌인지는 잘 모르거든요."

이어서 두 사람은 카리나의 어린 시절에 관한 이야기를 나누었다. 수많은 의사들을 찾아다닌 이야기, 그러나 어떤 의사도 문제점을 발견하지 못했다는 이야기, 학창 시절에는 창의력이 필요한 과목과 언어 과목에서 탁월한 성적을 받은 반면 자연과학 분야에서는 낙제에 가까운 성적을 받은 이야기, 줄곧 그를 괴롭힌 수면장애와 사진처럼 정확한 기억력 이야기까지 나왔다. 카리나는 사실상 시험공부라는 것을 해본 적이 없다고 했다. 그냥 이미 알거나 하나도 모르거나, 둘 중 하나였기 때문이다.

나는 충격을 금치 못했다. 내 지나온 삶과 한 치도 어긋나는 부분이 없지 않은가! 카리나는 4년 전, 만 스무 살이 되던 해에 마침내 ADHD 진단을 받았다고 한다. 그의 연인은 카리나의 ADHD 증상을 무척 견디기 힘들어한 모양이다. 그도 그럴 것이, 성관계를 맺는 도중에 불쑥 다음날 장 볼 것을 생각한 적도 있다고 한다. 나는 홀린 듯 귀를 기울이며 머릿속으로 하나하나 '나도 그렇다'라고 체크하고 있었다. 수많은 생각들이 태풍처럼 휘몰아쳐 머리가 터질 것 같았다. 어째서 지금까지 한 번도 이런 이야기를 들어본 적이 없는 거지? 어디에서 더 많은 정보를 얻어야 하지? 피곤함에 굴복당해 이 자리에 오지 않았더라면? 어머니는 지금 무슨 생각을 하고 계실까?

대화가 슬슬 마무리되고 있었다. 카리나는 ADHD가 있는 성인들이 큰 즐거움을 느낄 만한 일, 열정적으로 몰입하고 온전한 집중력을 발휘하게 해줄 일들은 분명 있다고 다시 한 번 힘주어 이야기했다.

"우리 같은 사람들이 집중을 못한다는 말은 전혀 사실이 아니에요!"

그의 말이 전적으로 옳았다. 나는 이미 머릿속에 깊이 각인된 이 주제가 그리 쉽게 지워지지 않을 것임을 예감했다. 아니, 영원히 지워지지 않을지도 모른다.

이윽고 마지막 게스트의 차례가 되었지만 나는 아무 이야기도 귀에 들어오지 않았다. 내 생각은 온통 한 가지 생각에만 집중되어 있었다. '나는 ADHD였던 거야!' 방송이 끝나고 어머니와 함께 밖으로 나온 나는 불쑥 이렇게 물었다.

"엄마는 어땠어요?"

"재미있더구나."

엄마가 짧게 대답했다.

"그 여자 게스트가 한 이야기 있잖아요. 그걸 들으니 많은 생각이 들어요."

나는 조심스럽게 말했다. 그러나 어머니가 뭐라고 대답할지는 중요하지 않았다. 내 생각이 맞다는 것을 이미 온몸으로 느끼고 있었기 때문이다.

"ADHD 이야기를 한 학생 말이냐?"

어머니가 되물었다. 그러고는 비어져 나오는 하품을 억눌러 가며 가방을 뒤적여 자동차 열쇠를 찾았다. 그리고 피로가 가득한 얼굴에 미소를 띠며 덧붙였다.

"나도 조금은 알겠더구나."

그래도 포기할 수 없어!

-심리치료사를 바꾸게 된 이유

나는 무엇 하나에 꽂히면 확 불타올랐다가 금세 시들해지는 일이 많다. 그러나 이번만큼은 다를 것 같았다. 발코니에서 채소를 가꾼다든가, 지하실에 쌓인 물건들을 싹 정리한다든가, 규칙적으로 피트니스 스튜디오에 가겠다는 다짐 같은 것은 늘 타오르기 무섭게 사그라져 버렸지만 언제나 예외는 있는 법. 이번 불씨만큼은 불꽃이 되어 활활 타오를 거라는 확신이 들었다. 단지 그 불꽃이 얼마나 커질지가 관건이었다.

나는 이튿날 곧장 자료 검색에 돌입했다. 내 직업은 물론, 관심이 가는 것이라면 물불 가리지 않고 몰두하는 성격도 이때는 유리하게 작용했다. 우선은 인터넷부터 샅샅이 뒤져보았다. 수많은 블로그를 방문하고 각종 온라인 테스트와 연구 논문도 섭렵했으며, 이 주제와 관련해 호평을 받은 소수의 교양 서적도 탐독했다. 더불어 내 아동기와 청소년기 전반을 회고해 보았다. 학창 시절, 대학 시절, 가족과의 갈등, 인간관계, 나의 강점과 약점. 그러자 모든 게 완벽히 맞아떨어졌다. 이 독특한 신경학적 특성이 내 뇌를 남들과 다르게 작동하게 했고, 평생 나와 함께해 왔지만 나는 그 사실을 전혀 몰랐던 것이다.

이제 어떻게 해야 하지? 온 세상을 향해 '드디어 그것의 정체를 알아냈어! ADHD였던 거야!'라고 소리치고 싶은 심정이었다. 하지만 그러기에는 아직 너무 일렀다. 조금 망설이다가 일단 내 반려자, 그리고 친한 친구들에게 이를 털어놓았다. 모두들 처음에는 잘 상상되지 않는다는 반응이었다. 그래서 *'adhs-ratgeber.com'*이라는 웹사이트에서 ADHD의 25개 징후에 관한 글을 찾아 인쇄했다. 지금은 이것이 공식적인 진단 기준은 아니라는 것을 알고 있지만 당시에는 나와 내 주변 사람들에게 첫 길잡이가 되기에 충분했다. 나는 25개 문항에 모두 '그렇다'라고 답했는데, 그 문항들은 다음과 같다.

* 집중하는 데 어려움이 있고 쉽게 주의를 빼앗긴다.
* '지연행동'이 있다.
* 하루 일과를 계획하지 않는다.
* '중구난방'으로 일을 벌려놓고 우선순위를 정하지 못한다.
* 머릿속이 뒤죽박죽이다.
* 마음이 차분하지 못하고 늘 쫓기는 기분이다.

* 끊임없이 움직이고 자세를 이리저리 바꾼다.
* 사소한 일에도 공격받았다고 느낀다.
* 순식간에 감정이 폭발한다.
* 결과에 대해 깊이 생각하지 않고 행동한다.
* 감정과 기분이 수시로 바뀐다.
* 열등감, 좌절감, 체념 등이 뒤섞여 우울한 기분이 든다.
* 쉽게 지루해하고 무기력해진다.
* 감정적으로 타인들과의 사이에 선을 긋지 못한다.
* 자신의 기분, 감정, 욕구 등을 잘 인지하지 못한다.
* 감정이 '엉킨 실 뭉치'같아서 각각의 감정을 서로 구분하거나 설명하지 못한다.
* 식사 시간이 불규칙하고 식사하는 것을 '잊어버린다.'
* 기차나 버스를 놓치거나 내릴 곳을 지나치기도 한다.
* 물건을 어디에 두었는지 잘 잊어버린다.
* 약속 등에 자주 늦는다.
* 일정이나 약속을 자주 잊는다.
* 신중하게 고민하지 않고 즉흥적으로 물건을 산다.
* 집 정리 상태가 엉망이다.
* 수집벽이 있다.
* 친구가 적다. 또는 시간이 없다.

이 테스트 결과를 본 가족과 지인들은 비로소 이것이 내 문제일 수 있음을 인정했다. 그러나 진작부터 나는 내 인생의 마지막 수수께끼를 풀었다는 기쁨으로 한껏 들떠 있었다. 내게 소위 '흑역사'로 남아 있는 모든 일들이 불현듯 마음에서 해소되는 느낌이었다. 내 특이한 행동들이 과학적으로 설명될 수 있다는 안도감과 세상에 나와 같은 동지가 수없이 많다는 위안 덕분이었다.

정말 ADHD가 문제였다면 세상에 그런 사람이 나뿐일 리가 없다. 적어도 검색 결과가 그렇게 말해주고 있었다. 독일에만도 ADHD가 있는 성인들이 최소한 250만 명에 달하는 것으로 추정된다지 않은가. 아마 그들도 나처럼 번번이 보이지 않는 벽에 가로막히며 자신에게 무슨 문제가 있는지 고민하고 있을 것이다. 공동체가 기대하는 방식대로 작동하지 않는 사람에게 어떤 결과가 초래되는가? 모난 돌이 정 맞는 법. 그러나 사람은 돌이 아닌지라 끊임없이 비판받다 보면 결국 스스로도 자신에게 비판의 잣대를 들이대게 된다. 결과적으로 이런 사람은 남들에게 '맞추기' 위해 인위적으로 행동하거나, 아니면 점점 더 움츠리고 숨어버리게 된다. 그러다 보면 타인들과 갈등을 겪는 것은 물론이고 최악의 경우 심각한 정신적 문제가 발생할 수도 있다.

위르겐 도미안의 생방송을 방청한 뒤 ADHD에 관해 알아보면서 서서히 깨닫게 된 것이 또 하나 있다. 바로 정신건강이 사실은 평생 내 화두였다는 점이다. 단지 그와 관련해 어떤 진단도 받은 적이 없어 모르고 있었던 것뿐이다. 그 결과는 끊임없는 자신과 싸움이었다. 공동체에 소속되어 남들과 같은 일들을 똑같이 잘해내고 싶은 마음, 게으르고 나약하고 매사에 스트레스를 받는 것처럼 보이고 싶지 않은 마음은 누구에게나 있지 않은가. 그러나 우리 사회에서 ADHD가 있는 사람은 이런 싸움에서 패할 수밖에 없다.

왜 진작 몰랐을까 싶은 의문도 들었다. 내가 아니더라도 부모님이나 교사들, 그 많은 의사들 중 한 명은 의심해 볼 수도 있었을 텐데. 그랬다면 그 수많은 고통을 피할 수 있지 않았을까? 혹시 내가 전혀 다른 인생을 살게 되지는 않았을까? 주어진 25문항에 모두 해당할 정도였는데 어째서 그 가능성을 떠올린 사람이 단 한 명도 없었던 것일까?

그러자 갑자기 사라졌던 불안감이 스멀스멀 되돌아왔다. 이토록 ADHD라고 확신하고 있는데 내 생각이 틀렸으면 어쩌지?

물론 살면서 이만큼이나 강력한 확신이 든 적이 없기는 했다. 그러나 나에 대해 가장 잘 알고 있는 사람들과의 문제가 남아 있었으니, 바로 그들이 나를 가장 잘 알고 있다는 사실이었다. 정확히 말하면 그들이 그렇게 믿고 있다는 게 문제였다. 내가 이 이야기를 입에 올리는 즉시 그들이 내 생각을 고치려 드는 건 아닌지 너무나 두려웠다. '아직도 거기에 집착하고 있어?' 혹은 '설령 네 생각이 맞다 해도, 그래서 뭘 어쩔 건데? 그동안 모르고도 잘만 살아왔잖아! 그런데 이제 와서 뭐 때문에 낙인까지 감수해 가며 굳이 파헤치려는 거야?'

이게 내가 예상하는 주변 사람들의 반응이었다.

그래서 나는 알게 된 지 그리 오래지 않은 사람들에게 먼저 조언을 구하기로 했다. 온라인으로 알게 된 친구이자 인스타그램 *@la_frecks*의 운영자, 스테프Stef라는 닉네임으로 불리는 여성이 내 고민을 들어준 첫 번째 상대였다. 스테프를 알게 된 것은 언젠가 '파트너 폭력' 주간 이슈를 준비하는 과정에서였다. 스테프를 인터뷰 상대로 섭외했는데 당시 그가 외출을 자주 하지 않았기 때문에 나는 베를린 근교에 있는 그의 자택까지 찾아갔었다. 그는 폭력적인 전 배우자로부터 거의 살해당할 위기에 몰렸다가 한밤중에 가까스로 탈출한 뒤 반려견 두 마리와 함께 미국에서 독일까지 피신했다. 전 배우자로부터 당한 감정적·정신적·신체적 폭력은 그에게 외상 후 스트레스장애를 비롯해 다양한 문제를 일으켰고 머리에 둔기외상을 입어 평형감각에도 장애가 생겼다고 한다. 걸핏하면 그를 괴롭히는 극심한 현기증도 그 후유증이었다. 인터뷰 주제가 주제이니만큼 필요한 경우 휴식을 취해 가며 조용히 이야기를 나눌 수 있는 자택이 인터뷰 장소로 안성맞춤이었다.

인터뷰는 30여 분밖에 걸리지 않았지만 나는 이후에도 6시간 넘게 그의 집에 머문 뒤에야 베를린에 있는 숙소로 돌아갔다. 그 시간 동안 우리는 고추가 든 비건 요리를 먹거나 함께 노견을 돌봐주며 끝없이 대화를 나누었다. 이전까지 인스타그램을 통해 알고 지낸 게 전부였음에도 만난 지 1분이 채 되지 않아 서로 마음이 통한다고 느낀 덕분이었다.

이후 나는 스테프와 그런 소통의 끈을 맺을 수 있었던 사람이 나뿐이 아님을 알게 되었다. 그는 정말이지 특별한 사람이었다. 그에게는 '나를 믿어도 돼. 내 곁에서라면 안전할 거야'라는 확신을 주는 재능이 있었다. 친한 친구나 가족이 아닌 스테프에게 내가 ADHD인 것 같다는 강력한 의심을 털어놓은 이유도 그것이었다. 처음부터 그는 내가 어딘지 남들과는 다른 것 같다는 말을 진지하게 들어주었을 뿐, 이를 일축하거나 어떤 식으로든 평가하지도 않았다. 오히려 섬세한 감수성으로 나를 포용해 주었고, 내 쪽에서도 마찬가지였다.

이런 감수성은 스테프만의 것이 아니라, 셀프케어 self-care 활동가나 진플루언서 Sinnfluencer: '감각', '의미'를 뜻하는 독일어 'Sinn'과 '인플루언서'를 합친 용어로. 소셜미디어 등을 이용해 윤리적·사회적 주제나 지속가능성 등을 전파하는 이들을 지칭 –옮긴이 주, 혹은 대중 인식 캠페인 활동가들에게서 느껴지는 특성이기도 하다. 그래서인지 이런 사람들은 종종 대중의 가벼운 비웃음을 사곤 한다. 하지만 스테프의 '중립적이면서도 공감적인' 태도는 그 순간 내 불안을 말끔히 걷어냈다. 덕분에 나 혼자 품고 있던 의심을 주위 사람들에게 털어놓고, 보다 명확한 답을 찾아 나아갈 용기를 얻을 수 있었다. 덧붙이자면 나 역시 사람을 대하는 그의 방식을 ADHD 알리기 활동에 적용시키고 있다. 스스로 답을 찾아 나아갈 수 있도록 사람들을 독려하며, 그 여정에서 이들에게 유용한 도구이자 보호 수단이 될 내 개인적 경험과 다양한 정보를 나눠주는 것이다.

ADHD는 자가진단으로 판단할 문제가 아니기에 나는 전문가를 찾기로 마음먹었다. 그런데 누구에게 물어봐야 하나? 언제? 어디에서? 어떻게? 내 머릿속은 온통 물음표 투성이였다. 그래서 일단 예전에 상담했던 심리치료사를 찾아가 이 '기쁜 소식'을 전하기로 마음먹었다. 그런데 그는 기대와는 다른 반응을 보였다. 솔직히 말하면 다소 맥 빠지는 반응이었다.

"그렇군요. 흥미롭네요. 저는 ADHD에 대해 아는 게 없지만, 모르면 배우면 되니까요. 뵈르거 씨와 상담하면서 거기까지는 생각하지 못 했거든요. 22년 동안 이 일을 해왔지만 ADHD를 진단해 본 적이 한 번도 없기는 해요. 다음번에 동료들과 한번 이야기해 볼게요."

그는 이렇게 말하고 잠깐 틈을 두었다가 입을 열었다.

"그런데 지난번에는 어디까지 이야기했었죠?"

이후 30분에 걸친 상담 시간 내내 나는 상냥한 미소를 잊지 않았지만, 이 치료사를 찾아오는 것은 마지막이라고 생각하고 있었다. 분노와 실망감이 엄습했다. 내 마지막 퍼즐 조각을 찾았다고 굳게 믿고 하루빨리 검사를 받고 싶었기 때문이다. 그런데 전문가라는 사람의 반응이 너무나 무심하지 않은가.

나중에 안 것이지만 스스로 ADHD를 의심하고 전문가를 찾아갔다가 이와 비슷한 경험을 한 사람들이 부지기수였다. 안타깝게도 관련 지식을 갖추고 있어야 할 사람들조차 편견과 그릇된 가정으로부터 자유롭지 못한 탓이다. 성인 ADHD 문제에서는 특히 그렇다. ADHD라는 알파벳 네 글자를 입에 올리는 순간 정신과 의사가 한심하다는 표정을 짓더라는 사연도 들어보았다. ADHD 검사가 '유행'이라고 말하는 심리치료사도 있었다고 한다. 특히 이 문제 때문에 내원한 환자가 젊은 여성인 경우 능력 있고 똑똑한데 무슨 ADHD냐고 일축해 버리는 경우가 많다.

물론 ADHD가 없다면 진단도 내릴 수 없는 게 당연하다. 그러나 순전히 무지나 섣부른 가정만 가지고 그러잖아도 고통받고 있는 사람에게 '네가 틀렸다'는 암시를 주는 것은 적절한 대처가 아니다. 물론 모든 의사와 심리치료사들이 늘 이런 반응을 보이는 것은 아니다. 다만 누군가는 그런 반응 때문에 잃어버린 퍼즐 조각으로부터 더욱 멀어지다가 마침내 찾는 것을 포기하고 영원히 진단을 받지 못하게 될 수 있다. 상상만으로도 너무나 잔인한 일이다. 아무것도 모르거나 성인 ADHD라는 말조차 들어본 적 없는 사람이라면 몰라도, 스스로 의심을 품던 사람이 이런 일을 겪는다면 말이다. 이런 상황을 막기 위해서라도 더 많은 전문가들이 이 주제에 관해 공부하고, 적어도 이런 의문을 품고 있는 사람들이 누구를 찾아가야 하는지는 알고 있어야 할 것이다.

실제로 성인 ADHD를 진단받은 사람들의 수는 꾸준히 늘고 있다. 여기에는 다양한 원인이 있는데, 이것을 먼저 살펴볼 필요가 있다. 앞서 언급했듯이 ADHD의 역사는 매우 짧다. 오늘날까지 ADHD 진단에 크게 기여하고 있는 벤더-라이머 성인 주의력결핍장애 척도가 독일어로 번역된 것도 2008년에 이르러서였다. 핵심 초석이 충분히 다져지고 자격을 갖춘 전문가들이 이를 바탕으로 공신력 있는 진단을 내릴 수 있게 되기까지는 시간이 걸리는 것이 당연하다. 그나마 최근 수년간의 ADHD 진단 증가 추세는 독일어로 된 관련 정보 역시 증가해 왔다는 희망적인 신호로 연결된다. 특히 주목할 점은 자기 자신과 정신건강에 관심을 갖는 여성들이 늘고 있다는 사실이다. 한 예로 영국의 일간지《인디펜던트》The Independent가 입수한 독점 자료에는 자신의 ADHD 가능성을 알아보기 위해 의학적으로 검증된 온라인 테스트를 해본 여성의 수가 2019년에는 약 7,700명이었다고 보고되어 있다. 하지만 해당 기사에 따르면 2021년에는 이 숫자가 무려 25만 4,400여 명으로 폭증했다.

내게는 이것이 청신호처럼 느껴졌다. ADHD라는 주제가 점차 대중의 인식 속으로 자리 잡으면서, 여성들 또한 관련 정보를 탐색하고 지원받을 수 있는 방안을 모색하게 되었으며, 실제로 도움받을 가능성도 높아졌다는 의미이기 때문이다. ADHD 진단을 고집스럽게 '반짝 유행' 정도로 치부하는 태도는 상황에 대한 판단력 부족에서 비롯된 것이라고 생각한다. 이런 사람들은 타인들의 경험을 마음대로 부정해 버리는 것과 다름없으며, 특히 젊은 여성들이 그 희생양이 되는 경우가 많다. 진짜 전문가라면 제대로 된 전문 지식을 활용해 그들이 겪는 고통에 적절한 도움을 줄 수 있어야 한다.

짙어가는 의심

-ADHD 진단을 받기까지

기존의 심리치료사와 알맹이 없는 상담을 마친 뒤에 내 확신은 한층 더 굳어졌다. 평소 전문가의 의견과 판단을 대체로 신뢰하는 편이지만, 이번만큼은 그에 전적으로 의존해서는 안 될 것 같았다. 그러나 혼자만의 확신이 진단을 대신할 수는 없기에 성인 ADHD를 중점적으로 다루는 전문가를 찾는 것이 급선무였다. 일단 자문을 구할 곳은 많았다. 나는 먼저 가정의를 찾아가 내가 추측하는 바와 심리치료사의 실망스러운 반응에 관해 이야기했고, 다행히도 그는 신중하게 귀를 기울여 주었다. 심지어 ADHD에 관해서도 잘 알고 있었고, 내가 성인 ADHD일 것이라는 추측도 그가 보기에 매우 설득력이 있다는 것이다. 그는 내게 검사를 받을 수 있는 전문병원이 있는지 인터넷에서 검색해서 외래진료를 받아보라고 조언했다.

이번에는 나도 곧장 조언에 따랐지만 지난번처럼 불가능

하다는 대답만 연속적으로 되돌아왔다. 예약이 이미 몇 달씩 밀려 있다는 것이었다. 일부 병원의 웹사이트에는 아예 메인 페이지에 '신규 환자 접수 불가'라는 빨간색 알림 문구가 커다랗게 띄워져 있었다. 어쩔 수 없이 나는 예상 대기 기간이 12개월에서 24개월이라는 대기 명단에 이름을 올렸다. 하루라도 빨리 검사를 받고 싶은 바람이 헛된 기대가 되어가는 것을 느끼자 뭐든 즉각 해치워야 직성이 풀리는 내 ADHD 뇌는 그야말로 돌아버릴 지경이었다.

그러나 어차피 내가 어쩔 수 있는 일이 아니니 마음을 고쳐먹고 여유롭게 기다리는 편이 나을 것 같았다. 다만 지푸라기라도 붙잡는 심정으로 쾰른의 한 정신의학병원에 이메일을 보내두었다. 그로부터 몇 주가 지난 2020년 4월, LVR 클리닉 Landschaftsverband Rheinland-Klinik Köln 정신의학·심리치료 1·2과의 환자 관리팀으로부터 회신이 도착했다. 내용인즉 당장은 신규 환자를 받을 수 없으나 팬데믹이 다소 누그러들면 다시 연락해서 문의해 보라는 것이었다.

5월 말이 채 되기도 전의 어느 날이었다. 조바심에 손가락이 키보드 위에서 들썩이는데, 상황은 나아지기는커녕 4월과 5월 사이에 코비드19 확진자 수가 급증했다는 소식만 들렸다. 그리고 독일의 로베르트코흐연구소 Robert Koch Institut, RKI. 독일 보건부 산하의 질병관리본부 -옮긴이 주에 집계된 확진자 수가 정확히 17만 9,002명이던 어느 날, 악화되는 상황에도 불구하고 나는 병원에 다시금 문의 메일을 보냈다. 그러자 얼마 안 가 예상했던 대로 진료 일정이 완전히 취소되었다는 소식이 날아왔다. 새로운 환자는커녕 기존 환자조차 감당할 수 없어서 당분간은 상담 일정을 아예 잡지 않는다는 것이었다. 다만 심리치료클리닉이나 병원을 운영하는 심리치료사와 정신과 전문의를 찾아가면 ADHD 검사를 받을 수 있다고 했다. 쾰른 지역 병원과 심리치료클리닉의 연락처 목록을 첨부하니 그곳에 연락해 대기 명단에 이름을 올려두면 도움을 받을 수 있을 거라는 말도 덧붙였다.

나는 일단 목록에 희망을 걸어보기로 했다. 여러 곳에 통화를 시도한 끝에 S씨가 근무하는 심리치료클리닉에 닿았다. *성인 ADHD 진단 및 심리치료*를 전문으로 하는 곳이었다. 내 쪽에서 재고 따질 처지는 아니었지만 홈페이지를 살펴보니 공간이 현대적으로 꾸며져 있었고 치료사도 호감이 가는 인상이어서, 일단은 느낌이 좋았다. 이메일로 연락을 시도하자 당일에 바로 답장이 왔다. 안타깝지만 예약이 이미 꽉 차 있어서 도와줄 수 없다는 내용이었다.

나는 다시금 곧바로 회신을 작성했다. 매우 오래 기다려야 하는 것은 알고 있지만 매우 급한 상황이며, 멀지 않은 시일 내에 포괄적인 진단을 받을 수 있는 상담 예약 자리가 혹시 비게 되면 꼭 연락해 주십사는 요청이었다. 이에 S씨로부터 또다시 친절한 회신이 도착했다. 향후 자신이나 동료가 담당하는 내담자가 치료를 끝내고 그 자리가 비어야 새 내담자와의 첫 면담도 가능하며, 나 역시 그의 일정을 맞출 수 있어야 한다고 설명했다.

그런데 뜻밖에도 바로 다음날 S씨로부터 새 이메일이 도착했다. 한 내담자가 갑자기 3주일간 여행을 떠나게 돼, 예약을 취소해서 예상보다 일찍 ADHD 검사 기회가 주어진 것이었다. 정해진 상담 날짜도 모두 적혀 있었는데, 우연히도 첫 번째 상담일이 2020년 7월 8일, 바로 내 생일이었다. 나는 이게 무슨 계시처럼 느껴졌다. 그래서 앞뒤 볼 것도 없이 곧바로 수락 메일을 전송했다.

S씨는 다음번 메일에서, 조만간 내가 주위 사람들과 함께 작성해 주어야 할 양식들이 '무더기로' 배달될 것이라고 일러주었다. 당사자가 보는 자신의 모습과 부모, 배우자 등 가장 가까운 주변인들이 보는 모습을 파악하기 위한 질문지 같았다. 그 밖에 가정의와 신경의학과 전문의의 검사도 필요했다. 뇌와 관련된 질환, 뇌전증, 갑상선질환 등, ADHD와 유사한 증상을 유발할 수 있는 다른 요인이 없음을 확인하기 위해서였다. S씨와의 상담일에는 작성된 질문지 외에 내 학창 시절 전반을 평가할 수 있는 서류도 가져가야 한다고 했다. 초등학교 때 받은 성적표와 각종 평가서, 영·유아 시절의 기록인 아기 수첩, 소아 정기검진 결과 등이 그것이었다.

첫 상담에서 그는 나에 관해 여러 가지 추가 질문을 했다. 내가 어떤 문제를 겪고 있으며 어느 부분에서 그 문제가 반복되는지 차분히 이야기할 기회가 주어졌다. 나는 이미 이 일에 '올인'하기로 결심한 상태였기 때문에 그 무엇도 미화할 필요는 없었다. 여느 때처럼 약점을 감추려고 내가 처한 상황을 순화시킬 필요도 없었다. 두 번째 상담은 그보다 훨씬 체계적으로 이루어졌고, 세 번째에는 진단에 필요한 앞서 S씨가 보류해 두었던 질문을 내게 던졌다.

특히 감별 진단이 매우 인상적이었다. 감별 진단이란 내담자에게 공황장애, 우울증, 조증, 조현병, 그 외의 인격장애가 있을 가능성을 심리치료사가 확인하는 과정을 일컫는다. 감별 진단은 오진을 예방하기 위해서도 필요하고 내담자의 심리적인 문제가 ADHD와는 별개의 문제인지, 혹은 동반 질환인지 확인하기 위한 것이기도 하다.

진단 과정의 최종단계에 이르자 극도의 긴장감이 밀려왔다. 너무나 두려웠다. 이제 와서 ADHD가 아니라고 나오면 어쩌지? S씨는 늘 상냥한 표정을 지었지만 전문가답게 내가 읽어낼 만한 다른 어떤 표정도 내비치지 않았다. 상담 시간이 끝나갈 즈음 ADHD 판정을 받을 경우, 함께 진단평가서를 보며 결과를 하나하나 분석해 나아갈 것이라고 말했다. 이후에는 심리치료가 시작된다. 그 밖에 정신과 전문의에게 진단평가서를 제출하면 약을 처방받을 수 있다고도 덧붙였다.

4주가 지나고 드디어 그날이 왔다. 8월 7일 오전 10시 10분, S씨의 진료실로 오라는 연락을 받았다. 결과를 듣는 자리였다. 온몸이 땀에 흠뻑 젖은 채, 쾰른 서쪽 지역으로 향했다. 기대한 결과이길 바라며. 그리고 정말 거기에 있었다.

'질병분류기호 F90.0 성인 ADHD, 혼합형.'

총 7페이지에 달하는 정신병리학적 소견에는 S씨가 상담 중에 기록한 내용과 내가 제출한 자료의 내용이 정리되어 있었다. 그에 따르면 내게서는 이미 상담 중에도 명확한 ADHD 징후가 포착되었다고 한다. 이어서 초기에 제출했던 질문지 목록과 더불어 S씨가 그로부터 어떤 특이점을 발견했는지 분석한 내용이 나왔다. 다음에는 내가 특별히 어려움을 겪었던 생활 분야와 이런저런 기본 사항에 이어, 집중력, 주의력, 과잉행동, 주변 정리와 자기관리, 충동성 및 감정 등과 관련해 현재 내 생활에 지장이 되는 사항들이 열거되어 있었다.

'진단자에게 주어진 정보와 질문지 작성 결과 및 의료기관의 진단을 종합해 볼 때 뵈르거 씨에게 혼합형 ADHD가 있다는 결론을 내릴 수 있음.'

진단서에는 이렇게 적혀 있었다. 너무나 분명하게 말이다. 내 안에서는 온갖 감정들이 뒤섞인 채 롤러코스터를 타듯 휘몰아쳤다. 그중에서도 가장 앞선 감정은 바로 후련함이었다.

그 순간만큼은 온 세상을 다 품을 수 있을 것 같은 기분이었다. 나는 그저 게으르고 버릇없고 다루기 힘들고 튀는 행동을 하는 아이도 아니었고, 의욕 없고 불성실하고 우둔한 어른이지도 않았다. 이제껏 내가 겪어 온 모든 상황, 모든 순간, 모든 감정과 경험과 생각들, 나쁘기만 한 것은 아니었지만 나쁠 때가 더 많았던 이 모든 일들이 신경학적으로 설명되는 것이었다니!

VI

제2의 인생이 시작되다

ADHD 진단 이후의 삶

미국의 신학자 라인홀드 니버 Reinhold Niebuhr의《평온을 비는 기도문》Serenity Prayer에 다음과 같은 구절이 있다.

주여,
바꿀 수 없는 것은 받아들이는 평온을
바꿀 수 있는 것을 바꾸는 용기를
그리고 이 두 가지를 구별할 줄 아는
지혜를 제게 주시옵소서.

나는 신앙과 거리가 먼 사람이고 신의 존재는 적어도 신학에서 정의하는 대로는 더더욱 믿지 않지만 이 기도문은 매우 좋아한다. 이 기도문은 종교적 의미보다는 그저 장식용 소품이나 달력 등에 인용되는 좋은 글귀 정도로 알려져 있다. 특히 익명의 알코올중독자모임, 익명의 약물중독자모임 Narcotics Anonymous, 약물중독치료를 받고 있는 사람들의 자조모임을 기반으로 한 비영리 국제단체, 익명의 감정회복모임 Emotions Anonymous, 정서·정신건강 개선을 목적으로 한 단체 같은 단체에서 니버의 기도문을 약간 변형해 활용하는 이유도 짐작이 간다. 어떤 진단을 받으면 때로는 기도가 이루어진 것 같은 느낌이 들기 때문이다. 깨달음을 얻은 기분, 심지어 다시 태어난 기분이 들기도 한다. 명확한 진단은 세상과 자기 자신을 새로운 눈으로 볼 수 있게 해주고 새로운 가능성을 발견하게 해준다.

ADHD 진단을 받는다고 ADHD가 사라지거나 '치유'

되는 것은 아니다. 하지만 진단은 나로 하여금 많은 일들이 그로부터 비롯되었으며 내 뇌는 그저 남들과는 조금 다르게 작동하는 것뿐임을 이해하게 해주었다. 내 사고와 행동은 이따금 다른 사람들의 뇌가 작동하는 방식과 상충될 때가 있지만 그게 오로지 내 성격 '탓'인 경우는 드물다. 그렇게 나는 두 가지를 서로 구별하는 법을 배울 수 있었다 그리고 아직도 배우는 중이다. ADHD 진단을 받고 그로부터 많은 것을 알게 되지 않았더라면 아마도 이 모든 것을 영원히 배우지 못했을 것이다.

ADHD는 내 운명

-@kirmesimkopf의 탄생

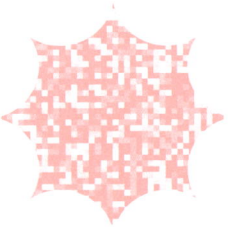

확진을 받고 나자 불현듯, 나 말고도 이 순간을 강렬하게 느낄 사람들이 수없이 많을 거라는 생각이 들었다. 이미 이 순간을 경험한 사람, 아직 경험하지 못한 사람도 있을 것이다. 이 병원에서 저 병원으로 뛰어다니고, 자동응답기에 수없이 간절한 메시지를 남기고, 수많은 대기 명단에 이름을 올린 채 하릴없이 기다리고, 대놓고 경멸적인 말을 쏘아 붙이거나 입을 딱 벌리거나 한심하다는 듯 눈을 굴리는 사람들을 보는 일. 첫 상담을 받기까지의 애타는 기다림, 혹시나 내 생각이 틀려서 모든 게 원점으로 돌아가는 것은 아닐까 하는 두려움, 언젠가는 이 모든 의문에 답을 찾을 수 있을 거라는 희망. 온 힘을 쏟아붓고도 남들이 기대하는 성과를 내지 못했을 때의 남모를 비참함도 그들은 틀림없이 알고 있으리라. 남들과 어울리기 위해 거짓으로 나를 꾸며야 했던 경험도,

평생을 쓰고 다닌 가면, 자괴감, 분노, 절망. 잃어버린 체육복 가방, 깜빡 잊고 하지 않은 숙제, 책가방에서 나온 곰팡이 핀 도시락 통. 놓쳐버린 버스만큼이나 많았던 놓쳐버린 기회들. 난데없이 바람을 맞고 실망한 친구의 문자메시지, 깜빡 잊고 가지 않은 친구의 생일 파티, 펑크나 버린 데이트 약속. 귀가 닳도록 들어야 했던 훈계, 잊을 만 하면 날아오는 벌금 고지서와 경고문, 연인이나 배우자와의 불안정한 관계, 자리를 못 잡고 이런저런 전공이나 직업을 전전하던 세월. 소셜 미디어에 빠져 허비한 시간과 충동적인 온라인 쇼핑, 경솔하게 내뱉은 무수한 말들.

클리닉에서 나와 섭씨 30도의 무더위에 어느 버스정류장에 앉아 버스를 기다리던 순간, 공식 진단서를 받은 지 15분도 채 지나지 않은 시점이었지만 이것이 끝이 아닌 시작임을 분명히 느낄 수 있었다. 성인 ADHD 당사자로서의 삶을 넘어, 바야흐로 모든 것이 새로 시작되는 것이다. 홍수처럼 밀려드는 생각과 새로운 아이디어들로 머리가 터질 것만 같았다.

살면서 나는 온갖 새로운 취미를 얻고 다양한 프로젝트에 착수했으며 수많은 아이디어를 떠올렸다. 그러나 무엇이든 실행 단계에서 번번이 무산되거나, 갑자기 다른 것에 관심이 생기면서 이전 것에는 금세 흥미를 잃어버렸다. 그러나 이번만큼은 모든 게 달랐다. 내 이야기, 내 모든 감정,

ADHD를 진단받은 일과 그에 이르기까지의 모든 과정을 온 세상에 들려주고 싶은 어마어마한 욕구가 심장 한가운데서 꿈틀거렸다. 정제되지 않은 날것 그대로의 내 이야기를 털어놓고 싶었다.

그러나 그보다 훨씬 더 간절했던 것은 성인 ADHD라는 것이 있다는 사실을 세상에 알리는 일이었다. 내가 바로 그 주인공이고, 나와 같은 사람들이 많다는 사실을. 얼마나 많은 사람들이 자신이 ADHD임을 모른 채 괴로움과 자책에 짓눌려 살아가고 있을까? 자신에게는 아무 잘못도 없다는 것을 그들도 알아야 한다. 과학이 이를 설명해 주고 있으니 이들을 짓누르는 고통을 덜어주거나 적어도 아직 그에 휘말려들지 않은 많은 것들을 지켜낼 수는 있을 것이다.

내 머릿속에는 이미 화려한 마인드맵이 그려지고 있었다. 나는 언론인으로 일하며 쌓은 인맥을 떠올리고 이들과 함께 뭔가 해볼 수 있을 것 같다고 생각했다. 내가 만들 책표지, 팟캐스트 방송 목록, 인스타그램 채널, 모임, 온라인 자조 그룹, 개인적인 만남 등도 머릿속을 스쳤다. 무대 위에 서서 충동성에 관해 강연하거나 토크쇼에 패널로 참석한 내 모습, 내 이야기를 들으며 놀라는 사람들의 모습도 그려졌다.

나는 그날 저녁에 바로 정보 수집에 돌입했다. 일단 ADHD에 관한 책들을 주문한 뒤 인터넷 검색을 시작했지만, 독일어 검색 결과로는 아무런 수확도 얻을 수 없었다. 물론 얻은 게 하나도 없다는 것은 틀린 말이다. 몇몇 협회와 관련 웹사이트도 있었고, 다소 오래된 기사들, ADHD로 인해 굴곡진 자신의 삶에 관해 이야기하는 인스타그램 게시물도 있었다. 그러나 유익한 연구 자료라든지 ADHD를 유머러스하게 받아들이는 태도, 혹은 명료하고 가시적인 무언가가 다소 미흡하게 느껴졌다.

그런데 영어로 검색하자 완전히 다른 결과가 나왔다. 다양한 연구 논문, 자기계발서, 코치, 밈 meme 사이트, 치료제, 포럼, 단체, 재단, 프로그램, 팟캐스트, 이니셔티브 그룹, 연구센터 등의 정보가 끝도 없이 쏟아졌다. 아동·청소년은 물론 성인 ADHD에 관해서도 마찬가지였다. 마이크로소프트 Microsoft, 포드 Ford 같은 대기업과 J.P.모건 J.P. Morgan 등 미국의 대형 은행들은 남다르게 작동하는 뇌를 가진 인재를 발굴하고 이들이 마음 편히 일할 수 있는 근무 조건을 만들기 위해 인적자원 혁신을 단행하기도 했다. 이런 전략은 다양성과 포용력을 갖춘 노동환경을 조성하는 데 기여한다. 이런 직업 연계 프로그램의 다수는 주로 자폐스펙트럼장애가 있는 이들을 위한 것이지만, ADHD같은 신경다양성을 가진 모든 사람들에게는 이것도 이미 청신호인 셈이다. 참고로 '신경다양성'이 정확히 무엇을 의미하는지는 뒤에서 다시 이야기하기로 한다.

독일에서도 이와 비슷한 시도가 곳곳에서 이루어지고 있기는 하다. 그러나 아직 광범위하고 현대적인 수준에는 미치지 못했을 뿐 아니라, 특별히 여성에게 초점을 맞춘 사례는 더더욱 찾아보기 힘들다. 왜 이렇게 된 것일까? 무엇이, 어느 부분에서 미흡했던 것일까? 어둠에 가려져 있던 빈 공간을 내가 발견한 것은 아닐까? 그리고 이것이 나의 자리였을까?

일단은 내가 가장 잘할 수 있는 것, 창의성을 발휘하는 일부터 시작했다. 젊은 연령대의 성인들이 이에 관심을 갖도록 만들려면 무엇이 필요할까? 검증된 학술 자료는 어디에서 구해야 할까? 어려운 자료를 어떻게 포장해야 대중이 발견하고 다가갈 수 있을까? 사람들을 무력감과 좌절감으로부터 벗어날 수 있게 도울 방법은 무엇인가?

마지막 질문에 답을 찾기는 비교적 어렵지 않았다. 내가 타고난 재능을 선택하기로 했다. 바로 이야기다. 가장 먼저 내 이야기를 하고 싶었다. 사람들을 내 일상으로 초대하리라. 내가 아는 것을 전해주고, 때로는 흥분하고, 나 자신을 유머의 소재로도 삼고, 요약하고 질문하고 발견하며, 마지막으로 사람들과 교류하며 의견을 나누리라. 그 무대로 나를 비롯한 동시대인들이 많은 시간을 보내는 온라인 세계, 인스타그램으로 정했다. 이곳에서 적절한 정보와 교육, 조언, 문화, 즐길 거리를 제공하되 접근이 용이하도록 가능한 문턱을 낮추어야 할 것이다. 그간 다양한 실습, 강의, 대학 공부, 언론인 경력을 거치며 배운 대로, 학계와 언론에서 이를 어디까지 다루었는지도 미리 알아보아야 한다. *@kirmesimkopf* 는 이 모든 아이디어의 집결체였다.

ADHD는 사라지지 않는다

-ADHD와 함께 살아가기

많은 사람들이 ADHD 진단을 받고 혼란에 빠진다. 이제 뭘 어떻게 하지? 이 사실을 누구에게 밝히고, 누구에게 숨겨야 할까? 이것 때문에 직장생활, 부부 사이, 자녀 계획, 의료보험에까지 문제가 생기는 것은 아닐까? 물론 ADHD를 진단 받고 나면 변하는 것들이 있기는 하다. 그러나 이 변화는 주로 무언가를 바꾸어봐야겠다는 당사자의 의지에서 비롯된다.

일례로 ADHD 진단을 계기로 일평생 우리를 '구제불능'으로 몰아세우며 괴롭혀 온 사람과의 관계를 마침내 끊게 될지도 모른다. 반대로 ADHD나 다른 정신적 문제에 시달리는 사람이 혼자가 아님을 깨달은 뒤, 비로소 주위의 누군가를 이해하고 그와의 관계를 개선시키고 싶다는 바람이 들지는 않을까? 또 그간 꿈꾸던 세계 여행이나 이직을 실행으로 옮기는 데 ADHD 진단이 '신호

탄'이 될지 누가 아는가? 요양을 신청하거나 병원을 찾는 계기가 되고, 부부 상담을 예약하거나 심리치료 기회를 모색하는 첫걸음이 될지도 모른다. 평생 이대로 살지 않아도 된다는 사실, 도움받을 자격이 있다는 사실을 깨달을 것이다.

나는 심리치료가 도움이 된다고 확신한다. 고민이나 근심, 두려움으로 힘들 때 전문가를 찾아가 도움을 청할 수 있는 시대에 태어났다는 게 그저 감사할 뿐이다. 심지어 독일에서는 이 과정이 '공짜'나 다름없다. 2019년에 제작된 건강관리 소프트웨어 심플프랙티스 Simple Practice 의 한 보고서에는 미국에서 1회 심리치료에 드는 비용이 평균 100~200달러라는 내용이 나온다. 성인 ADHD가 있는 사람이 1년간 의사와 심리치료사에게 지불하는 진료비 및 심리치료비는 평균 1,493달러에 이른다. 치료제를 복용할 경우 약 735달러가 추가된다. 의료보험이 있어도 거의 모든 비용을 자비로 부담해야 한다.

물론 심리치료를 받는다고 해서 하루아침에 모든 게 좋아지지는 않는다. 이 과정에는 적잖은 인내심과 시간이 필요하다. 자신에게 무슨 문제가 있는 것인지 평생 모른 채 살다가 갑자기 모든 문제의 원인을 알게 되었다고 생각해 보라. 게다가 자신에게 맞는 치료사와 치료방식을 찾는 것도 쉽지 않고, 상담 기회라도 한 번 얻는 것은 하늘의 별 따기다.

그러나 심리치료가 유일한 구제책인 것만도 아니다. 작업치료, 자조 그룹, ADHD 코치, 부모 상담, 관련 도서, 디스코드Discord 채널, 소셜미디어, 페이스북 모임 등, 대안은 헤아릴 수 없이 많다. 심리치료가 필수라기보다는 개개인이 어떻게 고통받고 있는지 파악하는 것이 중요하다. 검사나 진료 상담을 받기 위해 대기하는 동안에는 ADHD와 관련된 기본 정보들만으로도 적잖은 도움이 된다. 어떤 사람들은 검사가 진행되는 동안 심리치료를 병행하기도 하고, 필요 없다고 판단하고 아예 받지 않는 사람도 있다. 재정 상담, 정리정돈 전문가, 가사도우미, 건강 세미나 같은 실질적인 도움이 더욱 필요한 경우도 많다. 이 중 나에게 무엇이 도움이 될지 찾아내고 실행으로 옮길 수 있는 사람은 다름 아닌 당사자임을 명심해야 한다. 어떤 이들은 개중에 무엇을 시도하더라도 익숙해지기까지 다소 시간이 걸리기 때문에 바로 마음을 열지 않을 수도 있다.

그리고 아직 언급하지 않은 또 하나의 중요한 치료 옵션이 있다. 바로 약물치료다. ADHD 치료제가 증상을 개선시킨다는 사실은 의학적으로도 이미 증명되었지만, 동시에 약물 처방은 가장 부정적인 낙인이 찍혀 있는 ADHD 치료법이기도 하다.

도핑과 다를 게 뭐야!

-ADHD 치료제를 둘러싼 위험한 편견

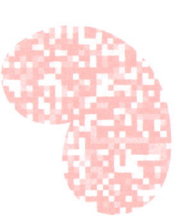

나는 늘 만반의 준비를 갖춘 뒤에야 글쓰기를 시작한다. 샤워를 끝내고 커다란 물 한 병도 준비해 둔다. 한구석에는 간간이 스트레칭을 하기 위해 요가매트를 깔아놓고, 주변에서 나는 소리를 거의 완벽히 차단해 주는 소음 차단용 헤드폰도 충전해 두어야 한다. 스마트폰은 무음으로 설정하고, 반려견이 나를 찾아 들락거릴 수 있으므로 방문은 닫아둔다. 또 한 가지, 30분쯤 전에 복용하는 약도 집필하는 데 도움이 된다. 이 약의 성분은 리스덱스암페타민 lisdexamfetamine이다.

리스덱스암페타민은 암페타민류 합성물질로 만든 중추신경 흥분제다. 암페타민과 메틸페니데이트를 비롯한 각성제는 약물을 이용한 성인 ADHD 치료의 핵심이라 할 수 있다. 그러나 ADHD 치료제에 대한 편견은 과거에나 지금이나 사라지지 않고 있으며, 심지어는 약물치료를 매우 비판적으로 보는 사람들도 있다. 효과만큼 부작용도 많고 부정적인 선입견도 많은 약이기 때문에 나 역시 약물치료를 시작한 초기에는 이에 대해 말을 아꼈다. 편견이 워낙 깊다 보니 처음에 내가 정신과 전문의를 찾아가겠다고 했을 때 주변에서도 그리 달가운 반응을 보이지 않았다.

물론 나는 사전에 약물치료의 장단점에 대해서도 충분히 알아보았고, 부작용 없는 약이란 없다는 사실도 익히 알고 있었다. 사실 ADHD 약에 동봉된 설명서를 몇 줄만 읽고도 기겁하며 쓰레기통에 던져버릴 사람도 있을 것 같다 참고로 리스덱스암페타민의 경우 향정신성 약물로 분류되기 때문에 하수도로 유입되거나 일반쓰레기로 처리되면 안 된다고 설명서에 명시되어 있으니 함부로 버리면 안 된다. 부작용을 꼼꼼히 살펴보면 위장질환, 식욕 감소, 입 마름, 두통, 수면장애, 우울감, 기분 변화 등 그 종류만도 끝이 없다. 이론적으로는 환청, 공황, 자살충동, 탈모, 호흡곤란, 급성심근경색, 돌연사가 유발될 가능성도 있다고 한다. 이런 걸 처음 읽으면 '뭐 이런 약이 다 있지?'라는 생각이 안 들 수 없다.

각성제의 부작용을 축소시키려는 의도는 아니지만 비교 삼아 항염증진통제인 이부프로펜 Ibuprofen 의 설명서 내용을 잠깐 언급하고자 한다. 이부프로펜은 대부분의 가정에서 상비약으로 구비해 두기 때문에 굳이 설명서를 읽어보지 않고 무심히 복용하는 사람이 대부분일 것이다. '부작용'란에 구토, 위·장출혈 및 궤양, 현기증, 신장염 및 그에 따른 신장 기능 손상, 호흡곤란 등이 나열되어 있다는 사실을 아는 사람은 별로 없다. 이 역시 대수롭잖은 부작용은 아니다.

물론 두 가지를 일대일로 비교할 수는 없다. 이부프로펜은 장기간에 걸쳐 매일 복용할 일도 없고, 자살충동이 신장염보다 훨씬 치명적인 결과를 초래할 수 있기 때문이다. 그러나 부작용만 가지고 갑론을박할 수는 없다는 게 내 생각이다. ADHD가 있는 사람의 개인적인 고충도 고려해야 한다는 소리다. 내 경우에는 고통의 강도가 높은 편이었기 때문에 약의 기대되는 효과가 가능한 부작용을 상회한다는 판단하에 약물치료를 선택하게 된 것이다. 그리고 실제로도 기대했던 효과를 얻었다.

이런 질문을 던져볼 수도 있다. 약을 복용하지 않았다면 내가 이 책을 쓸 수 있었을까? 아마 쓸 수는 있었을 것이다. 다만 그 과정이 지금보다 훨씬 더 힘들었을 게 분명하다. 약한 알로 조금 더 집중할 수 있고 우선순위가 무엇인지 판단하고 일을 차근차근 해나갈 수 있게 된다면 굳이 거부할 이유도 없지 않은가?

그래도 고집스럽게 '그건 도핑이나 다름없잖아요! 약으로 성취도를 향상시킨다니, 불공평하지 않나요?'라고 억지를 부리는 사람들이 있다. 이들에게 나는 단호히 '아니요!'라고 대답한다. 약을 먹는다고 별안간 성취도가 200퍼센트 상승하는 것이 아니라, 약을 안 먹으면 학창 시절에 교사들이 내게 말했듯이 기대치만큼의 능력을 발휘하지 못하는 것이다. 쉽게 말해 〈왕

좌의 게임〉에서 문을 막고 있는 호도Hodor처럼, 끊임없이 밀려드는 수천 가지의 생각과 자극에 대응하느라 정작 해야 할 일은 못하는 게 문제다.

이해를 돕기 위해 ADHD 치료제를 시력 보조 기구와 비교해 보자. 시력이 나쁜 사람이 안경을 안 쓴다고 죽지는 않는다. 눈이 약간 나쁜 사람은 멀리 있는 것이나 코앞에 있는 것을 잘 못 본다. 그보다 시력이 더 저하되면 주위를 명확히 분간하기가 조금 더 어려워진다. 심한 시력 저하가 있는 사람은 주변 사물이 뿌연 형체로만 보이므로 보통 사람들에 비해 지속적인 손해를 보고 살 수밖에 없다. 그러나 도수가 잘 맞는 안경을 써서 보통 사람들과 비슷한 시야를 확보하면 다른 사람들과 비슷한 가능성과 기회를 누릴 수 있게 된다. 이런 사람에게 '그렇게 태어난 걸 어쩌라고요. 운이 나빴다 생각하고 그냥 받아들이고 사세요'라며 안경을 못 쓰게 하겠는가? 그런 말을 할 사람은 아무도 없을 것이다. 말하자면 내게는 ADHD 치료제가 앞을 더 잘 '보이게' 해주는 안경이나 마찬가지다. 약을 먹는다고 별안간 독수리 시력이 되는 게 아니다.

그럼에도 내가 약물치료 중이라고 하면 사람들은 여전히 '마뜩찮게' 반응한다. 재미있는 점은 이들도 심리치료에 대해서는, 대개 '그래요, 심리치료야 뭐. 한번쯤 받아보는 것도 나쁘지 않죠'라며 관대한 반응을 보인다는 점이다. 그러나 ADHD 치료제에 관해서라면 이야기가 달라진다. 심지어 내가 마약을 한다고 고백이라도 한 것처럼 '그래서…… 그것 때문에 약을 먹는다고요?'라고 조심스럽게 되묻는 사람도 있다. 어떤 이들은 아예 약 같은 건 먹지 않아도 된다고 마음대로 단정 짓는다. 어째서 그렇게 생각하는 것인지 모르겠다. 깜짝 놀라거나 이것저것 따져 묻지도 않고 곧장 나쁘게 몰아가는 사람들도 있다. 이들의 말은 대략 이렇다. '나라면 그런 약은 먹지 않을 거야.' ADHD가 없는데 누가 먹으라고 강요라도 하던가? '약을 먹으면 사람이 완전히 변한다던데요?' '듣기로는 그 약이 창의성을 떨어뜨린다는데.' '이제야 먹기 시작했다니 그나마 다행이네요. 어렸을 때 약으로 성격을 눌러놓지 않은 게 말이에요.' 혹은 이것을 약물중독과 연관 지으며 '그런 약은 마약과 다를 바 없어요!', '그 어린이 마약 따위는 일찌감치 끊는 게 좋을걸!'이라며 경고하는 이들도 적지 않다.

이런 편견은 하루이틀 묵은 이야기가 아니다. 예를 들어 1955년에 출시된 리탈린은 초기에는 주로 우울증치료에 처방했지만 동시에 아동 ADHD 연구에도 투입되었다. 그런데 1970년대 초 미국에서 갑자기 리탈린 반대 운동이 거세게 일어났다. ADHD는 제약업계가 돈을 벌 목적으로 만들어낸 허구의 '질병'이라는 내용의 출판물들이 나오면서부터였다. 동시에 음식 알레르기나 식품 첨가물이 아동의 과잉행동을 유발한다는 주장도 등장했다. 그렇다면 지금은 이 말을 곧이곧대로 믿는 사람이 없을 것 같은가? 여전히 차고 넘친다! 정확한 숫자나 통계 같은 것은 제시할 수 없지만, 대신에 나와 친한 지인이 마요르카에서 휴가를 보내던 중에 겪은 일화를 소개한다.

어느 날 저녁 내 지인은 한 무리의 사람들과 한자리에 모이게 되었다. 원래 한 명만 알고 지냈고, 나머지는 잘 알지 못하거나 처음 보는 사람들이었다고 한다. 그러다 그날 처음 본 한 여성과 말을 트게 되었고, 대화 중에 내 이야기가 나온 모양이다. 내가 무슨무슨 일을 하고 지금은 ADHD를 알리기 위해 책을 쓰고 있다는 이야기까지 나왔을 때, 별안간 상대방이 그의 말을 끊고 이렇게 대꾸했다는 것이다.

"ADHD라고요? 그게 다 제약업계에서 짜고 지어낸 이야기라는 거, 설마 선생님도 모르시지는 않겠죠?"

맙소사. 지금껏 과학자들이 밝혀낸 모든 것과 내 경험담을 그 한마디로 반박하려 들다니. 그 말이 옳을 가능성이 한 치라도 있다면 나도 그쯤에서 집필을 중단했을 터이다.

사실 나는 그날 저녁 '사람들을 약에 의존하게 만들어 마음대로 조종하는' 것이 제약업계의 음모라고 주장했다는 이 여성을 일전에 만난 적이 있다. 어쩌다 동석하게 된 식사 자리에서였다. 그는 무설탕 콜라를 주문하는 나를 보고 그게 얼마나 건강에 해로운 습관인지 아느냐고 한바탕 훈계를 늘어놓더니, 피우던 담배를 재떨이에 비벼 끄고 포도주를 홀짝 들이켰다. 물론 나도 잠자코 넘어가지는 않았다.

*@kirmesimkopf*의 한 팔로워는 이 여성이 열변을 토하며 경고한 약물의존성에 관해 익살스러운 댓글을 남겼다.

"다들 그 약이 중독을 유발한다고 하는데, 정말 중독성이 있다면 저는 왜 약 먹는 걸 그리 자주 까먹는 걸까요?"

ADHD인이라면 공감하지 않을 수 없는 말이다. 그러나 이렇게 웃고 넘길 수 없는 사람들도 있다. 특히 ADHD 약을 먹는 아이의 부모들이 그렇다. 주위 사람들은 물론이고 교육계나 의료계에 종사한다는 사람들까지 나서서 유해 약물로 아이의 성장 발달을 저하시키는 무지한 부모라고 훈수를 놓기 때문이다. 정작 아이는 '엄마, 엄마! 이제야 머릿속이 좀 정리되는 것 같아요'라고 말하는데도 말이다.

다시 약 이야기로 돌아가 보자. 앞서 언급했듯 거의 모든 약에는 부작용이 있으며, ADHD 치료제를 처방할 때도 결코 이 문제를 가벼이 여겨서는 안 된다. 의사와 사전에 상담하고 지속적으로 검진을 받는 것이 필수다. 담당 의사가 그와 관련된 최신 연구 현황을 숙지하고 이를 내담자 또는 양육권자에게 알기 쉽게 설명해 주는 것도 중요하다.

ADHD의 기본 치료법 중 하나로 자리매김한 약물치료는 수많은 연구를 통해 효과가 입증되었으며, 뇌의 균형 있는 활동을 도와 ADHD가 있는 사람들이 한결 수월하게 일상을 살 수 있도록 해준다. 약물치료에 몰이해한 낙인을 찍어버리는 것이 옳지 않은 이유다. 많은 이들이 약의 도움으로 학교생활과 직장생활을 순조롭게 유지하고 다양한 인간관계를 원만히 꾸려감으로써 훨씬 더 나은 삶의 질을 누릴 수 있다.

필요할 때만 일시적으로 약을 복용하거나 장기간에 걸친 심리치료 과정에 간헐적으로만 복용하는 사람들도 물론 있다. 약으로는 아무 효과를 보지 못하는 경우도 있다. 이유가 무엇이든, 약물치료를 선택하지 않는 사람들을 전적으로 이해한다. 하지만 당사자도 아니면서 편협한 의견을 피력하는 사람들 때문에 정작 필요한 사람이 약물치료를 꺼리는 일은 없어야 한다. 누구나 어떤 치료를 받을 수 있는지 의사에게 물어볼 권리가 있으며, 겁부터 먹고 약 복용을 거부하기보다 진료 과정의 일환으로 시도해 볼 기회도 주어져야 한다. 또한 누구도 약을 먹는 것을 수치스럽게 여기거나 변명할 필요는 없다. 당뇨가 있는 사람이 인슐린 주사를 맞는 이유에 대해 구구절절 변명하는 걸 봤는가?

ADHD 치료제에 날선 비판을 던지는 이들에게 당부하고 싶다. 충분히 알아보지도 않은 채 진실을 왜곡시키고 퍼뜨리는 행동은 멈춰주기 바란다. 그럴 시간에 실제로 약을 복용해 본 이들의 경험담을 들어보고 판단은 굳이 해야 한다면 나중에 해도 늦지 않다.

너무 늦은 때란 없다!

-성인이 된 후에라도
검사를 받아야 하는 이유

확진을 받은 뒤 무엇을 해야 하는지 이야기하기에 앞서, 사람들이 자주 묻는 질문에 먼저 답하고자 한다. '이미 성인이 되었는데 굳이 진단을 받아야 할까?'가 바로 그것이다. 이 말 속에는 ADHD임을 모르고도 수십 년 동안 '잘 살아' 왔으니 지금 와서 검사를 받아봐야 득 될 것 없다는 생각이 묻어난다. 그에 답하기 위해서는 한 가지 결정적인 요인, 즉 개개인이 그로 인해 받게 되는 주관적 고통을 고려해야 한다. ADHD가 있어도 자신이나 남에게 큰 피해를 입히지 않고 살아가는 방법을 배운 사람은 겉으로 보면 그다지 힘든 점이 없어 보인다.

'무질서함'을 예로 비교해 보면 이해가 용이할 것이다. ADHD가 있는 사람들 상당수는 어려서부터 주변이 다소 어수선한 편이다. 일상과 공간에 일정한 질서나 구조를 잡아 두는 일이 쉽지 않기 때문이다. 물론 집에서야 누가 양말 한

짝까지 다림질하고 색깔별로 정돈하든, 밥그릇이 없어 밥을 컵에다 담아 먹든, 누구한테 피해를 주는 것도 아니니 크게 문제되지 않는다. 또 집안이 어수선하다고 해서 꼭 그 사람의 머릿속도 그런 것은 아니다. 난장판 속에서 필요한 것을 그때그때 곧바로 찾아낸다면 그 집 주인에게는 나름의 체계가 잡혀 있는 것이며, 그저 그의 방식이 대다수의 사람들과 다른 것뿐이다.

그러나 무질서가 주변에까지 영향을 미칠 때는 문제가 달라진다. 주위가 난장판인 게 스스로 불편하게 느껴질 때도 마찬가지다. 보는 사람은 짜증나고, 불필요한 에너지와 비용이 발생할 수도 있으며, 생산성과 만족감은 저하된다. 아마 ADHD가 있어도 어려서부터 방을 치우라는 부모님의 잔소리를 듣고 자란다면 어느 정도 정리정돈 체계가 잡히기는 할 것이다. 혹은 인터넷에서 '깔끔한 집 만들기' 같은 것을 검색해 최대한 청소와 정리정돈된 상태를 유지하려 노력하는 사람도 있다. 청소도우미 등 다른 해결책을 모색하기도 한다. 아니면 합의하에 배우자가 대부분의 집안일을 하고 자신은 다른 일을 담당하는 방법도 있다. 이것도 저것도 아니면 그냥 난장판에 익숙해져서 쓰레기통이 넘치든 가구 위에 먼지가 쌓이든 별 신경 쓰지 않고 살기도 한다. 어린 시절부터 방바닥이 티끌 하나 없이 반질반질한 친구들 집보다 어수선한 자기 집이 훨씬 아늑하다고 느낀 사람들도 있을 터이다.

이런 경우에는 무질서한 특성이 두드러지지도 않고 자기 자신이나 주변 사람들에게 별다른 영향을 미치지도 않는다. 그러니 이 문제로 스트레스를 받을 가능성도 극히 적다. 그러나 세월이 흐르면서 무질서의 반경이 확장될 때는 이야기가 다르다. 어릴 때는 자기 방만 난장판이었다면 이제 집안 전체, 회사 책상 위, 자동차 내부도 난장판이다. 게다가 자신을 주변 사람들과 끊임없이 비교하기 시작한다. 부모님은 내 방에 들어설 때마다 한심하다는 표정을 짓고, 지저분한 집안 꼴이 창피해서 손님을 맞는 일도 점차 줄어든다. 죄책감이 커지면서 자존감은 바닥을 친다. 집에 있는 시간이 많아지고 사람들과의 교류는 줄어들다가 마침내는 은둔형 외톨이처럼 되어 간다. 자연히 우울증이 찾아오고 공황에 빠지는 일도 생긴다. 가치판단 능력이 점점 떨어지면서 물건을 쉽게 버리지 못하고 집안에 쌓아두는 사례도 드물지 않다. 이것이 악화되면 저장강박으로 진행될 수 있다.

반대의 경우도 물론 있다. 어떻게든 정돈된 상태를 유지하려고 무진 애를 쓰다가 정리정돈 강박이나 결벽증까지 유발되는 경우다. 청결함에 대한 주변의 기대에 집착하는 게 그 원인이다. 둘 중 어느 쪽이든 당사자는 큰 고통을 받기 때문에 반드시 전문가의 도움을 받아야 한다.

이때 ADHD 검사가 매우 유용할 수 있다. 확실한 진단 없이는 접근하기조차 어려운 체계적인 지원을 받을 길이 열리기 때문이다. 독일에서는 의료보험사, 의사, 심리치료사와의 상담을 거쳐 약을 처방받거나 요양 신청을 하는 방법도 있고 대학생인 경우 불리함을 인정받아 학업에 반영하는 것도 가능하며, 심한 ADHD 증상이 일부 성취도 저하를 유발한다면 장애등급을 받기도 한다. ADHD로 크게 고통받고 심각한 동반질환까지 앓던 사람들이 더 이상 이 모든 것을 '혼자서 참고 견디지' 않아도 되는 것이다. 진단 결과를 근거로 도움을 받음으로써 인생 전반과 건강, 일상생활을 긍정적인 방향으로 개선시킬 수 있다.

인종차별주의와 교차성 intersectionality, 정신건강을 주로 다루는 인스타그램 채널 *@sen_vi_*의 운영자 세나미 호체 Senami Hotse 도 성인이 되고 나서 ADHD와 자폐스펙트럼장애 진단을 받았다고 한다. 이에 관해 그는 인스타그램에 다음과 같은 글을 남겼다.

"지금껏 나는 사회적 규범에 맞게 기대되고 강요되는 모든 것에 억지로 나를 끼워 맞추려 고군분투해 왔다. 그러나 진단을 받음으로써 나는 스스로를 보다 잘 이해하고 나 자신과 나의 욕구를 보살필 수 있게 되었다."

스스로 ADHD를 의심하는 많은 이들에게 내가 검사와 진단을 적극적으로 추천하는 이유도 바로 이것이다. 독일의 경우에는 시간과 인내심은 필요하지만 비용도 거의 들지 않을뿐더러, 진단 결과를 잘 활용하면 삶의 질도 대폭 개선되기 때문이다. 상담과 검사, 필요한 경우 치료까지 받을 수 있는 의료 체계가 갖추어진 사회에 산다는 것은 큰 행운이다. 또한 당사자가 원할 경우 담당의사와 심리치료사, 의료보험사 외의 제삼자에게는 이 모든 과정이 비밀로 유지된다.

유튜버 겸 정신건강 활동가인 제시카 마이어 Jessica Meyer 는 인스타그램 채널 *@lunarjess*에 올린 동영상에서 자신이 ADHD 검사를 받게 된 계기를 이야기하고, 이것이 자신에게 중요한 의미를 갖는 또 다른 이유를 언급한다. '소속감'이 바로 그것이다. 동영상의 내용에 따르면 이전까지 그는 어딘가에 소속되어 있다는 느낌을 받은 적이 한 번도 없었다고 한다. '특이한 성격' 때문에 놀림거리가 되기 일쑤다 보니 언젠가부터 자신이 '외계인'처럼 느껴졌다. 그러나 ADHD 진단을 계기로 '마음 맞는' 사람들과 교류하면서부터 '내가 나에 대해 만족한다면 굳이 변해야 할 필요가 있을까?'라는 생각을 하게 되었다. 이는 활동가 카리나 발트만 Carina Waldmann이 인스타그램 *@radicalsoftness_* 에서 던진 멋진 질문과도 일맥상통한다.

"당신은 정말 남들에게 폐만 끼치는 사람인가, 혹은 그들이 당신을 그렇게 느끼도록 만드는가?"

확진을 받고 어느 정도 시간이 흐른 뒤에도 당사자 스스로도 이를 받아들이는 데 시간이 필요하므로 주위 사람들이 삶에 ADHD가 뚜렷한 영향을 미친다는 사실을 받아들이지 않는다면, 아마도 다른 사람들로 주위를 채울 때가 온 것인지도 모른다. 당신과 비슷하게 느끼고 생각하고 행동하는 사람들, 혹은 당신을 그저 있는 그대로 받아들여주는 사람들로 말이다.

무엇이 진단을 어렵게 만드는가

가면을 쓰지 않아도 되었더라면

자폐스펙트럼장애가 있는 영국의 심리치료사 스테프 존스 Steph Jones의 인스타그램 *@autistic_therapist*에는 이런 글이 있다.

"사람들은 내가 단지 '경미한' 자폐스펙트럼장애를 앓는다고 생각하지만 이는 틀린 생각이다. 나는 머릿속에서 힘겨운 싸움을 벌이고 있으며, 그런 내 모습을 들키지 않으려 무진 애를 써야 한다."

존스가 여기에서 이야기하는 기술과 그 뒤에 숨은 원리를 마스킹 masking, '위장하기'이라고 한다. 마스킹은 자폐스펙트럼장애가 있는 사람들이 곤란한 상황에 처했을 때나 사회적 통념에 맞지 않는 행동방식을 통제하기 위해 쓰는 이른바 코핑 coping, 스트레스 대

전략의 일종이다. 증상을 감추거나 만회하려는 것이 이 전략의 핵심이다. 이들 중 일부는 일상생활을 한결 수월하게 할 수 있게 도움이 되기도 하지만 다른 한편으로는 적잖은 문제를 초래할 수도 있다.

ADHD가 있는 사람들의 마스킹 전략은 매우 다양한 형태로 나타난다. 한 예로 나는 여러 사람들과 모인 자리에서 한마디도 하지 않고 1시간을 보낼 수 있다. 누구하고든 끊임없이 수다를 떨지 않으면 좀이 쑤셨던 학창 시절과 달리, 이제 다른 사람이 말하는 동안 기다리거나 조용히 뒤로 빠져 있는 법, 대화를 따라갈 수 없으면 남몰래 휴대폰을 보며 시간을 보내는 방법도 터득했다.

그러나 내가 확고한 신념을 품고 있는 화제가 나오거나 창의성을 요하는 작업을 할 때, 내 문제가 될 수도 있는 결정을 내려야 할 때는 사정이 다르다. 기다렸다는 듯 열띤 토론을 벌이며 온갖 세세한 부분까지 파고들어야 직성이 풀린다. 사적인 자리에서도 마찬가지로 숨도 안 쉬고 속사포처럼 말을 쏟아낸다. 누군가 내게 잘 지냈느냐, 이번 주는 어떻게 보내고 있느냐, 따위의 인사치레를 건네는 순간부터 내 입은 기관총이 된다. 평소에 생각과 성찰을 많이 하고 정보와 지식을 스펀지처럼 흡수하기 때문이다. 그러나 이에 익숙한 사람은 많지 않다. 누군가는 내 말에 짜증이 날 테고, 또 누군가는 말이 많은 것이 무례한 행동이라고 생각할지 모른다. 특히 내성적인 사람들은 내 행동거지가 불편해 특정한 부분에서 자기 의견을 말하지 않고 잠자코 있을지도 모른다.

이런 이유 때문에 나는 의식적으로 말을 적게 하기 위해 늘 안간힘을 썼다. 그렇지 않으면 대화 시간의 대부분을 혼자 잡아먹으며 '정신없고 같이 있기 힘든' 사람이라는 인상을 주고, 다른 사람의 말을 자꾸 끊거나 남이 듣기에 적절치 못한 말이 튀어나올 수도 있기 때문이다. 이런 식으로 자기 조절을 하는 것도 마스킹의 일종이다. 홀로 고군분투하는 것이 때로는 너무나 힘들었지만 이런 노력 덕분에 분위기를 흐리는 사태를 면한 적도 많았다.

ADHD에서 이 문제는 언어행동에만 국한되지 않는다. 교실이나 영화관에서, 회식 자리에서, 그리고 어린 시절의 내가 예배 장소에서 그랬듯 산만하게 움직이거나 자리에서 일어나 돌아다니거나 수시로 자세를 바꾸는 등 몸을 가만 두지 못하는 것도 문제가 된다. 이런 태도는 대부분 사회적으로 용인되지 않기 때문이다. 이때 당사자는 어떻게 대처할까? 다름 아닌 '스티밍stimming', 즉 자기자극행동을 하게 된다. 다리 떨기, 의자를 이리저리 삐거덕거리기, 머리카락 뽑기, 손가락으로 탁자 두들기기, 흥얼거리기, 볼펜 딸깍이기 같은 행동을 함으로써 움직이고 싶은 욕구와 정신적·신체적 안절부절에 대응하는 것이다.

내가 사용하는 또 하나의 마스킹 전략은 현실이 엉망진창임에도 남들 앞에서는 뭐든 능숙한 체 하는 것이다. 집안일? 세금 신고 서류? 스케줄 관리? 장을 보고 건강한 음식 요리하기? 그까짓 것쯤이야! 그런 것도 못하는 사람이 있나? 그러나 현실에서는 일상적인 일조차 해내지 못해 허둥대는 날이 허다하다. 그래서 가능하면 비용을 내고라도 다른 사람에게 맡기지만, 이게 돈도 적잖이 들고 꽤 신경도 쓰이는 일이다. 집안일이 감당 안 될 때 내게 주어진 선택권은 두 가지다. 난장판 속에서 지내다가 손님이 올 때만 청소하거나 돈을 주고 가사도우미를 부르는 것이다. 세금 신고는 세무사에게 맡기든지 비싼 사용료를 내고 세금 신고 앱을 써야 한다. 플래너, 정리 도우미, 개인 코치, 배달 음식도 빼놓을 수 없다. 일상생활이 제대로 되지 않아 이 모든 것에 돈을 쏟아붓다 보면 한숨은 돌릴 수 있을지언정 잔고는 바닥을 드러낸다. 이 모든 비용을 감당할 수 있는 사람은 사실상 없다고 보면 된다.

그러면 내가 감당할 수 없는 일을 주변 사람들에게 솔직히 털어놓아야 할까? 청소도 제대로 안 된 집에 친구를 부를 수 있을까? 2주일 전까지만 해도 오이의 형체를 하고 있었을 것 같은 무언가와 2018년도에 유통기한이 지난 살사소스 말고는 아무것도 들어 있지 않은 우리 집 냉장고를 들여다보며 친구들은 심경이 복잡해지지 않을까? 애초에 친구 집에서 만나는 편이 낫지 않을까? 집에 온 연인과 느긋하게 소파에 앉아 밀회를 나누는 대신 새벽 3시까지 세금 신고 문제를 처리하며 연인에게까지 일을 떠맡기는 사람이 있을까? 온종일 사무실 맞은편에서 울리는 공사장 소음이 신경에 쓰여서, 만 가지 딴생각에 빠져 있느라, 혹은 업무와는 하등 상관없는 발등의 작은 불들을 끄는 데 정신이 팔려서 일이 밀리고 야근을 한 적은 또 얼마나 많던가! 덜렁대다가 틀리게 쓴 답안지나 서류 때문에 성적이 떨어지고 지원한 회사에 불합격할 뻔한 적은 몇 번이던가! 믿을 만한 사람에게 다시 훑어봐 달라고 부탁만 해도 됐을 것을, 수십 번 되풀이해 읽으면서도 못 찾아낸 탓에 그 결과 역시 고스란히 내가 감당해야 했다.

문제가 생겼을 때 거짓으로 얼버무리는 것 또한 전형적인 마스킹 전략에 속한다. 일상적인 일도 제대로 안 되다 보니 번번이 압박감에 쫓기고, 결국은 궁지에 몰릴 수밖에 없다. 이런 내 모습을 남들이 알아도 괜찮은가? 당연하게도 괜찮지 않다. 그래서 나는 예전부터 궁색한 변명을 자주 늘어놓아야 했다. '아니, 20분 전부터 플랫폼에서 기다리는 중인데 기차가 안 오네요. 안 그랬으면 벌써 도착했을 시간인데…….' '저는 분명히 지난 주 금요일에 이메일을 보냈거든요. 혹시 스팸메일함으로 들어간 게 아닌지 한번 확인해 주시겠어요?' 이런 식으로 시간을 약간 번 뒤에 잃어버렸던 서류를 다시 준비하거나 상대방의 너그러운 반응을 기대한다.

내 말이 거짓말임을 그들이 눈치챘는지 어쨌는지는 나도 알 길이 없다. 그저 대부분은 사소한 거짓말이었기 때문에 상대방에게 약간의 인간미를 기대할 뿐이다. 그러나 같은 사람을 상대로 이런 일을 몇 차례 반복했는데, 어느 날 정말로 기차가 연착되거나 메일 전송이 되지 않으면 난감하기 짝이 없다. ADHD 유무와 상관없이 이런 일은 누구에게나 있지 않은가.

그러나 거짓말쟁이가 되고 싶지도, '무능하고 덜렁대고 멍청하고 불성실하고 게으르기까지 하다'는 인상을 주고 싶지도 않기 때문에 나 같은 사람들은 그저 세상에 섞여들기 위해 가면을 쓰는 일이 많다. 이는 특히 여성적으로 사회화된 사람들에게서 자주 관찰된다. 이들은 변장과 기록의 달인이다. 잊어버리는 것이 두려워 필사적으로 모든 것을 적어두는 행위 또한 스트레스 대처행동에 해당된다. 나 역시 집에 굴러다니는 플래너나 수첩, 불렛저널 Bullet Journal 다이어리 등이 30개는 족히 되지만 그중 대다수는 뜯지도 않은 새 것이다. 백 장도 넘을 법한 메모지들은 주기적으로 모아서 정리해야 하고, 여러 개나 되는 메모 앱은 제각각 기록해 둔 내용도 다른데다가 'OU가 들어가는 단어', '작곡 아이디어: 심연', '메모 라우라 Laura' 따위의 암호 같은 말들이 가득하다. 내가 써 놓고도 무슨 의미로 적어놓은 건지 모르겠고 실제로 필요했던 적도 없다.

이런 문제 때문에 ADHD가 있는 사람들, 특히 여성들은 필요한 것을 제때 찾을 수 있도록 서류 정리나 체계를 잡는 일에 강박적으로 매달리는 경향이 있다. 나는 아직 그 정도는 아니지만 어쨌거나 비슷해져 가는 중이다.

이 극복 전략은 유익하게 쓰일 때도 있지만, 도리어 해가 될 수도 있다. 자신의 진짜 감정, 기분, 에너지, 생각, 행동, 말, 증상을 끊임없이 억누르고 가식적으로 행동하다 보면 내면에서 커다란 변화가 일어날 수 있기 때문이다. 억압되어 있던 모든 것은 다른 배출구를 통해 해소되려 한다. 게다가 쉬지 않고 꼭두각시 인형을 조종하는 것은 매우 힘든 일이다. 인형을 조종하면서 스스로 꼭두각시 노릇까지 해야 한다면 더욱 그렇다. 이런 데 에너지를 쓰다 보면 집중력이 떨어져서 실수를 피하려는 필사적인 노력이 무색하게 더 많은 실수를 저지르게 된다.

중요한 일을 앞두고 있을 때는 약속 시간을 잊어버릴지도 모른다는 공포에 사로잡힌 나머지 좀처럼 마음이 평온해지지 않는다. 이런 긴장 상태가 반복되고 장기화되면 온몸이 경직되어 요통, 이갈이, 목 근육 경직, 두통이 생기고 신경도 날카로워진다. 머릿속에서는 밤낮을 가리지 않고 생각이 소용돌이치며 온갖 가능한 상황이 그려지다가, 결국은 아직 일어나지도 않은 그 상황과 사람들에 대해 비현실적인 두려움이 치솟는다. 또다시 체육복 가방을 잃어버리면 어쩌지? 회사 마스터키를 잃어버려 건물 전체의 잠금장치를 교체해야 하는 사태가 벌어지지는 않을까? 다시 구할 수도 없는 할머니의 화병을 실수로 깨뜨리면? 차를 후진시키며 백미러를 보는 순간 이웃집 고양이가 차 뒤로 뛰어들면? 이런 일들 때문에 직장이나 친구, 연인을 잃는 게 아닐까? 남들의 비위를 맞추기 위해 그들이 기대하는 대로 행동하는 나를 과연 나 자신이라고 할 수 있을까?

어떤 이들은 끝없이 밀려드는 잡념을 잊기 위해 술을 한 잔 마시거나 담배를 피우거나 수면제의 힘을 빌려 잠을 청하기도 한다. 그러나 좌절감은 커져만 가고 자기 자신과 타인들 모두를 향해 분노가 치밀면서 점점 더 만사에 의욕을 잃는다. 기대치에 맞는 능력을 발휘하거나 남들이 바라는 대로 행동하지 못한다는 생각에 수치심도 든다. 그래서 사적인 약속들을 취소하고 회사에 병가를 내는 등 온갖 방법을 써 가며 사람들을 피하고 식욕을 상실하거나 폭식을 하기도 한다. 오븐을 끄고 나왔던가? 확실한가? 정말, 분명히 끄고 나온 게 맞나? 자신이 없어 다시 확인하러 간다. 몇 번씩이나. 이렇게 엉망진창, 뒤죽박죽으로 하루를 보내다 돌아보면 어느새 또 쓸고 닦고 정리할 것 천지다!

스스로를 남들과 비교하고 그들과 똑같이 보여야 한다는 생각에 집착하기도 한다. '더 노력해 보란 말이야, 이 멍청아!'라고 스스로를 채찍질하는 것이다. 이를 악물고 어떻게든 일을 그르치지 않으려 애쓴다. 그러다 보면 완벽주의자라는 칭찬 아닌 칭찬을 듣기도 하고, 그렇게 쌓은 이미지를 유지하려면 완벽해지는 일에 더욱 더 매달릴 수밖에 없다. 위선이 탄로 날까 봐 본모습을 감추려고 기를 쓴다. 심장에서 활활 타오르는 열정은 누가 볼세라 꺼버리고 허울 좋은 포부와 의무에 매달려 모래성을 쌓다 보면 이것이 무너지는 것은 한순간이다.

장기간 마스킹 전략을 쓰며 누적된 스트레스를 완화시킬 수 있는 최선책은 ADHD 진단과 치료를 받는 일이다. 나는 진단을 받음으로써 ADHD의 이면에 있는 수많은 메커니즘을 비로소 이해하게 되었다. 심리치료, 작업치료, 코칭, 자조 그룹 참여 등은 이 메커니즘을 파악하는 데 특히 도움이 된다. 내게 진정으로 유익한 것이 무엇인가? 내가 시급히 변화시켜야 할 행동은 무엇인가? 새로운 전략을 세우지 않아도 되는 부분은 어디인가? 무엇보다도 나는 어떤 점에서 스스로를 조금 더 보살펴야 하며, 굳이 남들에게 맞출 필요 없이 나 자신을 있는 그대로 받아들여도 되는 부분은 어디인가?

이해할 수 없는 사람들

앞 장에서 언급했던, 마요르카 휴양지에서 내 지인이 만났던 여성의 이야기는 여전히 내 마음 한구석에 불편하게 남아 있다. 누가 물어본 것도 아닌데 틈만 나면 어떤 주제에 대한 자신의 신념을 떠벌리는 사람들을 볼 때마다 나는 말문이 막힌다. 아무도 궁금해하지 않는 그들의 신념이 사실인 것처럼 포장될 때는 더더욱 그렇다. 이들의 무지하고 경솔한 말 한마디가 나를 비롯한 수많은 사람들의 정체성 전체와 내 신념과 내가 하는 일, 지나온 내 삶과 고통까지 통째로 회의에 빠뜨릴 수도 있다. 그렇게 해서 그들이 얻는 게 도대체 무엇일까? 글쎄다. 유튜브 같은 데서 주워들은 가짜 지식을 늘어놓으며 '비판적으로' 사고하는 체 하고, 자신이 남보다 아는 것도 많고 우월하다고 느끼는 게 아닌가 싶다. 정작 ADHD가 어떤 것인지 직접 경험했을 뿐 아니라 그에 관해 더 많이 알기 위해 날마다 공부하는 쪽은 나임에도 말이다.

ADHD가 있다는 사실을 털어놓았을 때 주변 사람들로부터 들은 말을 적어 달라고 *@kirmesimkopf* 팔로워들에게 청한 적이 있다. 그때를 떠올리면 자판을 두드리고 있는 이 순간에도 심장 박동이 빨라진다. 먼저 "다 생각하기 나름이야. 마음을 가다듬고 중심을 잡아봐."라는 대답이 있었는데, 이 말의 기저에는 ADHD의 '치유'가 그저 마음가짐의 문제라는 관념이 깔려 있다. '식습관을 바꾸면' 싹 해결될 거라는 충고도 흔하게 나온 대답이었다. 아동기에 맞은 백신이 ADHD의 원인이다, 텔레비전을 너무 보거나 컴퓨터게임을 많이 해서 ADHD가 생겼다는 주장도 눈에 띄었다. 이혼한 전남편이 아이 엄마가 교육을 잘못해 아이에게 ADHD가 생겼다고 몰아세우더라는 댓글도 보였다. '나쁜 습관'을 정당화하려는 '나태한 변명', '일시적인 현상', '성격'으로 치부하며 신경학적 원인이나 장기적인 영향 따위는 없다고 확신하는 경우도 흔했다. ADHD 자체를 부정하는 의견은 말할 것도 없다. 'ADHD는 만들어낸 것', '아이들에게나 해당하는 이야기'이라는 주장에서부터 '그래, 그런 게 있다고 쳐도 너는 절대 아니다'라는 단정까지, 참으로 말문이 막히는 사연이 이어졌다. 'ADHD는 누구나 조금씩 다 있는 거야!'라는 기상천외한 소리도 있었다.

맹세코 현실을 나쁜 쪽으로 과장하고 싶은 마음은 없지만 나도 사람이다 보니 가끔은 삐딱한 생각이 안 들 수가 없다. 그래서 원래 아무 말이나 떠오르는 대로 내뱉고 보는 성격이겠거니, 하게 된다. ADHD 진단을 받은 일, 내가 하는 활동, 그 밖에 ADHD에 관한 이야기를 꺼냈을 때 대놓고 비웃음을 흘리는 사람들을 나는 무수히도 겪었으며, 그때마다 '어떻게 사람이 이럴 수 있는지……'라는 생각밖에 할 수 없었다.

내가 남자였더라면

앞에서도 여러 차례 언급했듯이, ADHD 진단을 받기 전까지 정신적 한계에 직면해 있다는 사실을 드러내지 않으려 무진 애를 썼다. 이는 소녀들과 여성, 혹은 여성스러운 성격을 가진 사람들에게서 상당히 자주 관찰되는 특성이자, 이들이 ADHD 진단을 매우 늦게 받거나 아예 받지 못하게 되는 흔한 이유이기도 하다.

이 단락을 집필하면서 나는 몇 살에 ADHD 진단을 받았는지 *@kirmesimkopf* 커뮤니티 이웃들에게 질문했던 글을 다시금 분석해 보기로 마음먹었다. 금방 끝날 줄 알고 별 생각 없이 시작한 분석 작업은 늦은 밤까지 이어졌다. 일단 내 질문글에 달린 742개의 댓글 중 평가에 활용할 만한 579개를 선별했다. 대부분은 작성자가 여성이었으며 그중 63명은 스스로 ADHD를 의심하고 있거나 검사를 받는 중이었다. 자신이 ADHD라고 확언한 나머지 사람들의 경우는 내가 직접 진단서를 확인한 것이 아니기 때문에 확실한 근거가 있는 것은 아님을 언급해 둔다. 다만 최소한 이 문제와 관련해 어느 정도 감을 잡는 데는 도움이 될 거라고 생각했다. 분석 결과 연령별 댓글 수는 다음과 같았다.

0~9세 75개

10~19세 38개

20~29세 182개

30~39세 193개

40~49세 72개

50~59세 19개

이 숫자만으로도 어렵지 않게 결론을 도출할 수 있었다. 초등학생 연령대 대개는 만 7세에서 9세 사이부터 이런저런 의심증상이 나타났음에도 불구하고 내 질문에 댓글을 쓴 사람들 중 대다수는 성인이 되어서야 자신에게 ADHD가 있음을 알게 되었으며, 진단 연령은 대체로 20~40세 사이였다. 특히 나처럼 20대 후반에서 30대 초반쯤에 진단을 받은 경우가 많았다 게시글에서는 29세에서 32세 사이에 진단을 받았다는 댓글이 무려 103개였다!. 의무교육을 마친 지는 10년이 지났고 첫 연인과의 관계는 '설명할 수 없는 이유'로 끝나버렸으며, 온갖 고생을 하며 직업 훈련이나 대학교를 간신히 마친 뒤에야 ADHD임을 알게 되었다는 뜻이다. 이때쯤이면 위태롭게 직업생활을 해나아가며 자녀 계획에 대한 고민, 자기회의, 번아웃 초기 증상 사이에서 대혼란을 겪으며 도대체 무엇이 문제인지 의문을 품고 있을 시기이다. 한마디로 늦어도 한참이나 늦어버린 것이다.

여성적으로 사회화된 사람들에게서 ADHD 진단이 유독 늦어지는 이유는 무엇일까? ADHD 전문가인 패트리셔 O. 퀸 Patricia O. Quinn 박사와 마니샤 마두 Manisha Madhoo 박사는 2014년에 41개의 관련 연구 논문을 분석해 여성 청소년 및 성인 여성의 ADHD 진단을 방해하는 세 가지 주요 원인을 정리했다.

첫 번째 원인은 증상이 눈에 잘 띄지 않는다는 데 있다. 소녀와 여성들은 소년과 남성들에 비해 증상을 내면화하는 경향이 훨씬 두드러진다. 특히 소녀들에게서는 주의력결핍과 무질서가 주요 증상으로 굳어진다. 이는 주변 사람들도 알아채기 어렵기 때문에 진단까지 가는 경우가 드물 수밖에 없다. 우리는 일종의 '사회화 안경'을 통해 성장하는 개개인을 공동체의 질서에 편입시키고 그와 맞물린 사회적 행동방식을 부여하는데, 이 안경을 쓰고 본 소녀들의 ADHD 증상은 어떤 질환에서 비롯된 것이 아니라 그저 '전형적인 여자아이'의 행동으로 비친다. '약간 어설프고 무질서하며 몽상에 빠져 있는 소녀'는 그다지 눈에 띄지 않는다.

두 번째 원인은 ADHD를 발견하지 못했을 때 흔히 발생하는 동반질환과 합병증이다. 소녀들의 ADHD 증상은 대체로 주위 사람들에게 크게 방해가 되지 않지만 청소년기에 이르면 이에 불안장애, 거식증, 우울증 같은 심각한 결과가 동반될 수 있다. 이런 문제는 의사들도 중요하게 다루기 때문에 해당 문제에 대한 진단은 비교적 신속하게 이루어지지만 ADHD는 이후에도 여전히 발견되지 못하는 일이 많다. 두 학자들에 따르면 ADHD임을 모르고 살아온 여성들은 자기 능력에 부합하는 성과를 내거나 주위의 기대에 맞추어 행동하는 것을 매우 어려워하며, 이에 대한 수치심 때문에 '우울증'에 빠지는 일이 잦다. 다음번에는 또 무슨 일이 생길지, 지금껏 쌓아 온 모래성이 언제 무너질지 알 수 없다는 불안감도 가중된다.

연구에서 밝혀진 세 번째 원인은 극복 전략과 관련되어 있다. 소녀와 여성은 보통 소년과 남성보다 보상 매커니즘이 더 잘 발달해 있어 자신의 증상이 주는 부정적 영향을 더 쉽게 감춰버릴 수 있다. 이를 테면, 많은 여성들이 목록을 만들어 어떻게든 일상을 정돈하려 하고, 사회적 기대에 맞추려 애쓴다. 이런 은폐 방식은 잘 작동하지만, 그 때문에 의사나 심리치료사가 심리적 문제의 근본 원인이 ADHD라는 사실을 알아차리는 일은 한층 더 어려워진다.

성비의 불균형 문제는 ADHD뿐 아니라 심장질환 위험

도, 당뇨, 유전질환에 이르기까지 거의 모든 의료 분야에 걸쳐 나타난다. 1990년대까지는 신약 임상실험도 남성만을 대상으로 이루어졌으며 주로 여성을 치료할 목적으로 개발한 약도 마찬가지였다, 오늘날까지 새로운 연구에 참고 자료 혹은 기초 자료로 활용되는 각종 연구 논문에서도 여성들은 충분히 고려되지 않았다. 이는 의료 분야에서 여성들이 상상 이상의 불이익을 받는 데 일조했으며, 최악의 경우 이것이 환자의 사망을 초래하기도 했다.

위에 언급된 성별이 여성과 남성뿐임을 기억하시라. 남녀 성별 구분만으로도 이런 문제가 나타나는데, 다른 젠더 정체성까지 고려하면 상황은 훨씬 더 심각해진다. 말 그대로 '모든' 사람들이 각자에게 필요한 의학적 도움을 받을 수 있게 하려면 하루빨리 젠더 의학의 발전에 박차를 가해야 할 것이다.

VII

ADHD의 암울한 그늘

부가비용과 동반질환

ADHD라고 하면 흔히 충동성, 주의력결핍, 과잉행동, 이 세 가지 핵심 증상만을 떠올린다. 인터넷에서 수없이 만들어지고 공유되는 ADHD에 관한 밈들도 다 거기서 거기지만 사실 ADHD는 그렇게 단순한 문제가 아니다. ADHD는 빙산에 비유될 수 있다. 사람들의 눈에는 수면 위에 떠 있는 빙산의 일각만 보인다. 위에서 말한 세 가지 핵심 증상이 바로 그것이다. 그러나 이보다 훨씬 더 거대하고 흥미로운 것은 수면 아래 숨어 있는 부분, 다시 말해 사람들이 볼 수 없거나 ADHD라는 단어에서 떠올리기 어려운 것들이다. 여기에는 '그칠 줄 모르는 생각의 굴레', '선택장애', '낮은 자존감', '수면장애', '시간관념 부재', '과자극', '감정기복', '밥 때도 잊는 건망증', 그 밖에 헤아릴 수 없이 많은 요소들이 포함된다. 심지어 이게 다가 아니다. 앞서도 여러 번 암시했듯 ADHD는 여러 가지 심각한 결과를 초래할 수 있으며 진단도 치료도 받지 못한 경우에는 특히 그렇다.

ADHD의 부가비용

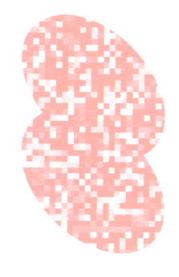

경영학 전공자들이 비용에 관해 이야기할 때 언급하는 '부정적 결과'는 ADHD에도 완벽하게 적용된다. 다시 말해 ADHD와 그것에 대한 우리 사회의 대처가 다른 부정적인 결과와 더불어 무시할 수 없는 비용을 발생시키는 것이다. 여기에서는 삶의 질과 활동이 제한되는 데서 적잖이 발생하는 사적인 비용은 차치하고, 일단 ADHD가 있는 사람이든 없는 사람이든 모두 함께 부담하게 되는 사회적 비용만 논하고자 한다.

2019년 7월 《주의력결핍 저널》Journal of Attention Disorders에 발표된 한 연구 논문에는 ADHD로 인해 발생하는 직·간접비용이 분석되어 있다. 이에 따르면 2019년 한 해 동안 입원치료, 외래진료, 의약품 등 보건시스템에 들어간 총비용이 3억 2,110만 미국 달러로 추정된다고 한다. 노동시장에서의 생산성 저하로 인해 발생한 비용은 이보다 훨씬 높았다. 논문에 의하면 그 비용은 2019년에만 60억 달러에 이르며 이는 결근, 단기 및 장기 병가, 근무 시간 단축, 실업 등에 기인한다. 천문학적인 액수의 교육비 추정치 7,410만 달러, 범죄와 각종 불법행위로 인해 사법체계에서 발생하는 비용 2억 1,500만 미국 달러도 이에 추가된다. 각종 사고 역시 불필요한 비용을 낳는 원인이다. 부주의 때문에 치아도 깨뜨리고 이웃집 창문도 깨뜨리고, 심지어 큰 교통사고를 내서 차는 차대로 망가지고 부상자도 여럿 나오는 상황 역시 배제할 수 없다. ADHD로 인한 세수 감소액도 7억 9,090만 달러에 이른다.

이렇게 ADHD로 인해 발생하는 직접비용은 74억 5,000만 달러로 추산된다. 추가로 가족이나 배우자와의 갈등, 삶의 질 저하, 수명 단축, 자녀의 ADHD로 인한 부모의 노동시간 단축·잦은 결근·퇴직 등의 비재정적 간접비용도 환산하면 53억 1,000만 달러에 달한다. 결국 ADHD에 총합 127억 6,000만 달러의 직·간접비용이 소모되는 셈이다. 강조하건대 이는 2019년 한 해에 발생한 비용만을 계산한 것이다. 학자들은 이 총비용 중 100억 9,000만 달러가 성인 ADHD와 관련이 있는 것으로 추측한다. 믿기지 않겠지만 사실이다.

이 숫자들만으로도 이미 머리가 어질어질하겠지만 이제 더욱 경악할 만한 사실을 공개하겠다. 위 연구 논문에서 소개된 ADHD로 인해 발생한 사회경제적 비용은 다름 아닌 호주의 사례라는 사실이다. 보라! 127억 6,000만 미국 달러다. 이것이 단 한 나라에서 1년 동안 든 비용이라는 것이다!

'이게 말이 돼?'라고 묻고 싶으신가? 한 해에 한 대륙에서만, 그것도 ADHD라는 단 하나의 요인 때문에 이렇게 큰돈이 낭비된다니! 안타깝지만 사실이다.

사회참여·자폐스펙트럼장애·ADHD 전문가 볼프강 베게너 Wolfgang Wegener는 이 논문과 관련해 자신이 운영하는 웹사이트에 다음과 같은 글을 올렸다.

"이 논문에 실린 수치를 인구수에 따라 환산하면 독일에서 드는 비용도 추정할 수 있다. 인구 81만 4,400명인 호주에서 한 해에 ADHD로 인해 발생하는 재정적·비재정적 비용이 127억 6,000만 달러이므로, ADHD가 있는 사람 1인당 연간 1만 5,655달러가 든다는 계산이 나온다. 독일에는 ADHD가 있는 사람이 약 265만 6,000명이므로 이에 415억 8,000만 달러, 즉 352억 유로의 부가비용이 발생하며, 환산하면 1인당 연간 1만 3,253유로를 부담해야 한다는 결론을 내릴 수 있다."

국가를 넘어 대륙 전체, 더 나아가 전 세계의 비용까지 계산하면 그 규모는 상상하기 어렵다. 그 이유로는 특히 두 가지를 꼽을 수 있다. 첫째는 ADHD가 간과되거나 진단이 늦어지는 것, 둘째는 이른바 중복이환 comorbidity이 그것이다.

ADHD의 또 다른 복병

-중복이환

중복이환이라는 말은 많은 사람에게 다소 생소할 것이다. 의학용어로, 주요 질환에 동반되는 하나 이상의 다른 질환을 일컫는다. 쉬운 말로 '동반질환'이라고도 하며 ADHD에서는 거의 필연적이라 할 정도로 흔하다. 전문가들은 ADHD 아동의 약 60~100퍼센트가 성인기까지 지속되는 한 가지 이상의 동반질환을 가진 것으로 추측하고 있다. 성인 ADHD 중에도 약 80퍼센트가 이미 진단되었거나 아직 발견되지 않은 정신과 질환 또는 장애가 하나 이상 동반되어 있는 것으로 추정된다. 아동들에게서 관찰되는 대표적인 동반질환으로는 읽기 및 맞춤법장애, 수학 학습장애를 포함한 학습장애, 틱장애, 투렛증후군, 강박증, 수면장애, 품행장애, 반항장애 등을 들 수 있다. 이 중 반항장애의 특징은 권위적인 대상을 향한 부정적인 태도와 반항심, 적개심을 지속적·반복적으로 드러내는 것이다.

성인 ADHD에게서는 다른 장애와 질환에 의해 중복이환이 해소되거나 추가되는 경우가 많다. 그중에서도 의료계 전문가들이 일명 '물질사용장애'라 부르는 중복이환이 가장 흔한 것으로 보인다. 대표적인 의학지식정보 매뉴얼로 꼽히는 MSD 매뉴얼에 따르면 여기에서 말하는 물질에는 합법적으로 구할 수 있는 술·담배 등의 기호 식품과 불법 약물, 의사의 처방전이 반드시 요구되는 약물이 모두 포함된다.

어머니가 어차피 모든 것을 알고 계시기 때문에 이곳에도 털어놓는 거지만, 나는 열한 살에 처음으로 담배와 술을 접했다. 어머니에게 허락을 받고 새로 사귄 같은 반 친구 레나의 집에 놀러간 날이었다. 레나의 부모님은 건축가였고, 이들은 연꽃이 가꾸어진 연못이 딸린 대저택에 사는 유복한 가족이었다. 레나는 나와 함께 숙제를 하거나 인형을 가지고 노는 대신 어머니의 화장품과 아버지의 주류 저장고 열쇠, 그리고 오빠가 감춰둔 담배 몇 개비를 몰래 꺼내왔다. 우리는 대저택 꼭대기의 다락방에 숨어 파란색 아이섀도를 눈두덩에 칠하고 질샌더선Jil Sander Sun 향수를 범벅으로 뿌린 뒤 구역질을 해가며 담배를 피웠다. 그 전에 레나 아버지의 코냑을 벌컥 한 모금 들이켰음은 물론이다. 그러고 나니 마치 지구의 여왕이 된 기분이었다.

어머니는 아직도 그 무렵의 일들을 생생히 기억하신다. 어느 날은 내 방에 있던 바비 인형들을 커다란 상자에 담아 내놓으며 남동생에게 물려주겠다고 선언했다. 그러고는 방문을 쾅 닫아버린 뒤 에미넴 Eminem, 린킨 파크 Linkin Park, 아그로 베를린 Aggro Berlin의 샘플러 음반 등을 동네 주민 250명이 다 들을 정도로 주구장창 틀어댔다. 어머니는 그 즈음 '우리 딸에게 질풍노도의 시기가 찾아왔구나'라는 생각이 들었다고 지금도 입버릇처럼 말씀하신다. 곧 초경이 찾아왔고, 나는 첫사랑에 빠져 처음으로 가슴앓이라는 것을 해보았다. 친구들과 점점 더 많은 시간을 보냈고 집 전화 요금은 평소의 몇 배로 뛰었으며 휴대폰 선불 요금도 금세 다 써버리기 일쑤였다. 친구 집에서 부시도 Bushido, 베를린 출신의 래퍼 -옮긴이 주의 〈일렉트로 게토〉 Electro Ghetto를 들으며 이런저런 지역 축제나 행사에 참석하기 위해 학생증을 위조하느라 '자고 오는' 날도 점점 늘었다. 축제에서는 우리보다 나이가 훨씬 많은 남학생들과 어울릴 기회를 엿보며 부모님의 지갑에서 몰래 털어 온 잔돈으로 '웨스트아이스 West Ice, 담배 브랜드 -옮긴이 주'나 '바카디 브리저 Barcadi Breezer, 과일주스가 들어간 저알콜 음료 -옮긴이 주'를 사기도 했다. 이후의 몇 년은 첫 성경험을 하고 첫 대마초를 접해보았으며, 처음으로 경찰에게 쫓겨 본 적도 있는 박진감 넘치는 시기였다.

내 십대 시절은 이렇듯 아슬아슬한 모험으로 넘쳐났고 대마초보다 더한 것을 하는 사람들과 어울리며 범죄, 폭력, 위험행위 등을 바로 옆에서 경험하기도 했다. 그러나 대개는 방관하는 데서 그쳤을 뿐, 바람직하지 못한 이성교제 한 번과 절도 한 건 H&M 매장 경비원에게 현행범으로 잡혀 1년간 출입금지를 당하는 선에서 끝났다 외에 크게 사고를 친 적은 없었다. 별 일 없이 이 시기를 보낸 게 내가 봐도 신기할 정도다. 이게 어떻게 가능했을까? 나 스스로도 설명하기 어렵다. 중학교 3학년 때 수학과 지리에서 낙제점을 받아 지리 성적이 형편없었던 데는 담당 교사가 내게 정말로 학을 떼었던 게 크게 작용했다 유급했던 것을 빼면 학교생활에도 딱히 어려운 점은 없었다. 권위 있는 어른들과 갈등을 겪은 적도, 크게 말썽을 일으킨 적도 없다. 대마초 몇 번 피워본 것 외에는 마약에 손을 댄 적도 없으며 주량이라고는 화이트 스파클링 와인 한 잔으로 몇 시간을 버티는 정도고 원체 술을 즐기지 않는지라 이마저도 거의 마실 일이 없다 담배를 피우는 경우도 극히 드물다. 어쩌다 파티에서 여덟 개비를 연달아 피울 때도 있지만 그 뒤로 2년 동안은 또 손도 안 대는 식이다.

내 경우는 그렇지만 보통 ADHD가 있는 청소년과 성인들은 흡연량이 많고 니코틴중독에 잘 걸리며 담배를 끊기도 훨씬 어렵다. 나딘 M. 램버트 Nadine M. Lambert 와 캐롤린 S. 하트소프 Carolyn S. Hartsough 의 1998년도 연구 논문에 따르면 ADHD가 없는 만 17세 청소년들 중 24퍼센트가 매일 흡연을 하는데 비해 ADHD가 있는 청소년들에게서는 그 비율이 46퍼센트로 2배 가까이 높다. 니코틴의 자극 효과가 ADHD가 있는 사람들의 주의력과 집중력을 개선시키기 때문으로 추측된다. 많은 이들이 자신도 모르게 신경독성물질인 니코틴을 이용해 ADHD 증상을 누그러뜨리려 하는 것이다. 일종의 자기치료법인 셈인데, 대마초와 알코올도 그와 비슷하다.

2018년부터 수년에 걸쳐 3,762쌍의 쌍둥이를 대상으로 시행된 대규모 연구에서는 ADHD가 알코올과 대마초를 처음 접하는 연령대 및 향후 이 습관이 지속되는 양상에 결정적인 영향을 미칠 수 있다는 결과가 나왔다. 아동기에 심한 ADHD 증상을 보였던 청소년들은 ADHD가 없는 또래들보다 이른 나이에 이 두 가지를 접할 가능성이 현저히 높기 때문에 나이가 들면서 심각한 중독에 걸릴 가능성도 높아질 수밖에 없다. 특히 과잉행동과 충동성이 강한 여성들은 흔히 음주율과 대마초 흡연율도 높다는 점이 흥미롭다. 다만 이 논문을 비롯해 다른 수많은 연구에서는 ADHD만이 물질 남용 위험을 증가시키는 유일한 원인은 아니며, 다양한 유전 및 환경 요인이 교차하며 이에 영향을 미친다는 점을 강조하고 있다.

이른 나이에 흡연을 시작해 종종 담배를 피웠음에도 나는 어째서 니코틴중독에 걸리지 않은 것일까? 아니면 다른 어떤 것에 중독될 수도 있지 않았나? 아마도 2장에서 설명했던 생물심리사회적 영향 때문일 것이다. 유전적으로 무엇에 쉽게 중독되지 않는 체질일 수도 있고, 빠른 판단력과 미래에 대한 기대, 나를 무한히 사랑하고 걱정해 주는 사람들이 있는 아늑한 집에서 잠자리에 들고 싶은 마음이 이에 더해져 유익한 효과를 발휘한 것인지도 모른다. 이 모든 것이 내가 나쁜 길로 들어서지 않도록 보호해 준 것 같다. 물론 이것은 내 추측일 뿐이고, 그저 내가 엄청나게 운이 좋았던 것일 수도 있다. 확실한 것 한 가지는 ADHD가 있는 많은 사람들의 인생길이 그랬듯, 내 삶도 훨씬 굴곡지게 흘러왔을 수 있었을 거란 사실이다.

슬픔, 그 이상의 슬픔 : ADHD와 우울증

우울증은 매우 흔한 정서장애로 '평생의 친구 Freunde fürs Leben, 정신건강과 우울증, 자살에 관한 정보 및 지원을 제공하는 독일의 시민협회 –옮긴이 주'에 따르면 전 세계에서 약 2억 6,400명이 우울증을 겪는다고 한다. 각종 연구에서는 ADHD가 있는 경우 만 30세 이전에 우울삽화나 다른 정서장애가 발생할 확률이 약 30~44퍼센트에 이르는 것으로 나타났다. ADHD가 있는 성인들은 다른 일반적인 성인 인구보다 우울증을 겪을 가능성이 2.7배 높은 것으로 추정된다. 역으로 우울장애를 앓는 성인들 중 ADHD 진단 기준을 충족하는 이들의 비율도 눈에 띄게 높다. 우울증과 ADHD가 공존하는 형태에 두 가지가 있다는 사실도 흥미롭다. 우울증이 ADHD와 개별적으로 동시 발병하는 것이 그 첫 번째고, ADHD의 직접적인 결과로 우울증이 발병하는 것이 두 번째다.

보통은 ADHD보다 우울증이 훨씬 일찍 발견되거나, 단순히 우울증만 있음에도 이것이 ADHD로 오진되기도 한다.

의욕 상실, 무력감, 수면장애, 예민함, 집중력장애, 좌절감을 견디는 지구력 약화 등의 증상이 ADHD와 우울증 모두에서 나타날 수 있기 때문이다.

나는 특히 ADHD 진단을 받기 전에 반복적으로 가벼운 우울삽화를 겪었다. 이전에도 더 할 나위 없이 컨디션이 좋은 시기와 덜 좋은 시기가 번갈아 나타나곤 했다. 누구나 그렇겠지만, 똑같은 일상에서도 스트레스를 더 받는 때와 덜 받는 때가 달랐다. 문제는 모든 게 최악일 때도 있다는 점이었다. 그런 시기에는 모든 게 무너져 내리는 느낌이었고 내 주변의 모든 것이 점점 더 느리게 돌아가는 것처럼 보이는 반면 생각은 점점 더 빠른 속도로 소용돌이쳤다.

평소의 나는 심지가 굳고 항상 나 자신과 주위 사람들에게 희망을 심어주는 성격이다. 부족한 것보다 가진 것을 볼 줄 알고 진퇴양난의 상황에서도 출구를 찾거나 대안을 생각해 낸다. 그러나 우울한 생각들이 잠식해 들어오기 시작하면 감정까지 우울함으로 물들고 온 세상에 그늘이 드리워지며 모든 빛을 앗아가는 것처럼 느껴진다. 넘치던 아이디어와 계획, 바람, 긍정적인 생각들은 순식간에 쪼그라들어 의미를 잃고 만다. 이때 내 머릿속에는 이런 목소리가 울려 퍼진다.

'앙겔리나, 왜 그러는 거야? 뭐 하러 그렇게 애를 쓰지? 넌 어차피 실패할 텐데. 늘 그랬듯이 말이지. 다 잘될 거라는 둥, 이것 혹은 저것이 네게 도움이 될 거라는 둥, 마음대로 떠들어보라지. 어차피 되지도 않을 거. 제아무리 끝내주는 아이디어가 있어도 허둥거리느라 실행에 옮기지 못하면 그만인 것을. 매번 그렇게 사람들을 실망시키다 보면 언젠가는 다들 질릴 대로 질려서 네게서 등을 돌려버릴 거야. 그러니 애초에 포기해. 몸도 약하잖아. 넌 방종하고 게을러터져서 공상에나 빠져 있는 인간이고 네 인생은 아무 의미도 없어. 내가 너를 가만두지 않을 거거든. 틈날 때마다 찾아와서 네게 진실을 보여주지. 넌 외톨이고 세상 누구도 너를 이해해 주지 않을 거란 진실을 말이야.'

이 목소리를 처음 듣는 사람은 어찌어찌 이를 떨쳐버릴 수 있다. 그러나 인간관계에서 갈등을 겪거나 야심차게 계획한 일이 또 흐지부지되어 자괴감에 빠져 있는 등 정신적으로 짓눌려 있을 때는 목소리가 호락호락 물러나지 않는다. 저녁에 소파에 앉아 쉴 때도, 이른 아침 침대에서 눈을 떴을 때도 그것은 끈질기게 귓가에 달라붙는다.

ADHD 진단을 받고 심리치료와 약물치료를 병행하며 ADHD 공부에 몰두하면서부터는 이 목소리도 다소 누그러들었다. 요즘은 아주 가끔 극심한 스트레스를 받을 때만 나직이 속삭이듯 들리는 정도다. 확진을 받고 스스로를 조절하는 법을 배우고 나자 목소리는 이따금 머릿속을 스치는 과거의 메아리 정도로 남게 되었다.

불안장애 역시 ADHD에 매우 흔히 동반되는 정신과 질환이다. 불안장애는 그냥 이따금 막연한 두려움이 드는 것과는 다르다. 스트레스와 마찬가지로 두려움 자체는 나쁜 것이라 할 수 없다. 위협을 느끼는 상황에서 우리 몸이 보이는 중요한 반응이기 때문이다. 사람이 두려움을 느끼지 못한다면 아무렇지 않게 선로 위를 돌아다니거나 시속 300킬로미터로 자동차를 몰며 질주하기도 하고 아무 생각 없이 악어를 쓰다듬기도 할 것이다. 두려움은 우리가 안전선을 넘지 않게 도와주며, 선을 넘었을 때는 다시 안전지대로 달아날 수 있게 해준다. 한마디로 두려움은 생존을 위한 필수 기능이다.

불안장애는 단순히 두려움을 느끼는 것과는 다르다. 독일의 '건강지식재단 Stiftung Gesundheitswissen'에서는 이를 다음과 같이 정의한다.

"사실상 위협적이지 않은 상황에서 두려워하는 반응이 촉발되는 것을 불안장애라 일컫는다. 이때의 두려움은 실제 위협과는 아무런 인과관계도 없다. 그럼에도 당사자는 정신적으로나 신체적으로 매우 강한 두려움에 사로잡힌다."

이때의 두려움은 당사자의 의지로 통제하기 어려우며 실질적인 촉발원인에 의해 발생하거나 아무 이유 없이 갑자기 유발되기도 한다. 불안장애는 당사자가 직장생활과 일상에서 맺는 관계와 사회적 관계 등 모든 종류의 인간관계에 영향을 미침으로써 삶의 질을 저하시킬 수 있기 때문에 심각한 정신과 질환으로 분류된다.

불안장애는 다양한 양상으로 나타난다. 이를테면 사람들로 붐비는 장소나 공공장소에서 두려움을 느끼는 것을 광장공포증이라 한다. 부정적인 평가를 받을 것을 두려워해 타인들과의 접촉을 꺼리는 사회공포증도 있다. 그 밖에 특수한 공포증으로 특정한 동물에 대한 공포증, 혈액이나 구토에 대한 공포증, 고소공포증, 비행공포증, 엘리베이터공포증 등을 들 수 있다. 다음으로는 범불안장애가 있는데, 이는 지극히 일상적인 일들이나 사소한 문제가 큰 문제로 번질지도 모른다는 두려움 때문에 과도한 두려움을 느끼는 것을 말한다. 공황장애 역시 불안장애의 일종이다. 예기치 않게 불어닥친 극심한 공포감이 순식간에 최고조에 이르고 이 상태가 최소 몇 분 동안 지속되는 것이 공황장애의 증상이다.

이 중에서도 범불안장애는 성인 ADHD에서 매우 자주 관찰되는 동반질환이다. ADHD가 있는 사람들 중 4분의 1은 살면서 범불안장애를 겪는 것으로 추정된다. 토론토대학교 교수인 에스메 풀러 톰슨Esme Fuller-Thompson이 주도한 캐나다의 한 연구 결과가 이를 증명한다. 범불안장애와 성인 ADHD의 상관관계를 중점적으로 다룬 이 연구는 20세에서 39세 사이의 성인 7천 명을 대상으로 시행되어 2021년에 《정동장애학술지》Journal of Affective Disorders에 발표되었다. 참가자 가운데 ADHD 진단을 받은 이는 270명이었으며 그중 25퍼센트는 범불안장애까지 진단받은 것으로 밝혀졌다. 이들은 공통적으로 아동기에 한 가지 이상의 나쁜 경험을 했고 과거에 우울증과 약물남용 중 최소한 한 가지를 경험한 적이 있었다. 다수가 백인 여성이며 학력·소득 수준이 낮은 편이고 친밀한 인간관계가 적은 것도 공통점이었다. 이 연구에서 특히 ADHD가 있는 여성이 범불안장애를 겪을 확률이 거의 5배로 높게 나타났다는 점은 주목할 만하다.

ADHD가 있는 사람이 모두 불안장애를 진단받는 것은 아니지만, 거의 대부분이 어느 정도의 불안감을 안고 살아가는 것도 사실이다. 온 힘을 쏟으며 아슬아슬하게 살얼음 위를 걸어가듯 평생을 살다 보면 언제 얼음이 깨져 물속으로 빨려 들어갈지 모른다는 불안과 공포가 내면에서 싹트는 것도 무리는 아니다.

내게는 지금껏 ADHD와 관련해 알려진 것과는 다른 불안 증상이 있다. 혹은 아직 연구된 바가 없는 사례일 수도 있다. 그러나 ADHD가 있는 사람들을 대상으로 인스타그램 설문조사를 해보면 나와 비슷한 증상 때문에 일상생활에 큰 제약을 받는다는 이야기가 매우 자주 나온다. 그리 심한 정도는 아니지만 내게는 고소공포증이 있으며, 극심한 거미공포증과 거의 모든 종류의 날벌레에 대한 공포증도 있다 심지어 나비조차 무섭다!. 그중에서도 명칭부터 괴상하게 들리는 아라크노포비아 Arachnophobia, 거미공포증 의 강도를 1에서 10까지로 정하고 내 공포증이 어느 수치에 해당되는지 묻는다면 나는 서슴없이 20이라고 대답할 것이다. '거미'라는 단어만 봐도 속이 울렁거려서 이런 이야기를 글로 쓰는 것도 힘들 정도다.

내가 아동기와 청소년기의 대부분을 보낸 집은 시골 마을의 들판 끝자락에 있는 1층 집이었다. 이렇다 보니 주변에 뭐가 기어다니고 날아다녔는지 상상이 갈 것이다. 그러나 내가 진짜 무섭다는 것은 가느다란 다리를 펼치고 한구석에 웅크리고 있는 징그러운 거미가 아니다. 물론 그것만 봐도 등에 식은땀이 나기는 했지만, 나를 진짜로 공포로 몰아넣은 것은 털북숭이 다리가 달린 시커먼 괴물, 내 반려자가 농담조로 작고 거대한 로봇 같다고 말하는 녀석이었다. 그것의 정식 명칭이 뭔지는 모르지만 굳이 그 단어를 찾으려고 구글 검색까지 해 볼 마음은 추호도 없다. 검색 결과가 뜨는 즉시 노트북에 구토를 할 확률이 다분하기 때문이다.

지금껏 만났던 사람들은 대부분 내 공포증에 심드렁한 반응을 보였다. '엄살떨지 마. 거미가 너를 더 무서워하겠다.' 그럴 리가!, '누군들 거미를 좋아하겠어요? 징그럽기는 나한테도 마찬가지예요!'라고 말하는 사람도 있었다. 하지만 내가 느끼는 감정은 단순히 '징그럽다'가 아니다. 어마어마한 공포와 비이성적인 두려움이 덮치면서 비명과 울음이 터지고 숨도 쉬어지지 않을 정도라, 그나마 몸이 굳어버리지 않고 달아날 수라도 있으면 다행이다. 그래서 어디든 들어가기 전에 실내에 거미가 있는지 반드시 확인하는 습관이 있다. 실제로 거미가 있는 경우 누군가 그걸 밖으로 내보냈다는 죽였다는 말을 들어도 미안한 듯 미안하지가 않다 것을 확실히 확인하기 전까지 한 발짝도 들이지 않는다. 내 손으로 거미를 치우는 것은 상상조차 할 수가 없다.

어린 시절 우리 집에서 거미가 발견되었던 지점을 나는 지금도 하나하나 다 짚어낼 수 있다. 가엾은 어머니는 한밤중에 울려 퍼지는 내 비명 소리에 깨어 진공 청소기를 들고 허둥지둥 뛰어오는 일이 부지기수였다. 나는 온몸이 뻣뻣해진 채 식탁 위에 웅크리고 눈물을 줄줄 쏟으며 소리를 질러 댔다.

"엄마, 엄청나게 큰 거미가 있는 것 같아요! 그게 바닥 위를 기어가는 소리가 들렸다고요!"

어머니는 그로부터 몇 년이 지난 뒤에야 자신도 실은 그 무시무시한 괴물을 무서워한다고 털어놓았다. 그러나 혼자 아이를 키우는 엄마 입장에서 새벽 3시에 온 동네 사람들이 다 깰 정도로 울부짖는 딸을 진정시키려면 별다른 도리가 없었다.

다리 8개 달린 이 괴물 때문에 뜬눈으로 밤을 지새운 적도 여러 번이었다. 오래전에 파나마로 이주한 이모를 만나러 처음으로 그곳을 찾았을 때의 강렬한 경험은 아직도 생생히 머릿속에 남아 있다. 어느 날 한밤중, 나는 혼자 있던 방 안에서 다른 누군가의 기척을 느끼고 화들짝 잠에서 깨어났다. 그날 묵은 곳은 창문이 뻥 뚫려 있는 야생 호텔이어서, 그러잖아도 창문이 없다는 생각을 떨쳐버리려 애쓰며 잠자리에 든 참이었다. 그런데 깨어보니 침대에서 2미터도 채 떨어지지 않은 벽 쪽에 크기는 어른 손바닥만 하고 색깔은 숯덩이처럼 시커먼 무언가가 나처럼 숨을 죽인 채 웅크리고 있는 것이었다. 사족을 빼고 결론부터 이야기하자면, 그날 밤 나는 슬리퍼와 벌레 퇴치제를 손에 쥔 채 3시간가량을 꼼짝 않고 앉아 있었다. 그 끔찍한 거미에게 시선을 고정시키고 있는 것 말고는 다른 무엇도 할 엄두가 나지 않았다. 내가 움직이는 순간 거미도 따라 움직일지 모른다는 공포가 나를 마비시켰다. 마침내 동이 트고 이모가 '구세주'처럼 나를 깨우러 왔을 때도 내 자세는 그대로였다.

그럼에도 나는 이후에 또 한 번 파나마를 찾았고 또다시 같은 호텔에 묵었다. 그나마 이번에는 코앞에서 거미와 마주치는 불상사는 일어나지 않았다. 나처럼 거미 공포 체험을 한 사람들은 주변에도 여럿 있었다. 한 사촌은 니카라과를 여행하는 동안 타란툴라 거미가 침대 속에 들어온 적이 있다고 했다. 또 다른 사촌은 태국 여행 중에 거미를 발견하고 그릇으로 덮어 가두려고 했는데 거미가 너무나 거대해서 맞는 그릇이 없었다고 한다. 호주에 간 적이 있는 내 남동생은 운전하다 보니 차 안에 꽤 커다란 거미심지어 독거미였다고 한다!가 떡 버티고 있더라고 이야기했다. 이 모든 공포 실화에도 불구하고 나는 머나먼 이국으로 기꺼이 여행을 다녔으며 앞으로도 그럴 예정이다. 극심한 공포조차 이길 정도로 여행을 사랑하기 때문이다. 거미뿐 아니라 지상에서 수 킬로미터나

떨어진 상공을 날아다닌다는 생각이 비행기를 탈 때마다 나를 괴롭혀도 아랑곳하지 않을 것이다. 이유는 단 하나, 이 신비로운 행성을 탐색할 기회를 최대한 누리고 싶기 때문이다. 항상 두려움에 맞서려 노력하는 것이 내게는 일종의 도전치료인 셈이다. 언젠가 내 손 위에 살아 움직이는 거미를 올려놓고 '난 이제 완치됐어!'라고 외치게 될 거라는 소리는 아니다. 그럴 일은 영원히 없을 테니까. 다리 8개 달린 괴물이 있는 공간이라면 그곳이 어디든 발가락 하나 들여놓고 싶지 않은 마음은 여전하다.

한번은 내 공포증과 강렬하게 대면하는 '매우 참신한 경험'을 해볼 기회가 있었다. 〈여자들의 저녁〉 프로그램을 구상하던 중에 두려움과 관련된 좋은 아이디어가 떠올라 곧장 불안장애 전문 클리닉을 찾았고, 그곳에서 맛보기 식으로나마 진짜 직면요법을 체험한 것이다. 최신 기구를 이용해 고소공포증이나 비행공포증은 물론 거미공포증 간접 체험도 할 수 있었는데, 내가 VR 안경을 쓰자 심리치료사가 16개의 가상 시나리오 중 1번을 선택했다. 그러자 눈앞에 탁자가 하나 나타났고, 그 위에 놓인 유리 상자 안에 실물 크기의 거미가 꼼짝도 하지 않고 앉아 있는 게 보였다. 16개의 시나리오에서는 거대한 괴물 거미가 방 안을 기어다니거나 체험자의 머리 위에서 거미줄을 타고 내려오고, 번쩍 깨어나 체험자를 향해 달려드는 것도 있다고 한다. 내가 어느 단계까지 성공했는지 알고 싶다면 오리지널 영상 https://www.funk.net/channel/maedelsabende-11982/themenwoche-angststoerungen-arachnophobie-527374?playmode=story을 참고하시라. 나는 차마 이 체험을 즐겼다고 할 수 없지만 여러분은 영상을 '즐길' 수 있기를 바란다.

내 팔로워들이 자주 언급하는 또 다른 특수한 공포증은 바로 운전공포증이다. 운전공포증이라는 공식 진단명이 있는 것은 아니지만 이것이 내 ADHD와 밀접한 관련이 있음을 얼마 전에 알게 되었다.

실제로 운전과 ADHD의 상관관계를 다룬 논문도 다수 존재한다. 집중력장애, 잦은 주의력 분산, 위험행동, 미흡한 결정 능력, 느린 반응 속도, 그 밖에 실행기능을 떨어뜨리는 모든 요인들이 도로에서 위험 상황이 발생할 가능성을 현저히 높이기 때문이다. 이와 관련해 미국에서 시행된 한 연구에서는 운전면허와 실제 운전 경력이 있는 1987~1997년 생 연구 대상자 1만 4,936명 ADHD가 있는 연구 대상자 1,769명 포함의 자료를 분석, 조사했다.

그 결과 ADHD가 있는 십대 청소년들이 운전면허를 취득한 직후 교통사고를 일으킬 확률은 ADHD가 없는 동 연령대의 청소년들에 비해 62퍼센트나 높은 것으로 나타났다. 이 확률은 시간이 흐르면서 다소 감소하지만 첫 4년 동안 사고가 날 확률은 37퍼센트로 여전히 높은 편이었다. ADHD가 있는 경우 음주운전을 하거나 마약단속, 교통단속 등에 걸릴 확률도 보통 사람들에 비해 3배 높았다. 이때 ADHD가 있는 실험 집단의 72퍼센트가 남성이라는 점은 주목할 만하다. 이는 그 밖의 여러 가지 가설과도 들어맞는 결과이며, 성별 차이를 보면 남성들에게서 주로 위험한 운전 습관이 관찰되는 반면 여성들은 주로 회피행동을 하는 경향이 있었다. 나 역시 마찬가지다.

나는 운전면허를 따는 것부터가 내키지 않았다. 아주 오랫동안 망설인 끝에 열여덟 살 생일을 앞두고서야 가장 친한 친구와 함께 운전학원에 등록하는 데 성공했다 독일에서는 만 16세부터 조건부로 운전면허를 취득할 수 있다 -옮긴이 주. 몇 달 동안 차일피일 망설이는 나를 보며 가족들은 평소처럼 미루는 습관 때문이려니 여겼다. 나는 그저 마음의 준비가 안 되었던 것뿐인데, 알고 보니 이것도 전형적인 ADHD 증상이었다. 참다못한 어머니는 마침내 내게 최후통첩을 날렸다. '지금 당장' 학원에 등록해서 성실히 다닌다는 조건하에 외할아버지가 운전학원 비용을 대 주신다는 것이었다. '언제 쓸 일이 있을지 모르니' 초보 운전자에게 주는 임시 운전면허증을 취득하라는 조건도 따라붙었다.

나는 임시 운전면허증을 뺀 나머지 조건을 받아들이겠다고 했고 막판에는 실제로 면허를 취득했으나, 기껏 성공해 놓고도 가족들의 기대를 물거품으로 만들어버렸다. 어머니가 이런 '말실수'를 저지르신 탓이다.

"운전면허는 한 번 따놓으면 끝나잖니. 운전하기 싫으면 굳이 하지 않아도 돼."

말은 그렇게 하면서도 어머니는 내가 운전 연수를 받는

동안 99퍼센트의 다른 청소년들처럼 '피 맛'을 갈구하게 될 거라는 확신에 차 있었다. 게다가 이렇게 외진 시골 마을에서 바퀴 달린 이동수단이 없는 사람은 원시인이나 다름없다는 주장도 덧붙었다. 그러나 둘 다 틀린 생각이었다.

남다른 기억력 덕분에 일단 이론 시험은 식은 죽 먹기였다. 문제는 주행 시험이었다. 나를 담당한 운전 강사는 골초에다 연수 중에도 꾸벅꾸벅 졸기 일쑤였고, 시험 당일에는 아주 너그러운 시험 감독관이 왔다며 운이 좋은 줄 알라고 떠들어댔다. 그러나 제아무리 너그러운 감독관이라 한들 주행시험 출발장조차 벗어나지 못하는 연수생에게 운전면허를 줄 수는 없는 법. 운전석에 올라타서 안전벨트를 채운 것까진 좋았는데 시동을 걸자마자 꺼져버리는 것이었다. 그러자 눈앞이 하얘지면서 다시 운전대를 잡을 엄두조차 나지 않았다. 그 순간만큼은 '너는 아직 준비가 안 됐어'라는 내면의 목소리를 온전히 신뢰할 수밖에 없었다.

운전 강사와 감독관이 당황해서 물었다.

"지금 출발하지 않으면 불합격이라는 거, 알고 있지요?"

"옙. 물론이죠. 그래도 안 할래요."

가족들조차 차마 그 상황을 웃어넘길 수 없던 모양이었다. 그렇게 몇 주일이 지나고 두 번째 도전의 날이 왔다. 이번에는 나를 데리러 온 운전 강사의 표정이 좋지 않았다.

"뵈르거 양, 나쁜 소식이에요. 이번에는 악명 높은 사냥개가 걸렸어요!"

그가 경고하는 투로 말했다. 그 악명 높은 사냥개 감독관은 물론 상냥하지는 않았으나 그런대로 괜찮았다. 잔뜩 긴장한 채 차를 출발시킨 나는 작은 실수를 저질렀지만, 진땀을 흘리면서도 무사히 출발점까지 되돌아오는 데 성공했다. 감독관은 나를 향해 이렇게 말했다.

"뵈르거 양, 어젯밤 꿈자리가 좋았나봅니다! 아까 그 실수는 못 본 걸로 하지요."

이상하게 들리겠지만 사실 나는 그가 나를 불합격시키기 바랐다. 그래야 집에 가서 나는 도저히 운전할 수 있는 사람이 아니니 평생 조수석에 타는 걸로 만족하겠다고 선언할 게 아닌가. 이미 주행 시험 출발장에서 기다리고 있던 어머니는 뛸 듯이 기뻐하며 나를 맞았다.

"어때, 집까지 네가 운전할래?"

나는 억지웃음을 지으며 냉소적으로 대꾸했다.

"그럼요, 엄마. 운전하고 싶어서 손이 근질거리네요."

그러고는 정말로 운전석에 앉아 덜컹거리며 차를 출발시켰다. 몇 킬로미터쯤은 어찌어찌 순조롭게 굴러갔는데, 차종이 학원 차와 달라 수동으로 기어를 변경할 때의 느낌도 달랐던 탓에 도로 한가운데서 자꾸만 시동을 꺼뜨렸다. 그러자 점점 신경이 날카로워졌다. 어느 쪽으로 가는 거였더라? 이럴 때는 누구에게 우선순위가 있지? 엔진이 털털거렸다. 어머니는 틈틈이 조심스럽게 조언을 건넸다. 그러나 절반쯤 갔을 때 마침내 문제가 터졌다. 신호가 빨간색에서 초록색으로 바뀌고 기다리던 차들이 모두 움직이던 순간 내가 몰던 차가 교차로 한가운데 멈춰 서고 만 것이다. 극도로 당황한 나는 18번 연달아 시동을 꺼뜨렸고 뒤에서는 자동차들이 요란하게 경적을 울리기 시작했다.

그쯤에서 나는 그만 폭발해 버렸다. 안전벨트를 풀고 거칠게 문을 연 나는 교차로 한가운데서 성큼성큼 차를 반 바퀴 돌아가 조수석 문을 활짝 열어젖히고 어머니에게 고함을 쳤다.

"이럴 줄 알고 그 망할 운전면허를 안 따겠다고 한 거예요! 안 되는 걸 어쩌란 말이냐고요!"

어머니는 떨떠름한 표정으로 나를 바라봤다.

"내리세요, 엄마. 더 이상 못하겠어요! 두 번 다시는 운전 안 할 거예요!"

그 말 그대로였다. 그날 이후 나는 두 번 다시 운전대를 잡지 않았다. 몇 시간씩 기차를 기다리고 버스를 몇 대씩 놓치고 누군가에게 데리러 와 달라고 부탁하는 편이 차라리 나았다.

잠깐, 예외가 아주 없었던 것은 아니다. 2년 전에도 나는 〈여자들의 저녁〉에 쓸 '참신한 아이디어'를 떠올렸던 적이 있다. 여성 운전 강사의 도움을 받아 다시 한 번 운전에 도전해 보면 어떨까 생각한 것이다. 동료들은 즉각 이 아이디어에 열광적인 반응을 보였다. 그래서 나는 운전 연수를 예약한 뒤 연수받는 모습을 영상으로까지 남겼다. 연수는 생각보다 괜찮았다. 그래서 반 년 뒤에 추가로 4시간 운전 연수를 받으며 얼마 지나지 않아 운전을 할 수 있을 거라는 희망에 부풀었는데, 결국은 두 번째 도전도 실패로 끝나 버렸다. 주위 사람들에게는 핑계로 들렸겠지만 당시 내게는 나름의 중요한 이유가 있었다. 인플레이션 때문에 적당한 오토매틱 소형 중고차를 구하지 못한 것이었다.

그때 나는 자동차가 꼭 필요한 상황이었다. 대도시에 살 때는 몰랐는데 다시 변두리로 이사해 지내다 보니 자동차는 정말로 선택이 아닌 필수였다. 혼자서는 누구를 만나러 가기도 어려웠다. 반려견을 태우고 다닐 차가 없으니 산책시킬 때는 늘 같은 길만 빙빙 돌아야 했다 ADHD 뇌에게 이게 얼마나 괴로운 일인지 모를 것이다. 장을 보러 슈퍼마켓에 가는 것도 남자친구가 집에 있을 때만 가능했다. 어디를 가도 누가 데리러 와 줘야 했다. 술자리에 동행한 사람은 술을 마시고 싶어도 내가 대신 운전해 줄 수 없어 포기했다. 중요한 일정에 늦거나 아예 취소하는 일도 부지기수였고, 누구를 만나러 가려다가 교통수단이 없어 포기할 때도 있었다. 그 밖에도 불편한 점이 한두 가지가 아니었다. 한번은 미용실에 가려고 구글맵에 목적지를 입력하자 자동차로 12분이면 되는 거리가 대중교통으로는 1시간 19분이 걸린다는 결과가 나왔다. 이런 일이 있을 때마다 나는 스스로를 저주했다.

그러나 자동차 안에 혼자 앉아 있어도 맑은 정신으로 도로에 집중하기 어렵다는 점이 문제였다. 애초에 나는 넓은 시야로 주변을 잘 살피고 평정심을 유지하며 도로교통규칙을 머릿속에 항상 새기고 다니는 게 불가능한 사람이었다. 운전을 한다기보다 극도로 불안한 상태에서 식은땀을 흘리며 한 신호등에서 다음 신호등으로 정신없이 건너뛴다는 표현이 더 어울렸다. 경유차에 휘발유를 주입하거나 우회전을 하면서 좌측 깜빡이를 켜는 내 모습, 도로에 움푹 팬 구덩이를 못 보고 돌진하다가 번번이 자동차가 널을 뛰게 만드는 내 모습이 눈앞에 아른거렸다.

이 모든 상상이 두려움을 가중시킨다. 한눈팔고 헷갈리고 통제력을 상실하고 나와 타인들을 위험으로 몰아넣을지도 모른다는 두려움. 운전을 그토록 힘들어하고 두려워한 이유가 ADHD 때문이었음을 나는 진단을 받고 나서야 깨달았다. 이렇게 말하면 한심하다는 듯 '또 ADHD 타령이네'라는 반응을 보일 사람들이 태반일 것이다. 혹은 답답해하며 자신이 운전 연수를 해줄 테니 변명은 그만두라고 할지도 모른다.

혹시 모를 오해를 피하기 위해 한 가지만 언급해 두고자 한다. 나 역시 연습의 가치를 매우 높이 사는 사람이고 연습을 통해 자신감을 다질 수 있다는 것도 잘 안다. 그러나 내 뇌가 다르게 작동한다는 사실을 사람들은 아마 이해하지 못할 것이다. '스트레스 상황'이 닥치면 내 머릿속은 백지처럼 되어버린다. 3년 동안 힙합댄스를 배우고도 매번 공연에 참가하는 것을 포기한 이유도 똑같았다. 운전면허 시험이나 수학 시험 때마다 나는 번번이 블랙아웃을 경험해야 했다.

이 주제를 다룬 내 포스팅에는 동병상련을 느낀 '동지'들의 댓글이 줄줄이 올라왔다. 다섯 번째 시도에서 간신히 운전면허 시험에 합격한 사람, 수년의 운전경력이 있음에도 여전히 운전대만 잡으면 극심한 스트레스를 받는다는 사람도 있었다. 나와 같은 사람들에게는 수많은 요소들을 동시에 고려해야 한다는 것이 엄청난 부담이다. 어떤 사람은 심지어 35년 동안 운전대를 잡지 않은 탓에 나처럼 운전면허가 있다는 사실조차 잊고 있었다고 한다. 반대의 경우로, 충동성과 '자극추구' 성향 때문에 오히려 과속이나 위험운전을 한다고 털어놓은 댓글도 눈에 띄었다. 또 어떤 이들은 운전을 하고는 싶은데 부주의로 인해 타인들을 다치게 하거나 위험으로 몰아넣을지 모른다는 불안감이 너무나 커서 차마 운전대를 잡지 못한다고 고백했다.

부엉이 탈을 쓴 종달새 : ADHD와 수면장애

지금 나는 한창 타자치는 데 몰두해 있지만 평소 같았다면 한참 전에 잠자리에 들어 곯아떨어졌을 시간이다. 오늘은 예외였다. 사실은 이미 2시간 동안 잠들려 애쓰다가 실패한 참이다. 이리저리 뒤척이며 자세도 바꿔보고 소음방지용 귀마개와 수면안대도 착용해 보았지만 잠이 안 와서 결국 포기했다. 정신이 맑게 깨어 거의 최대치로 활성화되어 있는 탓이다. 몸은 너무나 피곤해서 자고 싶은데 아래층에 사는 이웃이 시끄럽게 파티를 벌이고 있을 때의 기분이라고나 할까. 웅웅대는 베이스기타 소리, 바람을 쐬러 발코니로 나온 사람들의 떠들썩한 대화 소리, 유리잔이 쨍그랑대며 부딪히는 소리, 커다란 웃음소리가 뒤섞여 울리는 바람에 밤새 잠자기는 글렀다 싶은 기분 말이다.

내게는 쉬어야 하는 상황에서 뇌가 쉬지 않고 활동하는 경우가 드물지 않다. 반대로 두뇌를 풀가동시켜도 모자랄 판에 대기 모드 상태가 좀처럼 풀리지 않는 경우도 심심찮게 있다. 이렇다 보니 어느 날에는 밤늦도록 잠이 안 오고, 또 어떤 날에는 새벽 1시 46분, 3시 22분, 5시 1분 같은 뜬금없는 시간에 깨어 다시 잠들지 못하고 밤을 지새운다. 그럴 때면 어떻게든 다시 자 보려고 필사의 노력을 기울이지만 십중팔구는 실패하고 만다. 차라리 일어나는 게 낫겠다 싶어 이번에는 잠기운을 털어내려 애쓴다. 먼저 서늘한 밤공기로 하체를 식히면 도움이 될 것 같아 이불을 반쯤 걷어내고 다리를 침대 밖으로 뻗는다. 대개는 기온 차에 적응이 될 때까지 이를 두어 번 반복해야 한다. 그다음에는 침대에 누운 채 체조를 해본다 물론 옆에서 자고 있는 남자친구가 깨지 않도록 조심해야 한다. 다리를 벽에 대고 양초처럼 곧게 세운 뒤 최대한 높이 뻗어 올렸다가, 다음 단계로 매트리스 위에 앉아 내가 아는 유일한 요가동작인 가르바사나 자세를 취한다. 일명 '태아 자세'라고도 부르는 이것은 고양이처럼 등을 둥글게 구부린 채로 몸을 이완시키는 기술이다. 늦어도 이때쯤이면 방광에서 신호가 온다. 그러면 어쩔 수 없이 일어나 잠이 덜 깬 채 화장실로 향하지만 사실 볼일은 핑계고 진짜 목적은 화장실에 있는 휴대폰이다.

휴대폰은 화장실 벽 콘센트에 연결된 충전기에 매달려 자는 체 하고 있다. 그러나 나는 이 사악한 기계가 텔레파시를 보내 나를 깨운 거라고 믿는다. 우물 속 깊숙이 숨어 꺽꺽대는 두꺼비처럼 말이다. 그래도 침실을 휴대폰 사용 금지구역으로 선포한 반려자의 말을 몇 주일 동안이나 고분고분 따랐으니 칭찬받아 마땅하다고 생각한다. 그가 그런 규칙을 정한 이유는 내 휴대폰 불빛이나 볼륨이 최대치로 설정되어 있는 것을 모르고 무심코 클릭한 인스타그램 동영상 때문에 단잠에서 깬 적이 여러 번이기 때문이다. 나는 늘 깜빡하고 휴대폰 음소거를 안 해둔 상태에서 반쯤 졸며 액정을 스크롤하다가 사고를 치곤 한다.

내가 갑자기 잠에서 깨거나 다시 잠들지 못하는 것이 오로지 스마트폰 때문인 것은 아니다. ADHD 뇌는 그저 세상의 대부분이 '멈춰 있는' 밤 시간에 깨어 있는 경우가 많다. ADHD가 있는 사람들이 흔히 저녁형 인간인 이유는 낮 동안 주의를 분산시키고 스트레스와 집중력장애를 유발하던 온갖 자극들이 밤이 되면서 잦아들기 때문이다. 조용한 밤 시간에는 낮 동안 하지 못한 일들도 방해받지 않고 훨씬 수월하게 해치울 수 있다. 문제는 그로 인해 잠자리에 드는 시간이 지연되면서 수면시간이 단축되고 수면질도 저하된다는 점이다. 이렇다 보니 낮 시간은 또다시 피로에 찌든 채 보내게 된다.

전문가들은 최소 1개월 동안 일주일에 최소 세 번 이런 수면패턴이 나타나는 것을 주관적 수면장애로 간주한다. ADHD가 있는 사람이 쉽게 잠들지 못하거나 통잠 자는 데 어려움을 겪을 확률은 아동과 성인 모두에게서 73~78퍼센트에 이르는 것으로 추정된다. 네덜란드의 심리학자이자 성인 ADHD 연구의 권위자로 꼽히는 산드라 쿠이 Sandra Kooij 박사 역시 수년 전부터 ADHD와 수면의 관계를 연구해 왔다. 그의 추측에 따르면 ADHD와 인간의 '생체시계'는 서로 특수한 관계에 있다.

프란츠 할베르크 Franz Halberg는 생체시계가 인간의 신체에 어떤 영향력을 미치는지 연구하는 이른바 시간생물학 Chronobiology의 창시자이다. 시간생물학이 탄생한 1950년대부터 현재까지 관련 연구들이 꾸준히 이루어지고 있다. 할베르크가 확립한 일주기 리듬 circadian rhythms에서 circadian은 라틴어 circa 대략와 dies 하루에서 비롯된 말이다. 다시 말해 약 24시간을 주기로 하는 주야 생체리듬을 지칭한다. 일주기 리듬은 우리가 잠들고 깨는 시간을 조절할 뿐 아니라 체내에서 일어나는 각종 현상과 기능에도 영향을 미치므로, 지속적으로 건강을 유지하는 데는 균형 잡힌 일주기 리듬이 절대적으로 중요하다.

ADHD 전문가인 쿠이 박사는 연구를 통해, ADHD가 있는 실험 대상자들 중 75퍼센트에게서 생리적인 수면위상 수면호르몬인 멜라토닌 농도와 체온 또는 수면 활동에 변화가 오는 주기이 보통 사람들에 비해 약 1.5시간 지연되어 있음을 밝혀냈다. 일주기 리듬의 균형이 깨지면 스트레스호르몬이 분비되면서 신체는 지속적인 비상 대기 모드에 돌입하게 된다. 이는 단기적으로 불안, 초조, 극심한 피로감, 과민반응, 집중력 분산, 느린 반응속도 등의 결과를 초래한다. 나아가 불면증이 장기화되면 심각한 질병에 걸릴 위험도 있다. 수면 부족이 심신에 중대한 영향을 미칠 수 있다는 사실은 지난 수년간 시행된 많은 연구에서도 증명되었다. 독일의 의학전문지 《에르츠테블라트》 Ärzteblatt에 의하면 수면장애는 과체중, 당뇨, 고혈압, 심장질환, 뇌졸중, 우울증, 불안장애, 면역력 저하, 사망률 증가와도 관련이 있다. 쿠이는 불면증을 겪는 이들에게 과학적으로 효과가 증명된 두 가지 예방법을 추천한다. 아침에 밝은 빛을 쬐고 저녁에는 멜라토닌을 복용하는 것이 그것이며 해당 연구의 참가자들 역시 이 방법을 통해 불규칙한 수면-기상 주기를 바로잡을 수 있었다.

쿠이는 이 연구에서 ADHD가 있는 사람들이 하지불안증후군과 수면무호흡증 같은 특수한 수면 관련 장애를 자주 겪는다는 사실도 밝혀냈다. 하지불안증후군 Restless-Legs-Syndrom은 다리에 초조한 움직임과 불편한 감각이 발생하는 신경계 질환의 일종으로, 주로 저녁이나 밤 시간에 증상이 나타나고 몸을 움직이면 완화되기도 한다. 수면무호흡증은 말 그대로 잠자는 중에 호흡이 일시적으로 멈추는 현상을 말하며, 이로 인해 낮 동안 심한 피로감을 느끼거나 집중력이 저하될 수 있다. ADHD에서는 이 두 가지 중에서도 특히 하지불안증후군이 두드러지게 나타난다.

일부 연구에서는 ADHD가 있는 사람들이 하지불안증후군을 진단받을 확률이 일반인에 비해 14.5배 높다는 결과가 나왔다. 특히 30세 이상의 여성들이 남성들보다 이 증상을 훨씬 더 자주 겪는다는 점이 흥미를 끈다. 2020년《국제환경연구 및 공중보건 저널》International Journal of Environmental Research and Public Health에 실린 한 연구 논문은 여성의 월경주기로 인해 수시로 변하는 호르몬 농도가 원인일 것으로 추측한다. 철분 여성들은 보통 철분 수치가 낮은 편이며 철분결핍도 흔하다과 에스트로겐 여성에게서 수치가 높기는 하되 농도 변화가 심하다은 모두 신경전달물질인 도파민과 글루탐산에 영향을 주며, 여성들이 유독 하지불안증후군 및 그와 맞물린 동반질환 편두통, 우울증, 불안증을 자주 앓는 이유가 바로 이와 관련이 있는 것으로 보인다.

지속적인 행동 패턴 : ADHD와 그 밖의 정신과 장애

각종 인격장애 또한 ADHD의 또 다른 중복이환으로 꼽힌다. 정서불안성 인격장애 중 '경계선 유형'과 자기애성 인격장애도 이에 포함된다. 보통 '경계성'으로 불리는 인격장애는 특히 ADHD와 겹치는 부분이 많다. 지금껏 내가 만나

본 사람들 중에도 이런 류의 인격장애로 오진이 내려진 경우가 몇몇 있었는데, 이들은 뭔가 찜찜하다고 느끼면서도 의사의 말을 곧이곧대로 받아들인 채 살고 있었다. 뒤늦게야 ADHD였음이 밝혀진 사례도 많았다. 두 가지 다 있는 것도 아니고 단순 ADHD 말이다.

베를린 출신의 로티 Lotti, 인스타그램 *@allesvonlotti* 도 그런 경우였다. 그는 청소년기에 이미 이런저런 진단을 받고 안타깝게도 그 중에 ADHD는 없었다 몇 년 동안 각종 심리치료와 입원치료를 전전하며 먹지 않아도 될 약까지 먹은 끝에 성인이 되고서야 ADHD 진단을 받았다. 진단 결과가 나왔을 때는 홀가분하면서도 다소 충격을 받았다고 한다. 열네 살 때부터 자신이 경계성 인격장애라고 믿고 그에 대처하기 위한 행동 전략을 짜는 등, 어떻게든 그것을 품고 살아보려 애썼는데 그게 오진이었다는 것이다. 모든 게 원점으로 돌아간 셈이었다.

조증삽화와 우울증삽화가 번갈아가며 나타나는 양극성장애도 ADHD의 중복이환 중 하나다. 그 밖에 조현병과 외상 후 스트레스장애도 ADHD와 동반되어 나타날 수 있다.

ADHD가 있는 사람들 중에는 강박증과 심신상관성질환에 시달리고 쇼핑중독, 도박중독, 과도한 미디어 사용, 섭식장애 등을 얻게 되는 경우가 매우 많다. ADHD와 섭식장애의 연관성은 이미 수많은 논문을 통해 입증되었는데, 특히 ADHD가 있는 사람들 중 30퍼센트가 신경성 폭식증 bulimia nervosa과 폭식장애binge-eating-disorder를 경험하는 것으로 나타났다. 하버드메디컬스쿨의 2007년 연구에서는 십대 소녀들이 섭식장애를 겪을 확률이 ADHD 유무에 따라 4배 가까이 차이가 난다는 결과가 나왔다.

최근까지는 이런 현상이 충동행동에서 비롯된다는 의견에 무게가 실려 왔다. 충동행동은 ADHD의 전형적 특징이기도 하지만 폭식장애에서 반복적으로 발생하는 통제 불능의 식욕충동 역시 충동행동의 일종이다. 그러나 2020년에 발표된 최신 연구에서는 이것이 뇌의 보상체계에서 발생하는 강한 반응과 관련이 있다는 견해가 최초로 제시되었다. ADHD 증상이 심한 이들과 약한 이들, 그리고 폭식장애를 앓았거나 앓고 있는 이들에게 음식 사진을 보여주자 그중 ADHD 증상이 심한 사람들은 음식 사진을 보는 동안 뇌활성도가 두드러지게 높게 나타난 것이다. 그러나 충동조절반응검사 결과는 다른 참가자들과 차이가 없었다.

깊어가는 위기

-방치된 ADHD는 수명을 단축시킨다

ADHD는 이렇듯 한 사람의 삶을 매우 힘들게 만들 수 있으며, 한 가지 이상의 중복이환이 더해지면 고통도 그만큼 가중된다. 때로는 이로 인해 극단적인 결과가 초래되기도 한다. ADHD가 있는 사람 3만 2,000명과 ADHD가 없는 사람 100만 명을 대상으로 한 덴마크의 한 대규모 장기 연구에서는 ADHD가 있는 실험 대상자 중 107명이 연구 기간인 32년 사이에 조기 사망한 것으로 조사되었다. 이 결과는 2015년에 전 세계에서 가장 오래되고 권위 있는 의학저널 중 하나인 《랜셋》The Lancet 지에 발표되었다.

이 이야기를 듣고 '그 사람들에게는 안타까운 일이지만 107명이면 그다지 큰 숫자는 아닌 것 같은데'라고 생각할지도 모른다. 물론 숫자 자체는 크지 않지만 확률적으로 따지면 ADHD가 없는 통제 집단에서 집계된 조기 사망자 수

보다 2배 이상 높은 수치다. 이 연구 결과에 의하면 ADHD가 있는 사람은 조기 사망할 위험이 보통 사람들에 비해 1.5~1.8배 높은 셈이다.

이 연구에서는 만 18세 이후에 ADHD 진단을 받을 경우 조기 사망할 확률이 4.6퍼센트 더 높다는 사실 또한 밝혀졌다. 남녀별로는 소년과 소녀의 조기 사망 위험이 통제 집단에 비해 각각 2배와 3배 더 높게 나타났다. 가장 흔한 사인은 위험하거나 부주의한 운전 습관으로 인해 발생한 교통사고였다.

이는 ADHD 전문가인 러셀 A. 바클리 Russell A. Barkley 교수와 그의 연구팀이 2016년까지 진행한 장기 연구에서 또 한 번 증명되었다. 이때는 아동기에 주로 과잉행동·충동성 ADHD를 진단받았던 사람들의 평균수명이 보통의 경우보다 8.4년 짧다는 결과가 나왔다. 아동기와 청소년기 내내 아무런 진단과 치료를 받지 못하다가 성인이 되어서야 ADHD임을 확인한 사람들은 심지어 평균수명이 11.1년 짧게 나타났다.

2021년 캐나다에서 시행된 이 분야의 표본 연구에서는 충격적인 수치가 또 한 번 등장한다. 놀랍지 않을 수 있지만, 이 연구에서는 ADHD가 있는 사람이 자살을 시도할 가능성이 보통 사람들에 비해 월등히 높다는 사실이 확인되었다. ADHD가 없는 남성이 자살을 시도할 가능성은 2퍼센트에 그치는 데 반해 ADHD가 있는 남성은 9퍼센트였다. 그러나 여성의 경우에 비하면 이는 그야말로 새 발의 피다. 일단

ADHD가 없는 여성이 살면서 자살을 시도할 확률은 3퍼센트로 남성들과 큰 차이가 없었지만, ADHD라는 단 한 가지 요인이 이 수치를 무려 24퍼센트로 폭증시켰다. 다시 말해 ADHD가 있는 남성과 여성은 자살 시도를 할 가능성이 보통 사람들보다 각각 4.5배와 8배 높은 것이다. 추가로 폭력적인 부모 슬하에 자랐거나 마약중독 전력이 있으면 자살 시도 확률은 이 수치에서 다시금 3배 더 증가한다. 이 연구를 주도한 학자도 앞서 언급되었던 에스메 풀러 톰슨이었는데, 그는 이 문제에 관해 다음과 같이 이야기했다.

"ADHD 성인들 중에는 과거 정신과 질환, 혹독한 가난 등 불행한 경험을 한 경우가 많은데, 이런 사례를 배제시킨 통계에서도 ADHD가 있는 사람이 자살을 시도해 봤을 가능성은 ADHD가 없는 동 연령대의 사람들에 비해 여전히 56퍼센트 더 높게 나타났다."

이 연구는 또한 부모와의 폭력적인 갈등이 ADHD가 있는 자녀에게 극심한 스트레스를 유발함으로써 정신과 질환 및 자살 생각에 보다 쉽게 노출되게 한다는 점도 증명했다. 역으로 ADHD가 있는 자녀를 양육하는 일은 부모에게도 어마어마한 부담이기 때문에 종국에는 갈등이 가정폭력으로 번질 수도 있다. 끝이 보이지 않는 악순환에 빠지는 것이다.

VIII

ADHD가 망쳐버린 것

ADHD와 인간관계

지금까지 기술한, 일부 심각한 사례를 포함한 정신과 질환과 장애가 어떤 결과를 초래할 수 있는지는 전문가가 아니라도 누구나 추측이 가능할 것이다.

나와 비슷한 사람들이 일상에서 겪는 각종 문젯거리와 동반질환을 역으로 추적하다 보면 결국 A-D-H-D라는 4개의 알파벳이 마법처럼 등장한다. 개중에는 ADHD임을 몰랐거나 진단을 받지 못한 경우도 있지만 오진이 내려졌거나 적절한 치료를 받지 못한 사례도 매우 흔하다. 시간이 흐르며 이 모든 요소들이 뭉치고 꼬여 개별적인 요인들을 분리해 내기 힘들어지는 것도 문제를 한층 심각하게 만든다. 목걸이나 각종 전선 여러 개를 한 통에 섞어 보관하다가 시간이 흐른 뒤에 다시 꺼낸다고 상상해 보라. 뒤섞이고 엉킨 줄을 보며 막막한 기분이 들 것이다. 어디가 시작이고 어디가 끝인지 알 수 없으니 매듭을 푸는 데만 긴 시간과 에너지를 쏟아야 한다. 실제로 엉킨 매듭을 푸는 작업에서는 손가락 끝의 감각이라도 이용할 수 있지만 ADHD에는 워낙 많은 변수가 작용하는 탓에 감각에만 의존해 진단을 내리는 것이 불가능하다. 지구상에 존재하는 사람의 수만큼이나 다양한 시나리오가 존재하기 때문이다.

일례로 아동기에 진단을 받았으되 충분한 치료는 받지 못했으며, ADHD가 성인기까지 이어질 수 있다는 사실도 모르고 살아온 사람들이 있다. 어떤 아이들은 ADHD 검사가 시급히 필요한데도 부모가 검사나 치료를 거부하기도 한다.

성인이 된 뒤에 ADHD 진단을 받았지만 스스로 치료를 원치 않거나 건강상의 이유로 치료받지 못하는 경우도 있다. 심지어 극심한 우울증이나 학창 시절에 따돌림을 받은 경험 때문에 진단과 치료를 받기도 전에 스스로 목숨을 끊는 이도 있다. ADHD 미진단의 결과로 번아웃이 와서 가정의를 찾아갔으나 의사가 이를 대수롭지 않게 넘겨 버리는 경우도 적잖을 것이다. 청년기에 경계성 인격장애로 오진이 내려지는 바람에 그에 맞추어 살아보려 필사적으로 노력한 사례는 앞서도 언급했었다. 실제로 경계성 인격장애가 있더라도 이 역시 발견되지 못한 ADHD의 결과로 발병한 것일 수 있다. 몇 년 동안 집 안에서만 생활하다가 간기능부전으로 사망한 알코올중독 환자나 극히 내향적인 사회공포증 환자가 ADHD였을 가능성도 배제할 수 없다. 위탁가정에서 자라고 학교를 중퇴한 뒤에 범죄를 저질러 8년 형을 선고받은 '비행청소년'도 마찬가지다. 그 밖에도 스트레스에 짓눌려 자녀를 학대하는 어머니, 독이 되는 배우자, 스스로를 혹독하게 채찍질하는 여성 사업가 등, 수많은 가면 뒤에 숨은 ADHD의 사연은 끝이 없을 것이다.

내가 귀에 못이 박히도록 강조하고 또 강조하는 이유가 바로 여기에 있다. ADHD를 조기에 발견하고 주요한 질환과 동반질환을 구별할 수 있어야만 적절한 대응책을 찾는 것도 가능해진다. 물론 여기에는 어떤 식으로든 대처할 수 있는 가능성 자체가 열려 있으며 가능한 방법을 실행에 옮길 수도 있어야 한다는 점이 전제된다. 그 예로는 확실하고 일관적인 진단, 그에 따르는 심리치료나 치료제 처방, 작업치료, 그 밖의 약물치료나 대안요법 등의 다양한 치료법이 있다. 추가로 더 많은 ADHD 연구, 관련 정보 및 사회적 수용의 확대, 가족이나 배우자의 이해, 선입견 타파를 위한 언론, 교육기관, 직장의 대응도 요구된다.

날 떠나지 마

-ADHD와 사랑

ADHD로 인해 가장 힘든 점이 무엇이냐고 누군가 묻는다면 아마도 내 대답은 매번 다를 것이다. 그러나 ADHD 자체로 인해 힘든 것은 별로 없다. 나 자신, 내가 생각하고 행동하고 느끼는 방식 등에는 딱히 문제를 느끼지 않기 때문이다. 그것보다 훨씬 더 나를 괴롭히는 것은 내 ADHD가 주변 사람들을 힘들게 한다는 생각이다.

하고 싶은 대로 하고 살 수만 있다면 나는 매일 일어나고 싶을 때 일어나고 빵으로 끼니를 때우기도 하고 날마다 다른 일을 시도해 볼 것이다. 서랍이란 서랍은 다 열린 채 내버려 두고, 볼륨을 한껏 높여 음악을 들으며 하루 종일 혼자 공상에 빠진 채 지낼 수도 있다. 손목이 아플 때까지 몇 시간이고 휴대폰을 들여다보고, 해야 할 일들은 마음이 내킬 때만 할 것이다.

이렇게 제멋대로 사는 것은 물론 불가능하다. 나를 필요

로 하고 내게 나름의 기대를 걸고 있는 사람들을 위해서라도, 그리고 누군가 나로 인해 좌절하거나 그로부터 더 많은 문제가 파생되는 것을 막기 위해서라도 나는 사람들의 필요와 기대에 충실해야 한다. 예컨대 내 반려견에게는 주기적으로 음식을 주고 산책을 하고 함께 놀아주고 쓰다듬어 줄 누군가가 필요하다. 동거 중인 배우자와는 쓰레기 분리수거, 설거지, 빨래, 저녁 요리 등을 분담해야 한다. 배우자와 친구, 가족들도 각자 내게서 관심과 애정을 기대할 것이다. 자유직이기는 하나 엄연한 직업이 있으므로 '이번 달 중 ○○일은 소셜미디어 기획에 할애하고, ○○일에는 강의를 하거나 협력사와의 콘텐츠 개발에 참여할 거예요'라고 약속했다면, 정해진 일정을 지키고 성실하게 작업에 임하며 기한을 엄수해야 할 의무가 뒤따른다.

그 밖에도 내가 의무를 지고 있는 사람, 기관, 서비스 업체 등이 헤아릴 수 없이 많다. 예를 들어 집 주인에게는 정기적으로 집세를 납부해야 하며 임대한 집을 깨끗이 관리할 의무가 있다. 미디어 서비스 업체에 제때 사용료를 납부하고 세무사에게 필요한 서류를 보내는 것도 내 의무 중 하나다. 자녀가 있는 사람, 간병해야 할 가족이 있는 사람, 주택 구입 대출금을 갚고 있는 사람, 기업체를 운영하는 사람에게는 이보다 훨씬 더 많은 의무와 책임이 따를 것이다.

대중의 관심을 환기시키는 것도 물론 중요하지만, ADHD

가 있는 사람의 행동방식을 이해시킨다고 해서 내가 타인들과의 관계에서 지켜야 할 책임과 의무가 사라지는 것은 아니다. 타인에게 영향을 주거나 문제를 일으킬 수 있는 사안에 대해서는 동병상련을 겪는 당사자들이 지혜를 모아 해결 방안을 강구해야 한다.

어느 날 아침 우리 집에서 이런 상황이 벌어진다고 가정해 보자. 나는 중요한 일정을 앞두고 또다시 시간 관리에 실패하는 바람에 아침부터 허둥대고 있다. 원래는 반려견을 데리고 산책을 해야 하는데 시간이 빠듯해서 반려자가 대신 개를 데리고 집을 나선다. 설상가상으로 밖에는 비까지 추적추적 내리는 중이다. 항상 최선을 다해 서로를 돕고 보살피는 반려자라 해도 그에게는 이 상황이 썩 달갑지만은 않을 것이다. 이런 일이 반복되면 상대는 내 계획을 신뢰하기 어렵다고 느끼고, 내가 필요할 때만 자신을 이용한다고 생각하며 좌절감을 겪게 된다.

그래도 남자친구가 애써 좌절감을 누그러뜨리며 반려견을 데리고 집을 나설 수도 있다. 그는 '괜찮아, 내가 다녀올게. 그런데 옷에 주머니가 없어서 열쇠를 두고 갈 테니 나중에 문 좀 열어줄래?'라고 묻는다. 상대방의 좌절감을 해소해 줄 절호의 기회인데 나는 '그럼, 물론이지'라고 대답해 놓고는 돌아서자마자 이를 잊어버린다. 그리고 5분도 지나지 않아 요란하게 쏟아지는 물줄기를 맞으며 샤워를 하고 있다. 뮤직박스에서는 드라마 〈유포리아〉Euphoria의 사운드트랙이 울려 퍼지고 휴대폰은 여느 때와 다름없이 무음으로 설정되어 있다. 초인종 소리를 못 들을지도 모른다는 생각은 하지도 않는다. 덕분에 남자친구는 현관에서 비에 흠뻑 젖은 채 초인종에 한 손가락을 대고 다른 손으로는 휴대폰을 귀에 대고 하릴없이 기다린다. 그러나 20분이 지나도 현관문은 열릴 줄 모른다.

ADHD에 관해 제아무리 잘 아는 배우자라도 이런 상황에서는 머리끝까지 짜증이 치솟을 것이다. 내가 백 번 사과하고 해명하는 동안 남자친구는 한숨 쉬는 것 말고는 할 수 있는 게 없다. 그런데 상황은 여기서 더 악화된다. 일단 나는 지난밤에 꼼꼼하게 챙겨 둔 가방을 들고 집을 나선다. 가방에는 점심으로 먹으려고 요리해 둔 건강식 도시락, 간식, 휴대폰 배터리가 방전될 경우에 대비해 완벽히 충전해 둔 보조배터리, 낮에 해가 날 거라는 일기예보를 듣고 챙겨 놓은 가벼운 겉옷까지 들어 있다. 그리고 10분 뒤, 남자친구의 휴대폰이 울린다. 운전면허를 딴 지 11년이 지났지만 제대로 운전은 해본 적 없는 여자친구가 허둥지둥하다가 기차역으로 가는 버스를 놓치는 바람에 미팅 장소로 가는 기차까지 놓칠 위기에 처해 울며불며 전화를 건 것이다. 몇 달 전부터 예정되어 있던 일정인 데다, 지각했다가는 매우 큰 손실이 초래될 수도 있는 상황이다.

내 반려자는 이제 두 가지 선택의 기로에 서 있다. 첫 번째 선택은 죽이 되든 밥이 되든 내가 알아서 하게 내버려두는 것이다. 자기도 바쁜 참이라 열 일 제치고 달려가기도 어렵고, 아침부터 머리가 아파 조용히 혼자 있고 싶은 와중에 동동대는 여자친구를 옆에 태우고 운전하는 것도 내키지 않으며, 운전을 하면서 산더미처럼 쌓인 자신의 그날 일정을 고민해야 한다고 생각하면 더더욱 골치가 아파 온다.

두 번째 선택은 물론 달갑지 않아도 또다시 백마 탄 기사처럼 달려가는 것이다. 자신이 남자친구인지 아빠인지 회의감도 들고, 이 분위기에서는 아주 작은 불똥만 하나 더 튀어도 폭발해서 기차역까지 가는 내내 말다툼을 벌일 것 같아도 말이다. 남자친구 혼자 몇 마디 불평을 늘어놓고 내 쪽에서는 기가 죽어 입도 벙긋 안 하면 그나마 다행이지만, 내 입이 그새를 못 참고 운전하는 남자친구의 귓가에 바짝 붙어 구구절절 변명을 늘어놓을 수도 있다. 그러나 변명이 다 무슨 소용인가! 절대로 놓치면 안 되는 일정이니 알람을 맞춰놓고 일찍 일어나 미리 개를 산책시키고 전화벨 소리도 켜고 버스도 반드시 탈 것이고 어쩌고저쩌고, 그리 호언장담한 것도 내가 아니었던가.

이런 일이 정말로 있었는지 궁금해하는 독자를 위해 귀띔하자면, 우리 집에서 이런 일이 벌어진 건 한두 번이 아니었다. 이 기회를 빌려 한 번 더 강조하건대, 나를 이해하고 배려해 주고 적극적으로 도와주는 사람들이 없었더라면 나는 정말이지 아무것도 할 수 없었을 것이다. 특히 내 반려자가 아니었다면 말이다. 방식은 다르지만 이전에 어머니가 해주신 것을 지금은 그가 해주고 있다. 그가 없었더라면 나는 산더미처럼 쌓인 온라인쇼핑 택배들을 반품하지도 못하고 옷과 신발더미에 깔려 질식했을지도 모른다. 냉장고는 텅텅 비고 나는 배달 음식이나 외식으로만 끼니를 때웠을 것이다. 그는 장을 보기도 하고 둘이 먹을 요리도 자주 한다. 그가 없었더라면 나는 주기적으로 기차를 놓쳐 실직할 위기에 처했을지도 모른다. 심지어 그는 자신의 업무 일정까지 미루며 내가 정시에 약속 장소에 도착할 수 있도록 도와주었다. 또 그가 아니었더라면 나는 몇 시간 동안 자세도 바꾸지 않고 일하는 습관 때문에 허리와 목에 무리가 와서 병원 신세를 져야 했을지도 모른다. 문밖에도 나가지 않으려는 나와 매번 옥신각신하느라 힘이 적잖이 빠질 텐데도, 내 반려자는 내가 일주일에 몇 번이라도 헬스장에 가거나 반려견과 산책을 나가도록 등을 떠밀어준다.

이 모든 것을 글로 써 내려가기가 쉽지만은 않았다. 나는 혼자 할 수 있는 일들도 많고 남들 눈에 비치는 것처럼 독립적인 사람이기도 하지만 한편으로는 반려자에게 많은 것을 의존한다. 언제나 믿고 의지할 사람이 있다는 것은 큰 행복인 동시에 때로는 스스로를 한없이 초라해 보이게 만든다. 물론 나도 그와의 관계에 기여하는 것이 많다. 그러나 ADHD가 단순히 '내 문제'에 그치지 않고 다른 사람들과의 관계에도 영향을 미치는 까닭에 이것이 불가피하게 그들의 문제로 번질 때가 있다. ADHD를 아무리 잘 이해하는 사람이라도 적잖은 인내심을 발휘해야 하는 상황은 참으로 빈번히 일어난다.

ADHD로 인해 도움이 꼭 필요한 상황이라면 한 사람에게 모든 짐을 지우기보다 가능한 여러 곳에 도움을 청하는 것도 한 방법이다. 또한 심각한 문제는 전문가의 도움을 받는 편이 좋다. 그렇게 하지 않으면 건전하지 못한 방식으로 역할을 떠넘기거나 떠맡게 된다. 이를테면 배우자가 책임지고 싶지도 않고 전문적으로 해낼 수도 없는 일들을 억지로 떠맡는 경우가 있다. 개중에는 배우자에게 떠맡길 일이 아니라, 일정 관리 도구나 전문적 치료 심리치료, 작업치료, 코칭, 약물치료, 입원치료 등 로 해결해야 하는 경우가 많다. 이런 방법이 제대로 효과를 발휘하면 장기적인 행동 개선에도 도움이 된다. 그때는 배우자 또한 그저 배우자로서 곁을 지킬 수 있게 될 것이다.

아무도 나를 좋아하지 않아

-ADHD와 우정

ADHD의 우정도 사랑과 비슷하다. 보통 사람들은 시간적 여유가 있을 때 친구들과 교류하지만 나는 언제 시간이 되고 언제 안 되는지조차 판단하지 못하고 살아왔다. 어찌 보면 차라리 잘된 일이었다. 여가를 즐길 때는 생각을 비워야 하는데 내게는 그것조차 쉬운 일이 아니기 때문이다. 어쨌거나 나는 주변의 미움을 산 적도 없고 사람을 사귀거나 남들의 마음을 사로잡는 일도 그리 어렵지 않았다. 늘 밝고 활기찬 성격 덕분에 교류하는 이들도 많고 가끔 만나서 '커피 한 잔 하자'는 사람도 많다.

문제는 지인이나 친구들과의 관계를 꾸준히 유지하고 가꾸어 나아가는 것을 어렵게 느낀다는 점이다. 원체 기복이 심해서 사람들은 언제 마주치느냐에 따라 전혀 다른 모습의 나를 경험한다. 이를테면 백퍼센트 충전된 상태일 때는 수다떨기를 좋아하고 사람들의 고민 상담도 기꺼이 들어주고 조언까지 해주며, 사람들 사이에 다리를 놓거나 누군가를 돕는 데도 능숙하다. 즉흥적으로 멋진 아이디어를 생각해 내고 어떤 일에든 열정적으로 심취하며, 약속이든 이벤트든 일단 수락하고 본다. 그런데 이처럼 동에 번쩍 서에 번쩍하다가 한 순간 자취를 감추어버린다. 약속 장소에 늦게 나타나고, 생일 파티 약속을 취소하고, 누군가 '월요일 오후 4시에 시간이 되느냐'고 물으면 된다, 안 된다는 대답조차 하지 않는다.

그렇게 행동하는 이유는 고약한 심보 때문도, 상대방을 얕보기 때문도 아니다. 그저 깜빡 잊어버렸거나 약속 시간을 잘못 적어두었거나 세 가지 일정을 한꺼번에 잡아놓은 탓일 수도 있고, 심한 스트레스로 완전히 녹초가 되어 있는 탓일 수도 있다. 예전에는 모든 것을 어떻게든 해결해 보려 애쓰거나, 그래도 안 되면 어차피 의무가 점점 덜 중요해지는 시대에 살고 있다는 마음으로 체념했다. 그러나 지금은 특히 ADHD 진단을 받고부터는 내가 할 수 있는 선이 어디인지 터놓고 대화하려고 노력한다.

처음에는 그런 의사소통 수단으로 소셜미디어를 이용했다. 친구들을 비롯해 다른 모든 사람들은 내가 이 약속, 저 약속을 지키려 분주히 뛰어다니는 모습이나 하루 24시간, 일주일에 7일을 일하는 사람처럼 바쁜 모습, 하다못해 감기로 앓아누운 모습까지 중계방송처럼 지켜볼 수 있었다. 그러다 보니 배려해 주는 사람들도 자연히 늘어났다. 내게 용건이 있을 때면 '안녕, 이번 주는 조금 덜 힘들었기를 바라.',

'혹시 지금 여유가 된다면……' 같은 말로 연락을 해왔다. 그런데 어느 순간부터는 연락이 점점 뜸해졌다. 내가 늘 바쁘다고 생각하고 시간을 빼앗지 않으려 연락을 줄이는 사람도 있었고, 내가 또 약속을 취소하거나 정신없이 바빴다고 변명을 늘어놓을 게 싫어서 연락하지 않는 사람도 있었다.

십대 때부터 나는 늘 내가 나쁜 친구라고 생각했다. 사람들이 무릇 친구라면 해야 한다고 여기는 일들이 내게는 불가능에 가까웠기 때문이다. 그래서 그저 어렴풋이, 가능한 서로를 닮아가는 게 우정인 모양이라고 생각하고 수년 동안 그에 맞추어 살아왔다. 친구들과 거의 똑같은 사람이 되고, 똑같은 스타일과 관심사를 공유하며, 친구들이 무얼 하며 어떻게 지내는지 일일이 알고 지내는 것이 좋은 친구로서의 의무라고 여긴 것이다. 한편으로는 내가 어딘가 남들과 다른 탓에 도저히 그 모든 것을 충족시키기가 벅차다는 느낌이었다. 그러다 보니 가끔은 무너지고 상처 입은 옛 인간관계를 떠나 새로운 사람들과 어울리는 것이 더 즐겁기도 했다. 누군가를 처음 만나는 순간에는 모든 게 빛나고 생기로우며, 언젠가는 실망할지 몰라도 일단은 새로 시작할 수 있으니 말이다. 그런데 이것이 기존 친구들의 오해를 불러일으키기도 했다. 이런저런 이유로 몇 달째 얼굴 보기도 힘들었던 친구가 알고 보니 일주일이 멀다 하고 새로운 사람들과 어울리는 모습을 인스타그램 스토리에 올리고 있었으니 오해하는 것도 무리는 아니었다.

지금은 끊임없이 새로운 사람들을 찾아다니지 않으려 노력하고 있다. 적어도 친구를 사귄다는 의미에서는 말이다. 물론 가끔은 처음 알게 된 사람과 커피 한 잔 하는 것도 즐겁지만, 현재 나와 가장 가까운 친구들은 아주 오래전부터 알고 지냈으며 내 진짜 모습을 알고 있는 친구들이다. 이들은 당사자의 말에 따르면 있는 그대로의 내 모습을 좋아해 준다. 서로 달라도 진정한 친구가 될 수 있음을 깨달은 뒤로 그들과의 우정을 소중히 여길 수 있게 되었다. 그들이 나와 전혀 다르기 때문에 오히려 그 우정이 더 특별해지는 것이다. 이런 우정은 서로의 부족함을 채워주며 다른 누구로도 대체할 수 없는 특별한 관계가 된다.

내 외할머니는 사람들은 저마다 세상의 다른 어떤 사람으로도 대신할 수 없다고 입버릇처럼 이야기했다. 그 말에 전적으로 공감한다. 세상에는 온갖 종류의 친구가 있다. 매우 자주 보는 친구, 일 년에 두어 번밖에 만나지 않는 친구, 날마다 연락을 주고받는 친구, 간간이 왓츠앱으로 근황을 요약한 긴 메시지를 보내는 친구도 있다. 유치원 때부터 알고 지낸 친구, 온라인 등을 통해 알고 지낼 뿐 실제로는 한 번도 만나본 적 없는 친구, 함께 파티를 즐길 수 있는 친구, 가장 친한 직장 동료, 진지한 이야기를 나누는 친구 등 모두가 나름의 의미를 가진 친구들이다. 요즘의 나는 이런 생각에 익숙해지려 노력하는 중이며, 이미 어느 정도 성과도 거둘 수 있었다.

나는 내가 싫다

-ADHD와 자기애

'온라인 심리학·교육학 사전 *Onlinelexikon für Psychologie und Pädagogik*'에는 자기애와 관련된 주요 변천사가 기술된 항목이 있다. 그 내용은 오늘날 자기애가 우리의 행동과 기분에 얼마나 큰 영향을 미칠 수 있는지, 과거 사회에서는 이것이 지금과 얼마나 달랐는지를 다룬다. 과거로 거슬러 올라갈수록 개개인이 자신의 가치에 대해 고민한 흔적은 희미해진다. 과거에는 개개인의 가치가 태어나는 순간에 이미 정해졌을 뿐 아니라 그렇게 정해진 가치는 일생 동안 크게 변하거나 무언가로부터 영향을 받지 않았기 때문이다. 이 가치를 결정하는 것은 지배적인 권위나 '불변의 자연법칙' 등이었지만, 결국 이는 인위적인 제도에 불과했다.

현대에 이르러서는 개개인이 과거에 비해 자아를 크게 의식하면서 원하는 대로 삶을 가꿀 수 있는 가능성도 커졌다.

특히 서구 사회에서는 시간이 흐르며 형성되어 온 다양한 가치관이 점점 더 자리를 잡으며 우리에게 영구적으로 영향을 미치게 되었다. 그로써 개인은 '자신과 타인들로부터 받는 각기각색의 평가와 맞닥뜨리면서, 이를 기준으로 삼고 끊임없이 스스로를 그에 맞추어야 한다는 느낌을 품게 되었다.' 어떤 일을 수행할 만큼 성숙해졌거나 실제로 그러한 수준에 도달했을 때, 혹은 그것을 성취할 수 있는 능력을 보유함으로써 좋은 피드백을 받았을 때는 자기가치감도 상승하면서 긍정적인 자기평가를 내리게 된다. 이때의 성취감은 다음에 주어질 과제도 잘해낼 수 있다는 확신과 더불어 자신감까지 상승시킨다.

그에 반해 주류의 가치관과 잘 어울리지 않고 그로부터 요구되는 질서, 체계, 사회적 행동, 성실함, 책임감, 열의, 노동윤리 등도 제대로 수행하지 못하는 사람에게는 부정적인 피드백이 뒤따른다. 이는 갈등을 비롯해 여러 부정적인 결과를 초래하고 자기가치감을 위축시킨다. 이런 경우 우리는 스스로에 대한 확신을 잃고 소심해질 뿐 아니라 거절당할 것에 대한 두려움이나 열등감, 강한 자기회의에 휩싸인다. 반대로 소심하게 굴기는커녕 '다들 어차피 내가 이런 사람이라고 여길 텐데 뭘'이라는 생각에 일부러 불량한 태도를 보이는 경우도 있다. 사회학에서는 이런 현상을 '자기실현적예언'이라 부른다.

ADHD가 있는 사람들은 부정적인 평가를 받을 가능성이 크다. 여러 연구에 의하면 ADHD 아동은 ADHD 증상 및 그로부터 파생된 행동방식 때문에 주위 사람들의 호감을 사지 못하고 학교에서도 놀림 받는 경우가 많다. 대학생들을 대상으로 한 여러 실험적 연구에서는 사람들이 ADHD 특유의 행동방식에 매우 강한 거부감을 느끼고 이들과의 교류를 의식적으로 피한다는 결과가 나왔다. 그렇다면 성인의 경우는 어떨까?

ADHD 성인들이 외부로부터 받는 비판 경험을 다룬 2022년의 한 정성적 연구에서는 다른 정신과 장애 증상은 없고 강한 ADHD 증상만을 보이는 162명의 참가자들 여성 109명, 남성 52명, 논바이너리non-binary 1명 을 대상으로, 가까운 주변 사람들에게서 어떤 비난을 경험했는지 묻는 개방형 질문이 제시되었다. 참가자 다수는 자신이 하는 거의 모든 일과 행동방식이 비난받는다고 느꼈다고 답했다. "나는 너무나 무능해서 그 누구의 기대도 충족시킬 수 없다고 느꼈다." 또한 "사람들이 보기에 쉬운 일인데 내가 제때 하지 않으면, 어머니는 늘 지나치게 화를 내곤 했다. 그 일이 내게 정말 중요했다면 했을 거라면서." 이 밖에도 자기조절이 어렵고 충동적으로 행동해 비판받는 경험을 언급하는 참여자도 많았다. 직장에서 말이 너무 많고 말하는 속도까지 빠르다는 지적을 듣는 사람, 사소한 일에도 쉽게 언성을 높인다고 주변에서 받아들이는 사람 등 다양한 경험이 이어졌다. 이 가운데 가장 흔한 응답은 집중력 부족과 부주의함을 지적받은 경험이었다.

대놓고 비난하지는 않아도 주변에서 간접적인 방식으로 상처를 주는 경우도 많은 것으로 나왔다. ADHD가 없는 타인들과 비교하거나 ADHD를 꼬집어 비웃기도 하고, 그들을 향한 좌절감과 짜증, 화를 보란 듯이 드러내기도 하는 것이다. ADHD 때문에 부정적인 반응을 사는 일이 계속되다 보니 전반적으로 비판에 민감해지고 사람들이 자신을 험담한다고 의심하는 경우도 있었다. "내 가족과 친구들은 내 행동을 그리 크게 비난하지는 않는다. 그럼에도 모두가 내 등 뒤에서 험담을 하는 것은 아닐까 불안한 마음이 든다. (중략) 그들이 정말로 그러고 있을 거라고 장담한다."

가족, 배우자, 친구, 직장 동료 등에게서 비난 받은 경험은 실험 대상자들의 자아가치감과 마음 상태에 부정적인 영향을 미치는 것으로 확인되었다. "비난을 받거나 그와 비슷한 일을 겪을 때마다 칼에 베이는 느낌이었고, 한 번 그런 일이 벌어지면 깊은 좌절감에서 며칠이고 헤어날 수 없었다." 일부 참가자들은 비판을 피하기 위해 증상을 억누르거나 ADHD 진단을 받은 사실을 감추기도 하고, 실수를 저질러 남의 눈에 띄는 상황을 피하려고 일부러 쉬운 직업을 선택하기도 한다. 심지어 사람들과의 접촉을 최대한 피하거나 남들의 행동을 똑같이 따라 하려고 필사적으로 애쓰는 사람들도 있었다. 주위 사람들의 이해 부족이 얼마나 큰 악영향을 미치는지는 이 연구에서 나온 경험담만 봐도 알 수 있다.

"내 문제에 관해 아무리 터놓고 이야기해도, 나와 가장 가까운 사람들조차 이를 배려하지 않는 일이 많았다."

2013년의 한 문헌 연구에서는 자기가치감 및 그에 따른 사회성을 주제로 1980~2011년에 발표된 127건의 연구 논문을 종합한 결과 자기가치감이 ADHD에서 중대한 역할을 한다는 결론이 도출되었다. 연구에서는 특히 스스로에게 거는 기대, 주변과 사회로부터 받는 기대에 모두 부응하려는 사람들에게서 이런 현상이 두드러지게 나타났다. 실험 대상자들은 ADHD 치료를 받은 집단과 받지 않은 집단, 그리고 아동기·청소년기·성인기 등 다양한 연령대의 집단으로 분류되었다. 연구 결과 ADHD 치료를 받지 않은 집단은 저조한 자기가치감 때문에 고통받은 기간이 길었으며 이들이 수행하는 사회적 기능도 다소 낮은 것으로 나타났다. 반면에 ADHD 치료를 받은 사람들에게서는 이러한 점이 눈에 띄게 개선되었다.

주위로부터 거부당하고 비난받는 일을 좋아할 사람이 어디에 있겠는가. ADHD가 있는 사람에게도 달갑지 않기는 마찬가지다. 그러나 ADHD 뇌는 작동하는 방식이 다른 만큼 문제에 대처하는 방식도 다르다. 예를 들면 나는 누군가와의 갈등이 일부 내 '탓'인 경우 일단 도망치고 본다. 모래 속에 머리를 처박고 잠잠해질 때까지 숨죽인 채 기다리는 것이다. 이 방법이 효과를 볼 때도 있지만 당연히 늘 그렇지는 않다. 내 심리치료사의 말에 따르면 나는 '회피형 중에서도 회피형'이라 상담에서도 이 주제에 많은 시간을 할애한다. 나 자신이나 다른 누군가의 불편한 감정을 외면하거나 무마하려고 애쓰는 상황이 거의 매주 발생하기 때문에 그럴 수밖에 없다. 그러나 심리치료를 받으면서 점점 더 갈등과 그에 수반되는 수치심을 직시할 수 있게 되었다. 나는 갈등 상황에서 다음과 감정을 느낀다.

1. 내가 누군가를 실망시켰다는 사실이 견디기 힘들다.
2. 스스로를 실망시킨 나 자신이 증오스럽다.
3. 또 다른 누군가가 내게 실망했을까 봐 불안하다.

모든 갈등 상황에는 물론 이유가 있으며, ADHD가 있는 사람의 경우에는 갈등의 원인이 실제로 ADHD와 직접 관련되는 경우가 대부분이다. 하지만 대부분의 사람들은 ADHD고 뭐고 그저 내가 매사에 변명을 늘어놓는다거나 남을 배려할 줄 모른다고 생각한다. 그러나 나는 맹세코 일부러 어떻게 행동하는 것도 아니고, 남의 감정에 무관심하다는 인상을 주고 싶지 않다. 오히려 그와 정반대다. 누군가 나에 대해 이러이러하게 생각할 것 같고 내 행동에 이러저러한 반응을 보일지도 모른다고 생각하면 신경성 위염이 올 정도로 거기에 온 신경이 쏠린다. 그리고 타인의 실망감에 어떻게 대응해야 할지 몰라서 그런 상황을 애초에 피하려 노력한다. 내가 누군가의 화를 돋우거나 슬프게 만들고 그로 인해 비난을 받거나 거부당하는 것은 상상만 해도 끔찍하다.

'거부민감성 rejection sensitive dysphoria' 또는 '거절공포증'은 정확히 이를 지칭하는 용어로 ADHD가 있는 사람들 중 대다수가 이것에 크게 좌지우지된다. 그리스어에 어원을 두고 있는 'dysphoria'는 '참기 어려움'을 뜻하며, '거부민감성'이라는 개념은 2005년 미국의 정신과 의사 윌리엄 도드슨 William Dodson이 고안했으나 지금까지 학문이론으로서의 기초는 다져지지 않았다. 따라서 이것은 공인된 ADHD 진단 기준이나 개별적인 진단명은 아니다.

ADHD가 있으면 거부민감성도 강하기 때문에 이들은 실제로 거절을 당하거나 타인의 거부감을 감지했을 때, 혹은 비난을 받았을 때 감정적으로 크게 동요된다. 일시적이지만 강렬한 정서적 고통이 이때 느끼는 감정의 특징이며, 심하면 위통, 두근거림, 두통, 발한, 가슴 부위의 찌르는 듯한 통증 등 신체적 통증까지 유발할 수 있다. 도드슨에 의하면 특히 성인은 ADHD가 초래하는 부정적인 결과 중 가장 견디기 힘든 것으로 거부민감성을 꼽는다. 대다수가 거부민감성에 대응하거나 극복할 방법을 찾지 못하는 것이 그 이유다. 그래서 거절당하는 상황을 피하기 위해 아예 숨어버리거나 반대로 분노와 돌발행동을 보이기도 한다. 거부민감성은 또한 일정 정도의 '피플 플리저 people pleaser' 성향과도 맞물린다. 피플 플리저란 누군가를 마주하면 그가 누구이건 간에 일단 경탄하거나 칭찬할 만한 점을 재빨리 파악하고 이것을 즉각 실행으로 옮기는 사람을 말한다. 상대방의 비난을 사거나 분위기를 망칠까 두려워 거의 강박적으로 상대방이 좋아할 만한 행동을 한다는 뜻이다. 이것이 습관으로 굳어지면 안타깝게도 감정, 꿈, 목표를 포함한 자신의 모든 것은 망각하고 남에게만 초점을 맞추게 된다.

거부민감증은 정서조절장애의 한 요소로 볼 수 있다. 정서조절장애가 있으면 흔히 감정과 기분을 조절하는 데 어려움을 겪는다. 자극에 대한 감정적 반응은 타인들의 예측 범위 내에서 이루어져야 하는데 ADHD 뇌는 이를 제대로 통제하지 못하는 것이다. 그럼에도 최근까지의 ADHD 연구에서는 기분조절과 관련된 요소가 충분히 고려되지 않았다. 지난 몇 년 사이에야 이 부분에 주목하는 이들이 늘어나면서 ADHD의 정서적 충동성과 미숙한 정서조절 등에 대한 연구도 더 많이 이루어지고 있다. 특히 미국과 유럽의 많은 학자들은 너무나 오랫동안 간과되어 온 이 증상이 향후 몇 년 안에 ADHD의 주요 특징 중 하나로 추가될 것으로 내다보고 있다.

미국의 정신의학과 교수이자 ADHD 연구의 권위자인 앞서 ADHD인의 평균수명에 관한 장기 연구를 주도한 러셀 A. 바클리는 2022년에 ADHD 매거진《애디튜드》ADDitude에 미숙한 정서적 자기조절에 관한 글을 기고했다. 그에 따르면 미숙한 정서적 자기조절은 '중대한 영향력을 가진 ADHD의 핵심 요소 중 하나로 최신 연구 결과를 통해서도 확인되었으며 그것이 초래하는 결과는 결코 무시할 수 없는 수준이다.' 앞서 2015에 발간된 ADHD의 진단 및 치료에 관한 안내서에서도 정서조절장애를 ADHD의 의학적 진단 기준에 핵심 항목으로 포함시켜야 한다고 주장했다. 그리고 이것이 공식적으로 인정될 경우 의료 현장에서의 진단과 치료에 큰 도움이 될 것이라고 지적한다.

여러 해 전부터 아동 ADHD의 진단과 치료를 개선하는 방안을 연구해 온 사라 카랄루나스 Sarah Karalunas 박사는 2014년에 알고리즘을 이용해 이른바 '기질적 특성'에 따른 ADHD의 새로운 하위유형 세 가지를 제시했다. 기질적 특성에 따른 단계는 각각 '경미' 정상적인 정서조절, '증가' 긍정적인 접근 동기의 한계지점, '민감' 부정적인 정서, 분노, 진정의 어려움이 있는 극단적 단계 으로 명명되었다. 이 세 가지 범주를 다시금 정서조절장애 동반 유무에 따라 묶을 경우 ADHD의 두 가지 새로운 상위 유형이 파생될 수 있다.

ADHD의 '선구자들' 중 한 명으로 꼽히는 프레드 라이머 Fred Reimherr 박사 역시 사망할 때까지 이 새로운 가설에 몰두했다. 그는 지금으로부터 50년도 더 전에 폴 웬더 Paul Wender 박사와 공동으로 아동 ADHD의 진단 기준을 정립한 장본인으로, 이는 오늘날까지 유효하게 사용되며 성인 ADHD의 진단에도 기초를 제공하고 있다. 그러나 학계의 모든 발견과 요구가 무색하게 정서적 충동성이나 미숙한 정서조절 능력 등, 정서와 관련된 증상들은 아직까지 DSM과 ICD 같은 질병분류체계에 ADHD의 핵심 증상으로 등재되지 못한 상태다. 탄탄한 이론적 근거에도 불구하고 이를 정확히 측정할 수 있는 수단이 없어, 다른 정서적 증상이나 기분장애와 명확히 구별하기 어렵다는 점이 그 원인이다. 전문가들은 그러한 측정 도구가 개발되기만 하면 의료현장에서도 사고의 전환이 이루어질 것으로 내다보고 있다.

나는 왜 잘하는 게 없을까

-ADHD와 직업

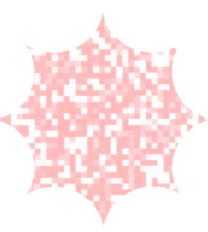

ADHD가 유발하는 낮은 자기가치감은 사회생활에서도 여지없이 드러난다. 특히 여성적으로 사회화된 사람들은 실수를 저지르거나 모난 행동을 하면 안 된다는 심한 강박관념에 시달린다. 그래서 회의에서 좋은 아이디어가 있어도 입 밖에 내지 않고, 꿈의 직장에 지원할 기회가 있어도 자격 요건을 완벽하게 충족시키지 못한다고 여기고 포기해 버린다. 어쩌다 주위에서 큰 칭찬을 받거나 승진을 해도 다 우연이거나 운이 좋았을 뿐이라고 생각한다. 자신이 잘하는 게 없다는 사실을 어차피 모두가 곧 알게 될 거라고 생각하는 것이다.

이러한 현상을 가면증후군이라 부른다. 이 개념을 정립한 이는 심리학자 폴린 클랜스 Pauline Clance 와 수잔 임스 Suzanne Imes 다. 두 사람은 1978년에, 능력도 있고 남들보다 훨씬 열심히 일하면서도 스스로 그에 상응하는 성취를 누릴 자격이 없다고 생각하는 이들을 지칭할 만한 용어를 찾고 있었다. 그러다가 이들이 스스로를 사기꾼 같다고 느낀다는 점에 착안해 이 명칭을 고안했다.

ADHD가 있는 사람들에게서 이런 현상이 자주 나타나는 이유는 사실 명확하다. ADHD가 있으면 목적을 달성하는 데 드는 노고와 그 과정에서 희생되는 것도 남들에 비해 클 수밖에 없는데, 이들이 이런 사실을 감추고 입 밖에 내지 않기 때문이다. 그러다 보면 비밀이 '탄로'날지도 모른다는 불안과 두려움이 싹튼다. 이들은 남들과 똑같은 성과를 내기 위해 초과 근무를 했거나 누군가의 도움을 받았을 수도 있다. 완벽주의 때문에 번아웃에 빠지기 일보 직전이면서도 여전히 자신이 부족하다고 느끼기도 한다. 그래서 성과를 자축하기는커녕 다음번에는 일처리를 더 빨리 하고 실수를 줄이고 남들보다 더 유능해 보여야 한다는 각오로 더욱더 스스로를 혹사시키고 모든 일을 빈틈없이 확인하고 또 확인한다.

ADHD 진단을 받으러 갔을 때 나도 다르지 않았다. 내 직업적 이력과 지금 하는 일을 이야기하면서, 무의식적으로 나 자신을 깎아내리고 있었다. 학창 시절에는 1년을 유급해 시간을 허비했고, 대입 시험 성적도 기대에 못 미쳤다. 대학교 성적은 늘 아슬아슬했고, 계획을 세우는 데 영 소질이 없다 보니 학사 논문도 제대로 마무리하지 못했다. 뉴욕에서 무급 인턴십을 마치고 돌아온 뒤에는 석사 과정을 포기했다. 직장에 나와서는 늘 나를 다른 사람들과 비교하며, 지금

내 일에 요구되는 전문성을 갖추지 못했다는 좌절감에 시달리고 있었다. 내 이야기를 듣던 치료사는 어느 순간 내 말을 끊고 이렇게 말했다.

"뵈르거 씨, 자신이 지금 무슨 이야기를 하고 있는지는 아세요? 뵈르거 씨는 지금껏 나열한 모든 것을 당연히 잘해야 한다고 생각하시는 모양이네요. 게다가 더 잘할 수 있었을 거라는 생각에만 골몰해 있어요. 그런데 지금까지 이미 많은 것을 이뤘잖아요. 심지어 ADHD인데도. 아니, 오히려 ADHD가 있기 때문에 이룰 수 있었던 건지도 모르죠! 이런 관점에서 생각해 본 적이 있나요? 뵈르거 씨가 그간 뒤처지지 않으려고 얼마나 고군분투해 왔는지, 비록 지금은 ADHD가 발목을 잡는 것 같지만 지금껏 이루어 온 성취만도 얼마나 대단한지 말이에요. 뵈르거 씨는 정말 스스로를 자랑스럽게 여길 자격이 있어요!"

그러자 불현듯 머릿속에서 생각의 방향을 바꾸는 선로전환기 같은 게 철컥 작동되는 느낌이 들었다. 동시에 눈물이 봇물처럼 터졌음은 물론이다.

내 내면의 비판가는 요즘도 이따금씩 깨어나 그간의 내 성과와 노력의 가치를 끌어내리려 든다. 그러나 또다시 스스로를 남과 비교하거나 내가 이룬 것들을 우연이나 운으로 치부하는 자신을 문득 깨달을 때면 나는 기억 속에 아로새겨져 있는 클리닉에서의 그날, 그 순간을 되살려보곤 한다.

ADHD에게 번번이 가로막히면서도 나는 그토록 많은 것을 해냈다. 그리고 내가 이룬 성과의 일부는 오히려 ADHD가 내게 불어넣어 준 강력한 에너지가 있어 가능했음을 부인할 수 없다.

슈퍼파워 모드

-작동 시작

이 장을 맺기 전에 꼭 덧붙이고 싶은 것이 있다. ADHD를 이렇게 다채로운 존재로 만드는 요소, 그리고 내가 "ADHD는 좀처럼 홀로 오지 않는다"고 말하는 이유이기도 한 부분이다. ADHD에는 그림자만 있는 것도, 빛만 있는 것도 아니다. 여러 특성이 함께 얽혀 나타나는 만큼, 어떤 사람들에게는 결코 쉽게 내려놓을 수 없는 면도 존재한다. ADHD가 있는 삶과 없는 삶 사이에서 선택권이 주어진다 해도, 이 특성을 기꺼이 포기하지 않을 사람은 나뿐만이 아닐 것이다. 누군가 "지금 당장 마법처럼 없애줄게!"라고 말한다 해도, 나는 그 제안을 받아들이지 않을 것이다. 남다르게 작동하는 뇌가 주는 특별함이 너무 크기 때문이다.

ADHD 진단을 받기 전까지 나는 내 장점이 얼마나 특별한 것인지 모른 채 '남들도 다 똑같을 텐데 뭘. 누구나 다 이런 거 아니야?'라고 생각했다. 그러나 이는 완전한 착각이었다. ADHD가 없는 사람들에게도 물론 그런 특징 중 한두 가지 비슷한 점이 있을 수 있다. 그러나 그동안의 내 삶을 되돌아보면 소위 '튀는' 행동을 하거나 무언가를 남들과 다른 방식이 나에게는 일상이었으며 이것이 강점이 될 때도 많았다.

앞선 여러 일화에서 여기저기 이미 넌지시 말한 바 있듯이, 공감이나 정의감은 ADHD가 있는 사람들에게서 특히 강하게 발현된다. 나 자신에게 점수를 매긴다면, 이 둘은 10점 만점에 10점이다. 내가 타인들, 특히 낯선 이들과 심각한 갈등에 휘말린 적이 거의 없는 것도 이런 장점 덕분이다. 비폭력 대화를 유도하는 재능도 있고 좋은 의미로 주위 사람들을 놀래게 하는 일도 많다. 항상 상대방과 눈높이를 맞추고, '웃는 얼굴에 침 못 뱉는다'를 모토로 늘 상냥한 태도를 유지해 사람들을 무장 해제시킨다. 즉흥적으로 타인에게 스스로를 이입시키는 데 능하기 때문에 누군가 특이한 행동을 해도 그 이유가 무엇인지 다각도로 고려하고 상황을 분석할 줄 아는 것 또한 강점이다. 나아가 상대방의 심리 상태를 파악하고 사후에 다시 한 번 이를 성찰하기도 한다.

개방적인 성향은 내 또 다른 장점이다. 남들이 어려워하는 화제를 꺼내는 것도 내게는 그다지 어렵지 않다. 전체적인 상황을 신속히 파악하며, 다툼이 벌어지면 당사자들 사이에서 화해를 유도하고 소통시키는 중재자 역할에도 능하다. 위급한 상황이 발생하거나 갑작스럽게 어떤 일이 벌어지면 거리낌 없이 두 팔 걷고 나서서 돕는다. 때로는 아직 드러나지 않은 문제를 먼저 포착해 상황이 악화되는 것을 막거나 최소한 완화시키기도 한다. 상황을 보면 무엇이 필요한지, 혹은 그 문제를 해결할 적임자가 누구인지 금세 파악할 수 있기 때문이다.

문제는 이런 성격 때문에 계획에 없던 일에 엮이는 경우가 많다는 점이다. 내 주위 사람들은 몇 시간 동안 연락도 안 되던 내가 혜성처럼 나타나 "방금 무슨 일이 있었는지 알아?"라고 대뜸 입을 여는 걸 보며 황당해하곤 한다. 한번은 베를린 슈프레 강가의 작은 야외카페에 앉아 있다가 무심히 자리에서 일어나 여기저기 놓인 커피 잔과 접시, 유리컵 등을 주섬주섬 모아 카페 안까지 가져다준 일이 있었다. 탁자 이곳저곳에 빈 식기가 쌓여 가는데 아무도 치우지 않기에 그냥 내가 치웠다. 사용한 식기들이 30분 새에 두 배로 늘었는데 나이 지긋한 종업원 혼자 너무나 바쁘게 일하고 있었다. 그것을 본 내 뇌가 '누가 아파서 결근하는 바람에 일손이 부족한 모양이군. 그럼 나라도 치워야지'라는 단순한 결론을 내린 것이었다.

사정은 내가 추측한 그대로였다. 주위가 지저분하다느니, 왜 이리 주문이 오래 걸리냐느니 불평해도 모자랄 판에 식기류를 모아들고 들어와 상냥한 미소를 지으며 "빈자리에 식기가 많아서 가져왔는데 괜찮으신지 모르겠어요. 혹시 도움이 필요하시면 제가 식기세척기에 정리해 넣을게요."라고 말하는 손님은 처음이었으리라. 이런 행동은 결과적으로 종업원과 손님들과 나, 모두를 기분 좋게 만들어주었다. 나아가 이에 전염된 다른 몇몇 손님들도 식기 치우는 일에 동참했다. 덕분에 나는 공짜로 커피를 대접 받았지만, 물론 대가를 바라고 한 일은 아니었다. 그저 '예외적인 상황'임을 파악하고 그에 합당한 행동을 한 것뿐이다.

사실 나는 지금껏 이 책에서 이야기한 모든 것과 정확히 일치하는 사람을 알고 있다. 내 아버지가 바로 그 주인공이다. 아버지가 어느 날 갑자기 전화를 걸어 '포레스트 검프'처럼 새우잡이 배를 타고 있다고 이야기해도 나는 눈썹 하나 까딱하지 않을 것이다. 휴가를 보내러 간 바닷가에서 우연히 구멍 난 배를 고치고 있는 늙은 어부를 만나 도와주다가 눌러 앉았겠거니 할 뿐이다. 그리고 그 노인과 함께 먼 바다에 나가 잡은 새우를 선물로 받아 와도 이상하지 않을 사람이 내 아버지였다.

물론 새우잡이 배는 내가 상상한 시나리오일 뿐이지만 비슷한 일은 늘 있었다. 길을 걷던 중에 노숙자들이 아버지의 이름을 부르며 인사를 건네는 일도 허다했다. 물론 아버지가 이따금씩 그들 곁에 앉아 그들의 긴 사연에 귀를 기울이곤 했기 때문이다. 사람들을 매혹하는 데가 있어서 벼룩시장에 가면 물건값이 저절로 깎였고, 바닷가에 휴가를 갔다가 물에 빠진 사람을 보면 주저 없이 물속에 뛰어드는 사람도 아버지였다. 집에서는 만삭의 아내가 곧 태어날 아기 방을 도배하라고 몇 주째 닦달하던 참인데, 길 가다 모르는 사람이 페인트칠을 하고 있으면 아기 방은 까맣게 잊어버리고 낯선 이의 페인트칠을 도와주고 있었단다. 물론 이런 일이 누구에게나 달가운 것은 아니었지만 적어도 내게는 아버지의 행동이 지극히 자연스럽게 느껴진다.

나는 비합리적이라고 생각되는 것에 항상 회의를 품고, 남의 일이 내 일인 것처럼 뛰어들어 도우며, 어떤 일을 한번 시작하면 결과를 생각하지 않고 대담하게 앞으로 나아간다. 이처럼 기존의 틀에서 벗어난 행동과 사고는 현재의 안정을 담보로 하기 때문에 주위 사람들을 힘들게 할 수도 있다. 그러나 세상에는 이처럼 다르게 생각하고 행동하는 사람도 필요하지 않을까? 뛰어난 창의력과 짝을 이룬 독특한 사고방식은 세상 그 무엇도 나를 가로막지 못할 거라는 느낌을 준다.

내 머릿속에서는 아이디어들이 쉼 없이 넘쳐흐르다 못해 붙잡을 틈도 없이 흘러가 버린다. 나는 늘 수백, 수천 장의 종이들이 소용돌이치며 날아다니는 커다란 유리관 속에서 종이를 잡으려 허우적거리고 있는 느낌이다. 커뮤니티를 통해 알게 된 친구 카리나는 이를 가리켜 '생각이 팝콘처럼 터진다'고 표현했는데, 그보다 완벽한 표현은 아마 없을 것이다. 아무 일 없다는 듯 잠잠하던 프라이팬 속의 옥수수 알갱이들이 어느 순간 한꺼번에 팡팡 터지는 것과 같다. 생각이 팝콘처럼 터지기 시작하면 내 주위는 어느새 오색찬란하게 빛나는 아이디어들로 가득 채워진다. 톡, 톡톡, 팡팡, 팡.

내 전 직장인 1LIVE의 한 편집자는 "마음껏 크게 생각하세요. 작아지는 건 알아서 될 테니까."라고 입버릇처럼 말하곤 했다. 이 말은 내게 훌륭한 모토가 되어주었다. 나는 언제나 큰 그림을 그리고 온갖 상상력을 동원해 사고하기 때문에 그중 어느 선까지가 현실적인지 검토하고 판단해 주는 사람이 늘 필요하다. '재미있을 것 같기는 한데, 2주일 사이에 끝내는 것은 불가능하니 분량을 반으로 줄이는 게 좋겠어요'라는 식으로 말이다. 그런 사람은 넘치는 어장에서 뜰채로 실한 물고기를 건져내듯 양질의 아이디어만을 선별해 내고 이를 문서로 정리한다. 그렇게 하지 않으면 금세 다 떠내려가 버릴 테니 말이다.

ADHD가 있는 사람은 어떤 아이디어가 떠오르면 그에 열광적으로 심취한 나머지 '그 정도 기억해 두는 것쯤이야 식은 죽 먹기지'라고 생각하곤 한다. 그러나 내게는 이게 마음대로 되지 않았던 경험이 헤아릴 수 없이 많다. 금세 잊어버리거나 두 번 다시 그 아이디어를 떠올리지 않을 가능성이 절대적으로 크다. 그래서 메모는 필수다! ADHD만이 생각해 낼 수 있는 독특한 아이디어가 아이러니하게도 ADHD의 건망증 때문에 허공으로 증발해 버린 적이 한두 번이 아니기 때문이다.

서로 너무나 닮은 두 명의 ADHD인이 콤비를 이루면 얼마나 재미있는 광경이 벌어질지 상상해 보라. 주거니 받거니 탁구공처럼 통통 튀는 생각들을 보통 사람들은 아마 따라가기도 힘들 것이다. 화제는 징검다리를 건너뛰듯 수시로 바뀌고, 본능적인 사고의 전환이 순식간에 이루어지고, 거의 설명도 필요 없이 즉흥적으로 계획이 수정되고 눈 깜짝할 사이에 어떤 결정이 내려지기도 한다. '우리 집에 가서 초밥을 먹고 영화관에 갈 게 아니라 음식 맛도 볼 겸 시내 반대편에 있는 멕시코 레스토랑에서 갔다가 내 직장 동료가 집에서 파티를 연다니까 거기에 가보는 건 어때?' '그것도 괜찮겠네.' ADHD의 대화는 이런 식이다.

ADHD 진단을 계기로 지금까지 있었던 모든 일들이 우연이 아닌 우리의 일부분으로부터 비롯된 것임을 깨닫는다면, 그리고 우리에게 추진력을 주는 것, 우리를 남들과 다르게 만드는 것을 제대로 활용할 수 있게 된다면, 우리는 막강한 파워를 얻는 것이나 다름없다. 물론 사람마다 차이는 있겠지만 나는 ADHD가 있는 모든 사람들에게 이런 면이 잠재되어 있다고 확신한다. 그래서 나는 이따금 영화 〈엑스맨〉 유니버스에 나오는 '자비에 영재학교' 같은 것이 ADHD인에게도 생겼으면 좋겠다고 상상한다. 영화에서는 공동체로부터 멸시받는 뮤턴트Mutants들이 이 학교에 다니며 자기 자신과 자신의 힘에 관한 모든 것을 배운다. 이를테면 자신이 가진 힘을 조절하고 효과적으로 사용하는 법이 그것이다.

현실에서도 조절은 중요한 화두이다. ADHD는 조절과 관련해 흔히 나타나는 특징도 있는데, 과집중이 바로 그것이다. 아마 당사자 스스로도 이런 개념이 있다는 것을 모르는 경우가 많을 것이다.

흔히 ADHD가 있으면 집중력이 약하거나 아예 집중을 못한다고 생각한다. 이는 전혀 사실이 아니다. ADHD가 있다고 집중을 못하는 것은 아닐뿐더러 보통 사람들보다 훨씬 더 강한 집중력을 발휘하는 경우도 있다. 다만 무엇에 얼마나 오랫동안 집중해야 할지 조절을 못하는 것뿐이다. 무언가에 너무나 깊이 몰두한 나머지 주위에서 일어나는 모든 일을 무의식중에 무시하고 '차단'해 버리는 현상을 과집중이라 한다. 일례로 예전에 나는《해리 포터》를 읽을 때면 몸은 내 방에 있어도 정신은 완전히 호그와트 마법학교에 가 있었다. 어머니가 방 안까지 들어와 밥 먹으라고 거의 고함을 쳐도 누가 옆에 있다는 것조차 인지하지 못했다.

심리학 박사 브랜든 K. 애쉬노프Brandon K. Ashinoff와 인지사회신경학 교수 아마드 아부 아켈Ahmad Abu-Akel은 2021년에 의학전문지《사이콜로지컬 리서치》Psychological Research에 이와 관련된 글을 기고했다. 이전에 두 학자는 ADHD 외에 자폐스펙트럼장애와 조현병 환자에게서도 흔히 관찰되는 과집중에 관해 그간 학계에서 어떤 연구가 시행되었는지 알아보았다. 그런데 이들이 알아낸 것은 관련 서적의 어디에도 과집중에 대한 명확하고 보편적인 정의가 기술되어 있지 않다는 사실뿐이었다. 누구나 이미 알고 있는 현상이라고 학자들이 단정 짓고 있던 탓이었다. 기고문에는 과집중 상태의 몇 가지 특징이 기술되어 있는데, 그중에서 유독 눈에 띄는 부분이 있다.

"미국의 성인들 중 약 800만 명에게 주의력결핍 과잉행동장애가 있는 것으로 추정된다. 이들은 스스로 강당에 조용히 앉아 있는 것이 거의 불가능에 가깝다고 여기며, 조용히 앉아 숙제에 집중하는 것도 상당히 힘들어한다. 그런데 똑같은 사람이라도 작곡, 자동차 수리, 코딩, 텔레비전 시청 등 흥미를 느끼는 일은 몇 시간이든 쉬지 않고 할 수 있다."

말하자면 관심을 끄는 것, 흥미진진하고 재미있는 것, 도파민 분비를 자극하는 것을 할 때 과집중 현상이 나타나는 것이다. 이때 뉴런은 문자 그대로 초고속으로 뇌를 관통하면서 뇌기능을 최대치로 끌어올린다. 그러면 당사자는 별안간 고도의 집중력을 발휘하며 어마어마한 양의 과제를 불과 몇 시간 만에 해치우거나 도저히 풀 수 없을 것 같던 문제에 답을 찾아내며, 다이슨 청소기의 최신 모델 못지않은 흡입력으로 정보를 빨아들인다. 참고로 내가 ADHD가 아닌지 의심을 품기 시작한 무렵에도 과집중이 도움이 되었다. 그 순간만큼은 인터넷도 오로지 ADHD 검색을 위해 존재했고, 불과 하룻밤 사이에 구글에 올라온 ADHD 검색 결과를 모조리 탐독했을 정도다.

과집중 상태의 내 모습은 헐크나 다름없다. 근육질에 초록색 피부를 한 광포한 거인으로 변신하지 않을 뿐 집중력은 헐크만큼이나 통제 불능이 된다. 때로는 그 덕분에 슈퍼파워를 발휘하기도 하지만, 에너지를 활활 태워버린 뒤에는 그대로 나가떨어진다. 무언가에 고도로 집중할 수 있다는 것은 매혹적인 동시에 마냥 좋지만도 않은 일이다. 주위의 모든 것이 깡그리 차단되는 통에 대화조차 불가능하기 때문이다. 먹고 마시는 것도 잊은 채 당장 하는 일에만 온 신경을 집중시킨다. 집중도는 100퍼센트를 넘어 150퍼센트로 치솟고 작업 속도도 무섭게 올라간다. 이는 안타깝게도 조절할 수 있는 문제가 아니다. 과집중 상태의 ADHD 뇌는 일방통행 터널 안에서 시속 250킬로미터로 달리는 자동차나 다름없다.

나는 특히 일할 때 과집중에 빠지는 경우가 많다. 때문에 독특한 경험을 한 적도 있다. 얼마 전, 처리할 일이 있어서 예외적으로 WDR 사무실에 들렀을 때였다. 사무실에는 나 혼자뿐이었고 다른 방해 요인도 없었기 때문에 일에 온전히 집중할 수 있었다. 주위의 모든 것을 잊은 채 작업에 푹 빠져든 지 4시간이 지났을 때 나는 어떤 기척에 숨이 넘어갈 정도로 놀라 무아지경에서 깨어났다. 청소하시는 분이 일부러 기척을 낸 것이었다.

그곳이 내 집이 아닌 쾰른의 사무실이라는 사실을 나는 까맣게 잊고 있었다. 시간이 몇 시인지도, 언제 어떻게 어디로 온 것인지도, 그날 또 무슨 할 일이 있는지도 모두 의식의 저편으로 밀려나 있었다. 그렇게 블랙아웃 상태로 오후가 흘러간 것이다. 문제는 한번 과집중 상태에 빠진 뒤에는 그 여파가 예닐곱 시간이나 지속되기도 한다는 점이다.

자세조차 바꾸지 않고 몇 시간을 앉아 있었더니 움직이지도 못할 정도로 경추에 통증이 발생하고, 허기와 갈증 때문에 현기증이 나며 머리는 깨질 듯 아프다. 뇌의 배터리를 최후의 한 방울까지 쥐어짜내는 바람에 즉각 절전모드에 돌입해야 하는 상황이다. 보통은 그 지경까지 가기 전에 육체와 정신이 미리 경고 신호를 보낸다. 적어도 휴식을 취하며 뭘 먹고 마시거나 하다못해 화장실이라도 다녀와야 한다는 것 정도는 감지할 수 있어야 한다. 그런데 이 단계를 건너뛰고 아무런 사전 경고 없이 곧바로 '배터리 절전' 모드로 전환되는 것이다. 한마디로 슈퍼파워 아니면 제로파워 상태다.

이 '슈퍼파워'를 일종의 '재능'처럼 여기는 사람은 ADHD가 있어도 그다지 크게 고통받지 않는다. 이들은 '올바른 마음가짐'만 있으면 ADHD가 '특별한 선물'임을 알게 될 것이라고 입버릇처럼 말한다. 그저 '받아들이기만 하면 되는' 선물 말이다.

모두가 이런 마음가짐을 가질 수 있다면 그보다 좋은 일이 어디 있으랴. 그러나 모든 이에게 자신과 똑같은 사고방식을 강요할 수는 없는 법이다. 나 역시 '슈퍼파워'로 인해 비싼 대가를 치르고 있기 때문에 ADHD를 '선물'로 생각하지는 않는다.

만화나 시리즈물에 등장하는 영웅들을 생각하면 쉽다. 이들은 특별한 능력을 지녔으며 어떤 일에서는 매우 '강한' 면모를 보이지만, 힘을 한번 쓰고 나면 지쳐 떨어지며, 예외 없이 최소한 한 가지 약점도 가지고 있다. 〈슈퍼맨〉, 〈헐크〉, 그리고 〈기묘한 이야기〉의 일레븐도 마찬가지다. 자신이 가진 힘을 소진시키거나 스스로를 과대평가하며 결국 깊디깊은 심연으로 추락하는 것도 공통적이다.

몇 가지 특별한 능력을 가졌다는 것은 멋진 일이지만 자기 자신을 정확히 파악하고 평가할 수 있는 에너지와 지혜까지 갖추기는 쉽지 않다. 또한 어떤 이들에게는 이런 강점들이 ADHD로 인한 일상에서 겪는 어려움을 덜어주지 못한다. ADHD가 초래하는 폐해가 이따금 남들과 똑같이 사회의 일원으로 살아가는 데 장애가 되기 때문이다.

IX

내가 문제인가, 남들이 문제인가

타인의 관점에서 바라보기

ADHD는 새로운 평범함인가?

ADHD의 긍정적인 측면에 관해 이야기하노라면 이따금 사람들의 은근한 거부감이 느껴진다. 이는 이른바 '기준'으로부터 벗어난 이들이 자주 감당해야 하는 거부감과 닮아 있다. 그런 사람들이 즐겨 하는 말이 있다.

"요즘은 너도나도 특별해지고 싶어서 무슨 진단을 받으려고 안달이라니까. 자기한테 이런 게 있다느니, 저런 게 있다느니. 어쨌거나 평범하지는 않다는 거지."

재미있는 것은 이 말이 전후관계를 뒤집고 있다는 점이다.

자기역량강화self-empowerment라는 말에는 얼핏 모든 사람들이 갑자기 개인으로서의 자기 정체성을 의식하면서 사회가 점점 더 작은 조각으로 갈라지고 있다는 의미가 내포된 것처럼 들린다. 이렇다 보니 커다란 전체를 한눈에 파악할 수 없게 되었다는 느낌이 들지만 사실 변한 것은 아무것도, 그야말로 아무것도 없다. 면밀히 들여다보면 전체적인 양상은 예전이나 지금이나 다를 바 없으며, 달라진 게 있다면 우리가 더 많은 것을 볼 수 있게 되었다는 사실뿐이다. 비유하자면 우리 사회를 관찰하는 현미경의 렌즈를 3배 줌에서 10배 줌으로 교체한 것과 같다. 이전보다 훨씬 세세한 부분들이 드러났지만, 이는 우리 눈에 보이지 않았을 뿐 예전에도 똑같이 존재했다. 3배 줌 렌즈로 보던 사람을 10배 줌 렌즈로 본다고 해서 그 사람이 다른 사람이 되는 것은 아니다. 그냥 예전보다 더 명확히 보이는 것뿐이다. 어떤 사람들은 보다 '뚜렷이' 드러난 자신의 본모습을 보고는 여전히 그늘에 숨어 있는 다른 이들도 새 렌즈를 통해 자기 모습을 볼 수 있도록 독려하기도 한다. 옛 렌즈 속에서는 뭔가 위험해 보이던 것이 새 렌즈 덕분에 무해한 것으로 판명되는 경우도 있다.

물론 '3배 줌으로도 충분히 볼 수 있었잖아'라고 고집을 부리는 사람들은 이에 적응하기가 쉽지 않을 것이다. 그런데 새로운 것을 거부하고 낡은 렌즈에 집착하다 보면 언젠가는 뒤떨어져 있다는 느낌을 받을 수밖에 없다. 이전까지 '하찮고 비정상적인' 것으로 치부해 온 것이 어느새 당연한 것으로 받아들여지고, 어렴풋이 약점이겠거니 하던 것의 실체가 분명한 윤곽을 드러낸다. 지금껏 그 약점에 맞서 고군분투해 온 사람에게는 이것이 유달리 크게 실감나며 눈부신 광채를 내뿜는 것처럼 느껴질지도 모른다. 이 새로운 광경이 사람들을 압도시키며 기존에 독보적인 지위를 누리던 권위는 위협당하기 시작한다.

ADHD는 정말 '새로운 평범함'이 되었는가? 그렇다면 관점을 바꾸어 지상에 ADHD인이라는 단 하나의 종만 존재한다고 생각해 보자. 이 행성에서 인류의 역사는 아마도 오래지 않아 종말을 맞을 것이다. ADHD가 있는 사람들만 있는 곳에는 생산성 없는 창의력만 들끓을 가능성이 있기 때문이다. 반대로 ADHD가 없는 사람들만 존재한다면 세상은 한없이 단조로울지도 모른다. 다양성은 언제나 좋은 것이다. 자유로운 영혼과 현실주의자, 유연성과 계획, 모험에 뛰어드는 이들과 풍부한 경험에 의존하는 이들이 어우러져 세상을 만든다.

'갑자기 너도나도 특별해지고 싶어 한다'고 비꼬는 이들에게 나는 평범한 것 그것이 무슨 뜻이건 간에 은 나쁜 게 아니라고 일깨워주고 싶다. 우리의 목적은 세상을 '평범함'과 '평범하지 않음'으로 양분해 놓고 "오늘부터는 '평범하지 않음'이 좋은 것"이라고 주장하는 일과는 거리가 멀다. 그보다는 '평범함은 우리가 지금까지 생각하던 것 *이상*의 의미를 갖는다!'라고 힘주어 말하고 싶다. 하나의 개념이 다른 하나의 개념을 무력화하는 게 아니라 그저 기존의 개념이 가진 의미가 마침내 확장된 것이라고 이해해야 한다.

ADHD는 병인가?

낙인찍기는 인간의 정신건강에 해로운 영향을 미친다. 나아가 정신과 장애와 질환을 치료하고 당사자의 고통을 경감시키는 데도 큰 걸림돌이 된다. 지금까지 대표 표본 자료, 실험적 연구, 설문조사, 정성적 연구 등 다양한 방식으로 축적된 수많은 결과는 ADHD가 있는 이들이 연령대를 불문하고 항상 낙인찍기의 희생양이 되고 있음을 시사한다. 그럼에도 특정한 정신과 장애를 겨냥한 낙인찍기에 관한 연구는 여전히 초보적인 수준에 그치고 있다.

2019년의 한 연구에서는 내면화된 낙인과 차별받을 것에 대한 예측, 대중의 낙인찍기에 대한 인식 등이 성인 ADHD에서 어떤 영향을 미치는지 조사했다. 표본의 규모는 104명으로 다소 적은 편이기는 했지만, 설문조사 결과 이들 중 69.3퍼센트가 일상에서 차별받을 것이라고 예상하고 있었으며 이미 낙

인이 찍힌 것을 체감한다고 대답한 이들의 비율은 88.5퍼센트에 달했다. 심지어 23.3퍼센트는 자신에게 찍힌 낙인을 이미 강하게 내면화한 것으로 나타났다.

정신적 스트레스, 낮은 자기가치감, 기능적 손상, 삶의 질 저하 등 ADHD와 관련해 나타나는 다양한 증상과 어려움이 사회의 낙인찍기와 연결되어 있다는 사실은 전문가가 아니어도 쉽게 짐작할 수 있다.

'낙인'을 의미하는 '스티그마 Stigma '라는 단어는 '성흔', '찔린 자국'을 뜻하는 그리스어에서 유래했는데, 내가 생각하는 낙인 역시 그와 다를 바 없다. 편견, 비하하는 말, 악의적인 농담은 그것을 받는 이의 마음에 비수가 되어 꽂힌다. 찔리고 다치는 것이 누구에겐들 대수롭지 않은 일이겠는가? 그래서 사람들은 자신에게 어떤 낙인이 찍힐 때 도피, 경직, 투쟁 flight, freeze or fight 같은 비일상적인 행동으로 이에 반응한다. 도피는 남들 눈에 이상하게 비칠 것이 두려워 몸을 사리고 본모습을 감추려 드는 것을 가리킨다. 꼼짝 않고 고통을 감내하며 그저 모든 게 빨리 지나가기를 기다리는 사람은 심신이 경직되어 있는 것이다. 비수에 찔리는 고통을 견디지 못해 반격하고 투쟁하는 사람도 있는데 이들은 '유별나다', '까다롭게 군다'는 말을 듣게 된다.

나는 ADHD에 흔히 따라붙는 'betroffen 영어의 'affected'에 해당 – 옮긴이 주 '이라는 수식어에 매우 민감하다. 이유는 단순하다. 이 단어는 불행한 일이나 상황에 휘말렸다는 의미로 자주 쓰이는데, 나는 ADHD가 불행도 병도 아니라고 생각하기 때문이다. 다소 복잡한 문제지만 최대한 이해하기 쉽도록 설명해 보겠다. 우선 'betroffen'의 사전적 의미는 다음 두 가지로 간추려진다.

[1] 뜻밖의 불쾌한 일을 당한, (정서적으로) 고통받는, 충격을 입은

[2] 연관된, 누군가와 연관 짓는, 누군가를 가리키는

이 중 첫 번째 의미를 ADHD와 함께 쓰면 대체로 ADHD에 관해 부정적인 느낌을 받게 된다. 예를 들어 테러 공격이 발생하거나 누군가가 갑작스럽게 세상을 떠났을 때도 이런 표현을 쓸 수 있다. 이런 사건은 흔히 충격, 연민, 안타까움 같은 감정을 유발한다. 그런데 나는 ADHD 때문에 동정받을 이유가 하등 없다고 생각한다. 뇌가 남들과 다르게 작동하는 것이 나를 고통스럽게 만들지는 않기 때문이다. 뇌 자체는 내게 문제가 안 된다.

내게 큰 고통을 주는 것은 ADHD가 초래할 수 있는 결과와 부정적인 측면들이다. 그런데 이 부정적인 요소들도 대부분 내가 이 시스템과 잘 맞지 않는다는 암시를 꾸준히 받아오는 과정에서 유발된 것이다. 어떻게든 스스로를 시스템에 끼워 맞추려 노력했지만 헛수고였다. 어린아이였을 때, 학생이었을 때, 그리고 배우자, 친구, 직장인, 여성으로서의

나를 대하는 사람들의 태도에 나는 늘 상처받았고 지금도 상처를 받고 있다. 이제야 ADHD임을 알게 되었다는 사실도 나를 힘들게 한다. 누군가 진작 설명해 주었거나 ADHD 진단을 일찍 받았더라면 겪지 않아도 되었을, 적어도 가볍게 지나갈 수는 있었을 크고 작은 일들에 대한 아쉬움도 마찬가지다.

아직 두 번째 의미가 남아 있다. 이때의 'betroffen'은 보다 중립적이며 단순히 사실이나 상태를 기술하는 의미로 쓰인다. ADHD를 이야기할 때도 그저 특정 집단을 지칭하거나 관련된 사람에 관해 서술하는 의미로 쓰일 수 있으므로 당연히 이 두 번째 의미가 훨씬 적절하다. 다만 이 집단이 매우 다양한 사람들로 구성되어 있다는 사실은 늘 염두에 두어야 한다.

그러나 내가 보기에 우리 사회는 아직 ADHD에 관해 중립적으로 이야기할 수 있는 단계에 이르지 못했다. 사람들이 ADHD에 대해 여전히 부정적인 이미지를 품고 있는 탓이다. 그래서 ADHD에 대해 이야기할 때 'betroffen'이라는 단어를 사용하거나 이를 '질환', '장애', '증후군' 등으로 칭하는 데 너무나 큰 거부감을 느낀다. 독일 연방헌법재판소는 1958년에 '질병'을 다음과 같이 정의했다.

"질병이란 보통의 상태 또는 정상적인 신체 활동에서 발생하며 제거하거나 완화하는 방식으로 치료할 수 있는 모든 장애를 일컫는다."

1972년에 연방사회법원에서도 비슷한 정의를 내렸다. 이에 따르면 질병이란 '의사의 치료 행위를 요하며 혹은 치료 행위가 없더라도 노동 능력 상실을 초래하는 비정상적인 신체·정신 상태'를 의미한다.

내가 볼 때 ADHD는 이러한 정의에 조금도 부합되지 않는다. 물론 이런저런 치료법을 사용하거나 약을 복용하거나 대응 전략을 학습함으로써 힘든 점을 완화시킬 수는 있으나 이것이 장기적인 변화를 일으켜 ADHD 뇌가 작동하는 방식을 영구적으로 바꾸어놓을 수는 없다. ADHD는 완치될 수도 제거할 수도 없기 때문이다. 또한 'ADHD에 걸린 사람이 벌떡 일어나 일하러 갈 수 있도록 신속하게 고쳐야 하는 비정상적인 상태'에도 해당되지 않는다.

이러한 정의들은 이제 다행히도 시대에 뒤떨어진 것으로 여겨지며, 애초에 의료계보다 독일 사회보장제도에서 더 큰 의미를 가졌던 개념들이다. 하지만 그 뒤에 깔린 사고방식은 여전히 많은 사람들의 머릿속에 남아 있는 듯하다. 여전히 건강을 개인의 '일을 해낼 능력'과 떼려야 뗄 수 없는 것으로 여기는 사람들이 많기 때문이다.

독일 연방보건교육센터 Bundeszentrale für gesundheitliche Aufklärung, BZgA 홈페이지에는 매우 흥미로운 보고서 한 건이 올라와 있다. 의학역사학자이자 의료윤리학자인 하이너 팡게라우 Heiner Fangerau 와 보건학자 페터 프란츠코비아크 Peter Franzkowiak 가 질병의 다양한 모델을 관찰하고 그 배경을 설명한 보고서가 그것이다. 두 학자는 이때 '질병'과 '건강'을 정의하는 일이 그토록 어려운 이유, 그리고 두 현상 모두에 매우 다양한 영역이 존재하는 이유를 고찰하고 있다.

물론 질병에서든 건강에서든 중요한 것은 그 문제가 학술적·의학적 차원에서 어떻게 평가되는가이다. 그러나 '정상적인' 것이 무엇이며 정상에서 벗어나는 것은 무엇인가를 둘러싼 개개인의 평가 및 사회적 통념도 못지않게 중요하다. 게다가 이 모든 평가는 서로를 전제하는 동시에 서로 긴밀한 관계를 맺고 있다. 팡게라우는 이에 더해 제4의 영역, 즉 '문화역사학의 맥락'에서 본 질병에 관해 이야기한다. 이때 그가 염두에 두고 있는 것은 오늘날 우리가 예전에는 불가능했던 진보된 기술을 이용한다는 점, 교육 모델과 양육 모델은 물론이고 젠더나 연령의 개념에서도 끊임없이 변혁이 일어나고 있다는 점 등이다.

이 모든 것 중 나머지 요소들로부터 분리해 단독으로 고려할 수 있는 요소는 하나도 없다. 의사가 "이 혈압 수치는 '정상'을 넘어섰으니 지금부터 약을 드셔야 합니다."라고 선언하거나, 의학적으로 정의된 질병이 없는데도 개인이 정신적 또는 신체적으로 편치 않다고 느끼거나, 공동체의 차원에서 부정적인 평가 '더는 정상 범위가 아니에요!', '저 사람 당장 병원에 가봐야 할 텐데!' 가 내려질 경우, 당사자는 물론이고 타인들도 문제가 되는 무언가를 질병으로 인지할 수 있다.

사물에 대한 평가는 언어에서부터 시작된다. 언어가 현실을 만들어내기 때문이다. 사람들의 언어 사용을 관찰해 보면 신체적 또는 정신적 '기준'에서 어긋나는 사람들을 비하하는 단어들이 많이 쓰인다. 이처럼 언어를 사용한 비하를 에이블리즘 ableism이라고 하며 이 역시 차별의 한 유형이다. 에이블리즘은 어떤 사람이 신체적·정신적 능력과 관련해 특정한 판정을 받았을 때, 특히 부정적인 판정을 받았을 때 거론된다. 이는 공동체 내의 특정한 사람들에 관해 좋지 않은 이미지를 형성하고 그 당사자의 자아상에 악영향을 미칠 수 있다.

자폐스펙트럼장애는 이런 현상을 명확히 보여주는 사례다. 이것을 부정적으로 묘사하는 차별적인 언어는 예전이나 지금이나 자폐스펙트럼장애 연구와 같은 학술 분야보다는 일상에서 자주 사용된다. 때문에 보스턴컬리지에서 자폐스펙트럼장애를 연구하는 크리스틴 보트마 뷰텔 Kristen Bottema-Beutel 박사 같은 사람들은 이와 관련된 의사소통방식을 변화시키는 일에 힘쓰고 있다. 예컨대 그는 '자폐 증상' 대신에 자폐스펙트럼장애 고유의 '특징', '특성'이라는 표현을 써야 한다고 주장한다. 마찬가지로 어떤 사람이 자폐스펙트럼장애를 '앓는다'라고 말하는 대신 자폐스펙트럼장애가 삶에 미치는 '영향'이라고 표현할 것을 제안했다. '영향'이라는 말에는 물론 긍정적인 측면도 포함된다.

어떤 사람이 특별히 필요로 하는 점이나 강점을 강조하는 대안적인 표현이 있다면 결점을 강조하는 용어를 주로 사용할 이유도 없지 않겠는가? 자폐인 활동가 짐 싱클레어 Jim Sinclair는 이미 1993년에 이와 비슷한 이야기를 한 적이 있다. 다음은 그의 에세이 《우리를 위해 슬퍼하지 말라》Don't mourn for us에서 발췌한 인용문이다.

"자폐스펙트럼장애는 어떤 사람이 가지고 있는 무언가도 아니고 그를 가두고 있는 '껍데기'도 아니다. 자폐스펙트럼장애의 이면에 평범한 아이는 없다. 자폐스펙트럼장애는 일종의 상태다. 이것은 어디에나 있다. 이것은 경험과 감각, 인지, 생각, 감정, 만남, 존재의 모든 관점을 물들인다. 자폐스펙트럼장애를 당사자로부터 분리하는 것은 불가능하다. 설령 가능하다 해도 그것을 떼어내고 나면 그 사람은 더 이상 원래의 그가 아니게 된다."

많은 자폐인들이 이른바 '사람 중심 언어 person-first language'를 거부하는 이유도 이 때문이다. '자폐가 있는 사람'이라고 표현해서는 안 된다는 뜻이다. 이는 '동성애가 있는 사람'이라는 표현이나 다를 바 없다고 한다. 자폐스펙트럼장애와 마찬가지로 동성애 성향도 당사자의 인격으로부터 분리될 수도 없고 '고쳐야' 하는 것도 아닌 속성이다. 그 사람은 그냥 원래 그런 것이다.

그래서 많은 자폐인들이 '정체성 중심 언어 identity-first language', 다시 말해 '자폐인'이라는 표현을 선호한다.

애석하게도 ADHD의 경우 이런 언어 문제를 해결할 묘안이 없다. 그래서 이 책에서는 그냥 'ADHD가 있는 사람'이라고 표현한 것이다. 간단하게 'ADHD인'이라는 표현도 가끔 사용했다. 이제는 바야흐로 새로운 명칭을 고민해야 할 때라고 생각한다. 가장 쉬운 방법은 ADHD가 있는 사람들이 자기 자신이나 ADHD를 어떤 식으로 표현하는지 그들에게 직접 물어보는 것이다. 나는 이게 가장 확실한 방법이라고 생각한다.

ADHD는 장애인가?

2022년 가을 호주에서는 ADHD를 둘러싼 은밀한 소문이 떠돌기 시작했다. 그리고 급기야 'ADHD는 장애인가?'라는 주제로 열띤 토론이 벌어졌다. 지난 10년 사이에 호주에서 ADHD 치료제 처방 건수가 2배 이상 폭증했다는 통계가 나온 뒤의 일이었다. 이 약을 처방받는 성인특히 여성들도 점점 늘더니 결국 아동의 처방 건수를 넘어서기에 이르렀다. 호주의 보건부에 따르면 10년 전에 50만 건이었던 ADHD 치료제 처방이 10년 만에 100만 건을 넘어섰다고 한다. ADHD 진단을 받은 호주의 성인들이 리탈린을 처방받은 사례는 2021년 한 해 동안에만 3배로 뛰었다. ADHD 진단이 증가하고 그에 상응해 약물치료 비율도 높아진 데는 특히 2021년부터 인스타그램과 틱톡을 이용해 '커밍아웃'하는 이들이 늘어난 것이 원인으로 꼽힌다. 정신과 질환에 낙인이 찍히던 분위기가 지난 몇 년 사이에 주춤해지고 정신건강에 대한 대중의 인식이 개선된 점도 이에 일조했다.

호주에서는 1992년부터 ADHD가 장애로 인정받아 왔다. 그러나 현재까지 ADHD를 근거로 국가장애보험 National Disability Insurance Scheme, NDIS 의 재정 지원을 받은 호주인은 소수에 불과했다. 호주 정부는 이 보험제도를 통해 장애로 인해 발생하는 비용을 지원하고 있지만 ADHD는 다른 주요 장애가 있어야만 지원 대상이 된다. 당사자들의 오랜 요구에도 불구하고 ADHD는 아직 국가장애보험의 지원 대상 목록에 등록되지 못했기 때문이다. 보건복지부장관 겸 직업장애보험제도 총책임자인 빌 쇼튼 Bill Shorten 은 2022년 9월, ADHD를 지원 대상으로 등록함과 동시에 주요 장애로 공식 인정할지 여부를 두고 담당 관청과의 논의에 들어갔다. 그러나 협상은 길게 이어지지 못했다. 쇼튼은 이튿날 바로 당분간은 한정된 지원 대상목록을 수정할 계획이 없다고 대변인을 통해 발표했다. 다음은 발표문의 한 대목을 인용한 것이다.

"ADHD가 있는 사람들은 지속적이고 명백한 장애 기준을 충족하고 지원 자격 요건을 갖추었다는 증거를 제시할 경우 국가장애보험 지원 대상이 될 수 있다."

물론 이런 중대 사안에는 항상 비용 문제가 뒤따른다. ADHD 진단을 받은 모든 호주인들이 별안간 국가장애보험의 잠재적인 재정 지원 대상이 된다고 생각해 보라. 그러나 숫자는 거짓말을 하지 않는다. ADHD가 있는 사람들이 그만큼 많다는 뜻이다.

이 사안에서 특히 우려되는 점은 우리가 장애에 잣대를 들이대고 있다는 것이다. 물론 어떤 사람에게 특정한 권리가 있는지 없는지 결정하려면 법과 제도가 필요하지만, 어떤 사람이 '아프다'거나 '장애가 있다'거나 그 밖의 어떤 상태라고 판단하는 것은 일차적으로 당사자의 몫이어야 한다. 세상에는 도움받을 곳을 찾아다니는 사람도 많고, 법적인 자격 요건을 충족하지 못해 도움받을 권리를 요구하는 데만 자신의 에너지를 모두 쏟아부어야 하는 사람들도 헤아릴 수 없이 많을 것이다. ADHD가 있는 호주인 조나단 브라운Jonathan Brown은 트위터 계정 @JB_AU에서 이렇게 이야기했다.

"장애 지원과 치료에 단일한 해결책이란 있을 수 없다. 인간은 단일화된 존재가 아니기 때문이다. 장애로 인해 행복하고 건강한 삶을 이끌어 나아가는 능력이 저하될 때는 도움과 지원을 받을 가능성이 열려 있어야 한다."

그런데 여기에는 또 다른 문제가 있다. ADHD를 장애로 인정하지 않는 것은 공공기관과 제삼자들뿐만 아니라는 점이다. ADHD가 있는 많은 사람들이 그로 인해 많은 것을 제한당하면서도 스스로 이를 장애로 인정하지 않으려 든다. 이 역시 개념에 관한 문제다. 인스타그램@luisalaudace을 통해 포용·반차별 운동과 상담 활동을 펼치는 활동가 루이자 로다스Luisa LAudace는 자신의 계정에 이런 글을 남겼다.

"장애라는 단어가 욕설로 오용되는 사례 때문에 많은 이들이 이를 피하려 든다. 그 결과 원래는 그저 한 사람의 상태를 기술하는 데 쓰였던 중립적인 개념이 널리 금기시되고, 이로 인해 장애가 있는 사람들이 자신의 정체성을 이야기할 때 이 단어를 쓸 수 없게 되어버렸다."

ADHD란 과연 무엇인가

-신경다양성과 ADHD

〈여자들의 저녁〉 인스타그램 계정에서 우리는 모든 사람의 몸은 아름답다는 캠페인을 펼치곤 했다. 키가 크거나 작은 사람, 살집이 있거나 마른 사람, 피부색이 어둡거나 밝은 사람, 주근깨가 있는 사람, 앞니 사이가 벌어진 사람, 식스팩이 있는 사람, 의족이나 의수를 착용한 사람, 대음순이 큰 사람, 음경이 작은 사람, 튼살이나 흉터가 있는 사람, 유방 제거 또는 확대 수술을 받은 사람. 우리 모두는 그저 있는 그대로의 자기 자신이며, 있는 그대로 괜찮은 존재다!

신경다양성은 바로 이런 사고방식에 근간을 두고 있다. 눈동자나 피부 색, 체형이나 성별의 다양성뿐 아니라 타고난 신경체계, 즉 뇌의 다양성까지 인정하는 것이다. 어떤 사람이 태어날 때부터 지금과 같은 모습이었든, 혹은 성장 과정에서 부정적이거나 긍정적인 경험을 거치며 현재의 모습이 되었든, 핵심은 그저 현재의 그 사람 그대로를 인정하는 것이다. 그는 수줍음을 많이 타거나 쾌활한 성격일 수도 있고, 온정이 넘치거나 다혈질이거나 시끄러운 성격일 수도, 공감능력이 뛰어나거나 주관이 강하거나 대담한 성격일 수도 있다. 산만하거나 충동적이거나 공상에 잘 빠지는 것도 마찬가지다. 이런 특성들을 굳이 분류하고 비교하고 평가할 필요가 있을까? 단 하나의 기준을 세워두고 그에 부합하지 않는 것은 모두 '비정상'이라고 여기는 이유는 무엇이며, 이것이 단순한 느낌의 차원을 넘어 '객관적이고' 과학적인 관점으로 간주되는 이유는 또 무엇일까?

신경다양성 운동은 바로 이런 점을 바로잡고자 1990년대부터 움트기 시작했다. 최초로 그 신호탄을 쏘아 올린 장본인은 다름 아닌 자폐인들이었다. 이와 관련해 특히 기억해야 할 인물은 주디 싱어Judy Singer다. 자폐스펙트럼장애에 찍힌 낙인을 제거하고 대중들이 이를 포용할 수 있도록 만드는 것이 그의 목표였다. 이를 위해서는 자폐스펙트럼장애에 대한 평가를 완전히 새로 정립하여 한층 발전된 구상안을 마련하는 일이 급선무였다. 결핍에 초점을 맞추어 자폐스펙트럼장애를 질병이나 장애로 규정하는 대신 관점의 전환을 통해 이를 지극히 자연스러운 다양성의 한 형태로 인정하는 일이 그것이다.

《증상이 아니라 독특함입니다》라는 책으로 이름을 알린 토머스 암스트롱은 신경다양성을 설명하기 위해 모든 사람이 꽃이라고 상상해 볼 것을 제안한다. 그리고 그중 장미꽃을 기준으로 정한다. 그런데 야생 해바라기나 백합, 회양목이 '정상적인' 장미꽃들만 일하는 병원에 찾아오면 장미꽃들은 당연히 이들이 자신과 다른 점에 초점을 맞추어 '치료'하려고 애쓸 것이다. 장미꽃이 기준이니 그에 맞추는 게 당연하지 않겠는가?

그러나 이 모든 꽃들에게는 한 가지 공통점이 있다. 바로 모두가 식물이라는 점이다. 모두 광합성을 하고 햇빛과 물과 보살핌을 필요로 한다. 제각각 필요로 하는 정도만 다를 뿐이다. 모두가 장미꽃이 아니면서 장미꽃과 똑같은 보살핌을 받고 싶어 한다면 얼마나 큰 혼란이 벌어지겠는가? 장미꽃과 똑같이 물을 주면 수련은 말라죽고 고무나무는 수분이 남아돌다 못해 썩어 갈 것이다. 심지어 선인장은 물이 없어도 몇 주일은 끄떡없는 식물이다. 실내에서 키우는 관상용 식물은 대개 작은 화분에 심어놓고 가끔 흙만 갈아주면 되지만 야생 개장미는 소량의 흙으로는 버틸 수 없다.

대부분의 식물은 또한 뿌리, 줄기, 잎, 꽃잎으로 이루어져 있다. 다만 각 구성 요소의 크기나 굵기, 색깔은 천차만별이다. 슈퍼마켓에 파는 빨간 장미꽃 다발도 물론 아름답지만, 꽃을 전문적으로 파는 상점에서 각양각색의 꽃들을 섞어 만든 크고 화려한 꽃다발에는 비할 바가 못 된다. 오로지 빨간 장미꽃만 피는 세상은 얼마나 단조롭겠는가?

암스트롱은 이러한 비유를 통해 우리 사회에서 날마다 어떤 일이 벌어지는지 보여주고자 한다. 다양성을 허용하고 헤아릴 수 없이 다양한 뇌들이 세상에 존재하는 것을 반기기보다, 다름을 병으로 간주하고 고치려 드는 것이 사람이다. 그리하여 그저 타고났을 뿐인 자연스러운 다양성에 질병, 장애, 증후군이라는 이름을 붙이고, 나와 다른 사람은 평가 절하한다.

우리는 여전히 생물다양성이 갖는 의미를 배워 가는 중이다. 극히 인종차별주의적인 이데올로기를 학계 및 우리 모두의 뇌리로부터 걷어내고 더 이상 개개인을 '더 가치 있고' '덜 가치 있는' 인간으로 분류하지 않게 된 지도 불과 얼마 되지 않았다. 여성과 남성을 동등하게 간주하기 시작한 것도, 세상에는 다양한 성정체성과 2개 이상의 성별이 존재함을 이해하게 된 것도, 이상적인 신체상에 반기를 들기 시작한 것도 마찬가지로 얼마 되지 않았다. 그리고 이제는 뇌의 다양성을 연구하고 이해하며 받아들여야 할 때이다.

많은 사람들은 신경다양성 운동의 일환으로 '빨간 장미'의 뇌와는 다른 뇌를 가진 사람을 신경다양인 neurodivergent이라 부른다. 이 용어는 자폐인 활동가인 카시아네 아사수마수 Kassiane Asasumasu에 의해 확립되었으며, 수차례에 걸쳐 의미가 변경되고 손질되기는 했지만 오늘날에도 여전히 긍정적인 명칭으로 사용되고 있다. 비록 수정된 정의가 애초에 아사수마수가 뜻한 바와 항상 정확히 일치한 것은 아니었지만 말이다. 그는 트위터 @UVGKassi에서 이런 말을 한 적이 있다.

"나는 어떤 사람의 존재방식이 태어날 때부터 병적이라고 믿지 않는다."

아사수마수는 신경다양성이 인정받는 세상을 만들기 위해 오랜 시간을 투쟁해 왔다. 그가 말하는 신경다양성은 자폐스펙트럼장애나 ADHD에만 국한되지 않는다. 그는 학습장애, 정신과 질환 또는 장애, 다발성경화증, 파킨슨, 뇌전증이 있는 사람들은 물론, 남들보다 민감한 성향의 사람들도 신경다양인에 포함시킨다. 아사수마수에게 가장 큰 고민거리는 이 개념을 내세워 자신들과 그 밖의 사람들 사이에 선을 긋고 자신들만의 '리그'를 만들려 하는 신경다양인 개인과 집단이 적지 않다는 사실이다. 로버트 채프먼 Robert Chapman 박사는 2021년에 《사이콜로지 투데이》Psychology Today지에 게재한 기고문에서 아사수마수의 말을 인용했다.

"신경다양성이라는 용어는 새로 나온 편 가르기 수단 따위가 아니다. 이는 다른 모든 것에 앞서 포용의 수단이다."

안타깝게도 신경다양성과 신경다양인이라는 용어는 혼동되는 경우가 많다. 외부인의 입장에서 이들을 묘사할 때는 물론이고 자기 자신을 가리킬 때도 이 단어를 잘못 쓰는 경우가 비일비재하다. 그런 것까지 피곤하게 따질 필요가 있을까 싶겠지만 이는 중요한 문제다. 예를 들어 어떤 사람이 스스로를 '신경다양인'으로 칭하거나 어느 기업이 '우리 회사의 신경다양인 직원들을 위해 무엇을 할 수 있을까?'라는 고민을 한다고 가정하자. 이는 의도는 좋을지언정 아주 바른 표현은 아니다. 많은 이들이 신경다양성은 항상 '다른 사람들'을 지칭하는 용어라고 생각한다. 그러나 다양성은 집단의 특성이다.

에든버러대학교의 자폐스펙트럼장애 연구기술발전 블로그에는 이와 관련된 간단한 예시가 등장한다. 글쓴이인 수 플레처 왓슨Sue Fletcher-Watson은 이것을 허브에 빗대 이야기한다.

"러비지는 다양하지 않지만 파슬리는 흔하다. 다양하다는 말은 '드물다'의 유의어가 아니다."

러비지, 바질, 타임, 파슬리 등이 모여 *다양한* 허브의 군을 이룬다. 다양한 면면을 지닌 하나의 '전체'를 볼 때 비로소 그 다양성이 가시화된다는 뜻이다. 사람도 혼자서는 '다양할' 수 없다. 나아가 다양성은 다름이 더 이상 존재하지 않는다거나 갑자기 사라질 수 있음을 뜻하지도 않는다. 다름에 관해 이야기할 수 있어야 비로소 문제와 기회도 모두 가시화될 수 있다. 중요한 것은 무언가에 대해 어떤 방식으로 소통할 것인가, 우리가 서로 소통하거나 서로에 관해 이야기할 수 있는가이다.

다름을 비정상적인 것, 별종의 것, 결핍이 있는 부정적인 것으로 정의하는 한 차별과 선입견과 부적절한 동정은 사라지지 않을 것이다. '우리 모두는 똑같은 사람이에요.', '저는 그가 다르다는 걸 못 느끼겠는데요.' 같은 말도 우리 일상에 큰 변화를 이끌어내고 장애물을 제거하며 포용하는 분위기를 만들기에는 부족하다. 좋은 의도로 말한 것이라 해도 결과는 같다. 도리어 듣는 사람의 경험을 부정하거나 그에게 중요한 문제를 대수롭지 않게 여긴다는 인상만 심어줄 수 있다. 말하자면 다양성이란 다름이 존재할 자리를 내어주고 모두가 그 다름을 보고 수용하며 환영할 수도 있음을 가리킨다. 다양성은 또한 상징적인 것에 그쳐서는 안 된다. 단순히 다양성을 가시화하거나 어떤 '정원'을 채울 목적으로 소수 집단의 구성원을 다수로 받아들이는 것이 그 예다. 이런 행위를 일컫는 명목주의 tokenism 라는 용어가 따로 있을 정도다. 이것은 다양성에 도움도 되지 않고 포용을 저해할 뿐이다.

다양성과 포용의 의미 또한 서로 다르다. 이 두 가지는 상호 대체될 수 없는 별개의 개념이다. 예를 들어 무언가가 다양성은 있으되 포용적이지는 않을 수 있으며, 포용적이되 다양성은 없는 것 또한 가능하다. 다양성만으로 포용까지 이룰 수는 없다. 포용운동가 베르나 마이어스 Vern Myers 는 이를 멋진 말로 표현했다.

"다양성은 누군가를 파티에 초대하는 것을 말한다. 포용이란 그에게 함께 춤추자고 하는 것이다."

이로써 마이어스는 누군가가 그 자리에 있는 것 자체도 중요하지만 뭔가를 능동적으로 함께하고 그의 필요가 반영되는 것 역시 중요함을 설파하고자 한다. '참여'는 이런 의미로 흔히 쓰이는 용어다.

모든 구성원이 공동체를 대표하고 있다는 느낌을 가질 수 있으며, 공동체의 중요한 일원으로 인정받기 위해 기존의 틀에 자기 삶을 억지로 끼워 맞추지 않아도 되는 사회. 이를 만드는 것이 바로 우리 공동체 전체에게 주어진 과제이다.

신경다양인이라는 개념은 신경발달상 다름이 있는 소수가 보다 용이하게 스스로를 칭할 수 있도록 해준다. 이에 대비되는 다수의 사람들은 '신경전형인'으로 정의된다. 이 용어는 다수의 신경발달상태가 기준으로 간주되어 온 데서 비롯되었다.

'평범함'을 의학적 관점에서 정의하려면 먼저 이상적 기준, 통계적 기준, 사회적 기준, 주관적 기준, 기능적 기준을 구분해야 한다. 대다수의 정신과 장애 진단은 무엇보다도 기능적 기준에 따라 이루어진다. 마티아스 베르킹 Matthias Berking과 빈프리트 리프 Winfried Rief가 공동 저술한《임상심리학과 심리치료》Klinische Psychologie und Psychotherapie에도 이와 관련된 설명이 나온다. 그에 따르면 기능적 기준 개념에서는 '어떤 사람에게 부과된 기능을 그가 수행할 수 있는지 여부가 핵심 역할을 한다. 예를 들어 그가 노동을 할 수 없게 되었을 때, 사회적 관계를 맺거나 누릴 수 없게 되었을 때 그는 병든 것으로 간주된다. ICD-10, DSM-5 등, 일반적인 질병분류체계는 광범위한 분야에서 건강한 상태와 병든 상태를 정의하는 데 기능적 기준 개념을 길잡이로 삼는다.' 현재까지도 이 기준을 충족하지 않는 모든 것은 '평범하지 않은' 것으로 간주되거나 진단되고 있다. 이는 현재 전 세계 거의 모든 보건시스템에 적용되는 방식이다.

물론 이에 대안을 제시하는 사람들도 있다. 앨리슨 카퍼Alison Kafer를 위시해 장애인 인권운동의 선봉에 있는 이들은 사회가 장애를 대하는 관점을 설명한 두 가지 모델을 고안했는데, 이는 신경다양인에게도 똑같이 적용된다.

그중 첫 번째인 *의료 모델*의 골자는, 어떤 사람의 신체와 뇌 중 최소한 하나가 어떤 능력을 상실했을 경우 그는 기준에서 벗어나며, 이 취약함으로 인해 그에게 장애가 유발된다고 보는 것이다. 따라서 그가 최소한 '정상'에 가까워질 수 있도록 약물치료나 특정한 치료를 통해 도움을 주어야 한다. 이로부터 그의 상태가 가능한 '고쳐야' 하는 안타까운 상태라는 이미지가 생긴다.

이에 대응해 제시된 *사회적 모델*에서는 이 문제를 전혀 다른 관점으로 본다. 당사자에게 제약이 있는 게 아니라 주변에서 그의 둘레에 물리적 장벽, 사고방식에서 비롯된 장벽, 의사소통의 장벽, 사회적 장벽을 세움으로써 제약을 가한다는 것이다. 이 모델은 결핍이 있는 사람들이 사회에 스스로를 맞출 것이 아니라 사회가 그들에게 맞추어야 한다고 본다. 이들을 그저 뭔가가 결핍된 대상으로 간주하기보다는 자신을 위해 목소리를 내고 스스로를 책임지는 자주적인 개인으로 인정해 주는 공동체를 만들기 위해서다. 물론 신경다양인이 특정 부분에서 취약하다는 점이 간과되어서는 안 되지만, 중요한 것은 이를 수용하고 신경다양성을 배려하며 꾸준히 장벽을 허물어 나아가는 시스템을 구축하는 일이다. 모든 이들이 화합을 이루고 '신경다양성'이 진정으로 인정받는 세상은 바로 이런 모습이어야 한다.

넌 너무 예민해서 문제야!

-ADHD와 예민한 성향의 공통점

남보다 예민하거나 과민한 성향도 인지와 관련된 매우 특징적인 사례다. '예민함'은 정식 진단명은 아니고 매우 뚜렷한 성격상의 특징을 가리킬 때 자주 쓰이는 표현인데 현재까지 연구된 바에 따르면 여기에도 광범위한 스펙트럼이 존재한다. 다시 말해 '스펙트럼의 한쪽 끝'에 극도로 예민한 사람들이 있다면 반대쪽으로 갈수록 상대적으로 덜 예민한 사람들이 위치하는 것이다. 흥미롭게도 고도로 예민한 사람들은 두드러진 인지적 특성과 자극 처리방식 등 여러 면에서 ADHD가 있는 사람이나 자폐인과 공통점을 보인다.

인간의 감각은 주로 외부에서 유입되는 자극을 받아들이고 처리하는 기능을 한다. ADHD가 있는 사람 및 다양한 신경다양인들 중에는 감각 처리에 오류가 발생해 감각을 매우 강렬하게 인지하는 경우가 많다. 온갖 좋고 나쁜 자극에 몸이 과도하게 민감한 반응을 보인다는 뜻이다. 감각 처리에 오류가 생기면 감각의 활성화가 과해지거나 반대로 저조해지고, 이는 직장, 가족과의 식사 자리, 파티, 성생활에 이르기까지 일상의 모든 영역에 영향을 미칠 수 있다. 성생활을 예로 들면 이런 사람은 성욕을 매우 강하게 느끼거나 반대로 전혀 느끼지 않는다. ADHD에서는 이런 성욕 상실 현상이 쉽게 지루해하는 성향이나 집중력 문제와 맞물리는 것으로 보인다. 성행위도 ADHD인이 매우 어려워하는 여타 활동들과 별반 차이가 없기 때문이다.

그 밖에 동반질환이 따른다는 것도 ADHD와 예민함의 공통점이다. 두 가지 사이에 직접적인 관련이 있다는 과학적 근거는 아직 충분치 않지만 아마도 대다수의 신경다양인은 자신이 매우 예민하다고 생각할 것이다. 결론적으로 다수의 신경다양인, 예를 들어 대부분의 자폐인과 ADHD인이 매우 예민한 것은 사실이나, 성향이 예민하다고 해서 반드시 자폐스펙트럼장애나 ADHD가 있는 것은 아니라는 가설을 세울 수 있다.

그 밖에도 간과할 수 없는 유사점이 여럿 더 있다. 나는 작가 에즈테르 야카브 Eszter Jakab 가 이야기한 또 하나의 사례를 통해 이를 설명하고자 한다. 야카브는 ADHD가 있는 자폐인 가족의 삶을 주기적으로 인스타그램 계정 @polyeszterbindung 에 공유하고 있다. 나는 〈여자들의 저녁〉에서 '고도의 예민함'을 주제로 주간 이슈를 준비하던 중 그와 연락을 주고받게 되었다. 그리고 이 과정에서 자폐스펙트럼은 물론 ADHD의 경우에도 중요한 쟁점이 되는 심리사회적 영향력의 비중에 대해 의견을 나누었다.

고도의 예민함이 결코 약점이 아니라는 사실에는 누구나 동의할 것이다. 아니, 그러기를 바란다. 그럼에도 이를 대하는 사회적 관점에는 다양한 차이가 있다. '예민함'의 정의가 무엇인가는 항상 한 사회 내에서 결정되기 때문이다. 가령 태어날 때부터 똑같이 예민한 성향을 가진 두 어린아이가 있다고 가정해 보자. 아이들은 환경의 영향을 잘 걸러내지 못하므로 모든 자극을 매우 강하게 인지한다. 한 아이는 유복한 가정에서 태어난 여자아이로, 넓은 집에 거주하며 주위로부터 충분한 학습 자극과 긍정적인 지지를 받으며 성장한다. 다른 아이는 다소 불안정한 환경에서 자라는 여자아이이며 좁은 공간에서 여러 사람들과 함께 거주한다. 아버지는 일하는 시간이 길어 집에 있는 경우가 드물기 때문에 부부 간에 불화가 잦다. 어머니는 네 자녀를 돌보는 가정주부이며 정신적으로 건강하지 못한 상태다.

혜택을 받고 자라는 아이는 필요할 때마다 자기만의 시간을 가질 공간이 얼마든지 있으므로 조용히 혼자 있을 곳을 찾느라 애쓰지 않아도 된다. 자기 방에 들어가 문을 닫으면 그만이고 수많은 책과 소음차단헤드폰도 있다. 버스를 타고 등교하는 게 부담스러우면 아버지가 차로 학교에 데려다 준다. 아이의 부모는 학부모 상담 기회를 이용해 수업에서 아이에게 필요한 점을 반영해 달라고 요청한다. 아이의 예민한 성향이 충분히 수용되고 배려받는 것이다.

보다 덜 혜택받은 아이는 싫든 좋든 대중교통을 이용해 학교에 다녀야 하며, 하교한 뒤 가족을 위해 슈퍼마켓에서 장을 봐야 할 때도 많다. 집에서는 혼자 조용히 쉬거나 숙제를 할 공간이 없다. 동생들과 방을 함께 쓰고 거실에는 늘 텔레비전이 켜져 있다. 아이는 항상 소음과 스트레스에 노출되어 있을뿐더러, 집에서 해야 하는 일은 많은 데 반해 누릴 수 있는 것은 적고 혼자만의 시간을 가질 기회도 충분치 못하다.

전자는 과도한 자극을 받았을 때 재충전할 방법이 있는 반면, 후자는 그럴 수 없기 때문에 이를 해소할 다른 방법을 모색해야 한다. 그리고 그 출구로 다른 자극들을 덮을 수 있는 더 강한 자극을 찾는다. 온라인게임, 약물, 불량한 친구들과 어울리는 일 등이 그것이다. 주변의 자극에 신경질적인 반응을 보이거나 화를 내는 횟수도 늘어나고 수면장애에 시달리며, 재충전할 기회가 부족해 성적도 떨어질 가능성이 크다.

결국 두 아이 모두 똑같은 성향을 타고났음에도 한 아이는 섬세하고 감수성이 뛰어나다는 말을 듣고 다른 아이는 공격적이고 시끄러운 '문제아'로 간주될 것이다. 결국 타고난 특성이 어떻게 발현되고 어느 방향으로 발전할지는 당사자에게 주어진 자원과 성장환경에 달려 있다. 그리고 여기에는 늘 혜택의 문제가 따른다.

사람들이 예민함을 얼마나 천차만별로 인식하는지 여실히 보여주는 또 한 가지 사례는 바로 여성성과 남성성이다. 두 성향 중 어느 쪽으로 사회화되었는가에 따라 예민함이 다르게 평가되는 것이다. 아마 예민한 성향은 주로 여성스러운 사람의 특징으로 간주될 것이다. 안타깝게도 섬세한 감수성은 여전히 이상적인 남성상과는 거리가 먼 것으로 여겨진다. '사내아이가 울면 못 써!', '나는 마마보이가 아니란 말이야!', '다 큰 남자애가 왜 여자애처럼 호들갑이니!' 같은 말을 우리는 얼마나 자주 듣는가. 남자아이들은 남자는 '강하고' '단단하고' '성공해야 하고' '자기 의지를 관철할 줄도' 알아야 한다는 메시지를 아주 어려서부터 주입받으며 자란다.

세상 사람들은 저마다 다른 방식으로 작동하므로 누구도 주어진 틀에 억지로 끼워 맞추어져서는 안 된다는 사실을 이제는 모두가 의식해야 한다. 어떤 이들은 환경을 남과는 다르게 인지하고 남다른 내면의 리듬을 갖고 있으며, 느끼고 생각하고 행동하는 방식도 보통 사람들과는 다르다. 이는 통상 '기준'으로 간주되는 것과 딱 맞아떨어지지 않을 뿐이지 잘못된 것이 아니다. 그럼에도 성과주의가 지배하는 사회에서는 이것이 혼란과 좌절감을 유발시키기 쉽다. 나아가 남들과 다소 다르게 작동하는 모든 이들의 삶을 고단하게 만들고 장기적으로는 건강까지 해칠 수 있다.

예민하다는 것이 곧 유약하고 상처받기 쉬우며 인내심이 약함을 뜻하지는 않는다. 그보다는 감각이 남다르기 때문에 경계선도 다르다고 보면 된다. 이런 성향의 단점은 자극에 예민하고 쉽게 에너지가 방전된다는 점이지만, 뛰어난 감수성과 창의력 같은 장점 또한 있다. 우리는 이를 금기시해서도, 특정한 '리그'의 전유물로 간주해서는 안 되며 그저 공동체에 이익이 되는 특성으로서 수용하고 존중해야 한다.

범주화의 덫

ADHD가 있든 없든 사람은 누구나 다양한 면면을 지니고 있다. 온전히 이런 사람도, 온전히 저런 사람도 없다. 우리의 의지와는 상관없이 경험한 모든 것에 의해 지금의 우리가 빚어져 왔으며, 또 여전히 형성되는 중이다. 많은 이들이 '왠지 나는 이 시스템 또는 저 시스템과 맞지 않는 것 같다' 혹은 '이 개념 또는 저 개념이 나에게도 일부 해당되는 것 같다'라고 느끼는 이유도 바로 여기에 있다. 그러나 이런 느낌이 듦에도 자신에게 어떤 딱지가 붙는 데는 강한 거부감을 느끼는 사람이 많다. 혹은 그들이 보이는 증상이 그저 통상적인 진단 기준을 완전히 충족시키지 않는 경우도 있다.

나는 *신경전형인*과 *신경다양인*이라는 카테고리를 모든 인간의 스펙트럼 상에 위치시킴으로써 그에 대한 답을 찾을 수 있다고 생각한다. 인간은 복잡한 존재이고 우리가 속해 있는 시스템 역시 복잡하며, 진단이라는 것도 때로는 우리가 상상하는 것보다 복잡할 때가 있다. 모든 사람들은 다이아몬드처럼 수많은 면면을 지녔기 때문에 개개인을 단 하나의 서랍에 분류해 넣거나 '정상' 또는 '비정상'이라는 단순한 기준으로 나누는 것은 불가능하다. 그러나 유감스럽게도 이런 범주화'병든' 상태와 '건강한' 상태를 구별하는 것도 이에 포함된다는 곳곳에서 관찰된다. 특히 진단과 관련된 문제에서는 더욱 그렇다.

이와 관련해 염두에 두어야 할 것이 있다. 진단은 대개 명확한 범주에 따라 내려지는 것처럼 보인다. 그래서 사람들도 명확히 구별되는 두 가지 상태, 즉 건강한 상태와 아픈 상태가 있다고 인식하게 되는 것이다. 이를 일컬어 *'범주적 진단'*이라고 한다. 쉽게 설명하자면 어떤 교재나 안내서를 펼쳐들고 '모 인격장애를 진단받으려면 모 기간 동안 다음 특징 또는 증상이 선행되었음을 증명해야 한다'라고 말하는 것이 범주적 진단이다. 그 뒤에야 비로소 '증후군', 즉 일정한 주요 증상들이 동시적으로 발현되는 것이 특징인 특정 임상양상에 대해 논할 수 있다. 이 다음 단계가 진단이다. 하지만 당사자가 소수의 증상만을 보이면 진단은 백지화되고, 그는 아무 진단 결과도 받지 못하거나 심지어 전혀 엉뚱한 무언가를 진단 받게 될 수도 있다.

물론 의료 현장에서도 이를 명확히 판별하기는 쉽지 않다. 한 가지 진단을 내리는 데는 이 책에서 미처 다 설명할 수 없을 만큼 많은 것이 필요한데도 진단의 형식은 비교적 경직되어 있는 탓이다. 예를 들어 내가 어떤 장애를 안고 살아오면서 이를 극복하기 위해 꾸준히 대처법을 학습했다고 가정하자. 그 개인적 노력으로 인해 모든 진단항목이 충족되지 않거나 원래 있던 일부 증상이 완화되었다면, 여전히 큰 사회적·직업적 제약으로 고통받고 있음에도 나는 치료 지원 대상에서 제외될 수 있다. 냉혹한 현실이 아닐 수 없다. 여러 증상이 모호하게 뒤섞여 하나의 명확한 카테고리에 나를 집어넣을 수 없는 경우도 마찬가지다. 이때는 여러 개의 개별적인 진단을 내리기보다 전체적인 맥락 및 모호하게 중복되는 부분에 초점을 맞추는 것이 보다 합리적이다.

ICD-11은 그 첫 시도로, 적어도 거의 모든 종류의 인격장애에 범주적 분류 대신 이른바 *'차원적 진단'*을 적용하고 있다. 이로써 '자기애성 인격장애', '비사교적 인격장애' 같은 기존의 특정한 용어가 카탈로그에서 삭제되고 보다 포괄적인 개념의 '인격장애' 진단에 관한 내용이 실리게 되었다. 다수의 진단 기준이 서로 중복되고 명확히 구별되지 않는 것이 그 이유다. ICD-11은 그 밖에도 향후 개개인에게 어떤 도움이 필요한지 판단하는 기준을 마련하는 데 주력할 계획이다. 드디어 개개인이 겪는 고통의 양상을 고려해 진단을 내릴 수 있는 길이 마련된 것이다.

독일 공영라디오의 과학 전문 저널리스트 마르틴 후베르트Martin Hubert는 이 변화를 '혁명'이라고 평가한다.

"이로써 정신의학은 옛 길에서 벗어나 완전히 새로운 길로 들어섰다. 이전에는 서로 다른 관점과 이론들을 하나의 틀로 묶기 위해 범주화를 도입해 적용해 왔다."

후베르트는 2022년 초 발표한 이 글을 준비하며, 베를린 샤리테대학병원 Charité 미테 캠퍼스에서 정신의학·심리치료 클리닉을 이끄는 정신과 전문의 안드레아스 하인츠 And-reas Heinz 와도 대화를 나눴다. 하인츠 역시 기존까지 적용되어 온 범주적 진단에 대해 매우 비판적인 입장을 고수해 온 인물이다. '어떤 인격을 가리켜 그것이 일반적으로 기대되고 관습적이고 심지어 통계상 평균에 해당되는 인격이라고 말할 권리는 누구에게 있으며, 그로부터 우리가 얻는 이득은 또 무엇인가?'라는 말이 그의 사고방식을 잘 대변해 준다. 범주적 진단은 다양한 인격을 명확히 구분해 '정상'과 '비정상'으로 나누고, 그 과정에서 특정한 라벨을 만들어낸다. 하인츠는 바로 이 지점에서 바람직하지 못한 낙인찍기가 촉발된다고 본다. 여기에는 '어떤 사람은 남들과 다르며, 앞으로도 그 상태로 남을 것'이라는 암시가 깔려 있다는 것이다. 그러나 그는 이를 단호히 부정한다. 인격장애는 결코 어린 시절부터 고정된 채 평생 유지되는 특성이 아니며, 다수의 장기 추적 연구가 이미 이를 분명히 보여주고 있다. 그 결과, 인격장애를 다른 정신과적 장애와 구분해 온 전통적인 핵심 기준 역시 더는 유효하지 않게 되었다.

물론 ICD-11이 제시한 새로운 대안도 비판에서 완전히 자유롭지는 못하다. 일부 전문가들은 명확히 범주화되어 있던 것을 무효화함으로써 자의적인 진단이 내려질 가능성을 우려한다. 명확한 기준이 없다면 어떤 장애가 어떤 방식으로 치료되어야 하는지를 어떤 근거에 따라 결정해야 한단 말인가?

ICD-11의 차원적 진단 모델이 기폭제가 되어 인격장애뿐 아니라 명확한 범주화가 요구되는 다른 여러 영역들이 점점 더 이 방식을 따르게 될 수도 있다. ADHD는 인격장애에 해당되지는 않되 질병 및 그와 관련된 건강 문제를 다루는 일반적인 진단 안내서에서도 많이 다루어지며, 내 생각에는 ADHD를 차원적 진단의 관점으로 보는 것이 진단에 매우 유리하게 작용할 것 같다. 특히 오늘날 자폐스펙트럼장애에 완전히 자리 잡은 '스펙트럼'이라는 개념은 ADHD에도 매우 잘 맞아떨어진다. ADHD의 수많은 특성을 범주화하고 확실한 진단을 내릴 수 있는 가능성을 제공함은 물론, ADHD를 알리고 동지들을 찾아 교류하고 개개인의 증상에 따라 치료를 받을 것인지 말 것인지를 결정하는 데도 도움이 될 것이기 때문이다.

나아가 지금까지 언급한 모든 영역들이 임상 현장에서 '신경다양성 스펙트럼'으로 명명될 수 있다면 이상적인 전환이 될 수 있다. 이는 "ADHD가 있는 사람은 '비정상'이거나 '병든 사람'인가?"라는 논쟁을 끝낼 기회가 될 수 있다. 이때는 ADHD가 자신에게 해가 되는지, 아니면 이를 생물학적

다양성이나 심지어 재능으로 받아들여도 되는지에 관한 당사자의 판단이 핵심이 될 것이다. 그 스스로 ADHD를 어떻게 인지하느냐에 따라 그가 겪는 고충의 정도를 어림하고 그에게 어떤 의료적 처치가 적합할 것인지 판단할 수도 있다.

새로운 진단 기준을 찾는 과정에서 주의할 것은 신경다양인의 뇌를 가지고 신경전형인의 세계에서 살아가는 데 따르는 개인의 고충을 배제해서는 안 된다는 점이다. 지원제도에 접근할 기회는 누구에게나 열려 있어야 하며, '도움이 필요하다니요? ADHD는 그저 '인간의 다양한 면면 중 하나' 일 뿐이라면서요?'라는 삐뚤어진 반응에 상처받는 사람이 생겨서도 안 된다. 따라서 차원적 진단에서 당사자의 판단을 기준으로 삼을 경우 훨씬 더 양질의 결과를 얻을 수 있을 것이다.

후베르트는 베를린 자유대학교에서 임상심리·심리치료학을 가르치는 바베테 레네베르크Babette Renneberg 교수와의 대화를 바탕으로 다음과 같이 강조한다.

"문제를 보는 당사자의 시각은 진단에 길잡이가 되어야 한다. 환자는 어떤 행동방식을 보이는가? 일상생활의 어떤 영역에서 가장 큰 어려움을 경험하며 어느 정도로 고통받는가?"

결론적으로 말해 사고의 전환은 이미 시작되었다. 다만 전문가들은 심리치료사나 의사가 차원적 사고를 임상에서 광범위하게 적용하고 이것이 사회 전반에 스며들기까지는 여러 해가 더 걸릴 것으로 전망한다.

그럼에도 범주화는 필요하다

앞에서 나는 범주화의 서랍들을 해체시켜야 하는 이유에 대해 장황하게 설명했다. 동시에 신경다양인 같은 범주를 들먹이거나 나 자신을 ADHD가 있는 사람으로 특정하기도 한다. ADHD인이나 자폐인에 대한 비판의 핵심으로 자주 등장하는 '라벨링 Labeling', 즉 '딱지 붙이기'라는 용어가 있다. 이는 '아이에게 이름을 붙이는 것'을 뜻하며 여기에서는 스스로를 '신경다양인'이나 '예민한 사람'으로 지칭하는 것을 가리킨다. 라벨링이 비판받는 이유는 사람들이 스스로를 특정한 '서랍'에 가두어 버리고 그 서랍에 붙은 이름을 내면화하며, 결과적으로 '나와 타인'이 서로 다르다는 느낌을 품기 때문이다.

이쯤에서 보통 사람들과는 다르게 작동하는 뇌와 그것의 소유자에게 굳이 어떤 개념을 붙이는 이유가 무엇인지 궁금해할 사람이 있을 것이다. 다양성이 그토록 강조되는 시대가 아닌가. 모든 라벨과 호칭을 없애고 그저 평화롭게 공존할 수는 없을까? 그렇게 다채로운 동시에 '무채색'인 세상은 상상만으로는 흥미로울지 모르나 현실은 그와는 전혀 다르다.

애석하게도 여전히 우리는 모든 사람들이 다양성을 자연스럽고 정상적인 것으로 간주하며 수용하는 시대에 살고 있지 못하다. 오히려 서로를 가르고 선을 긋는 데, 나아가 누가 더 많은 권리를 갖고 더 가치 있는 사람인지 내세우는 데에도 다름이 악용되기도 한다. *신경다양인* 같은 개념은 자폐스펙트럼장애나 ADHD가 있는 사람들이 번번이 '넌 우리와 다르다'라는 말을 듣게 되는 현실 때문에 생겨났다. 한마디로 이들은 배척당한다. 아무 데서도 소속감을 느낄 수 없고 여기저기에서 거부당하는 사람에게 어떤 일이 생기겠는가? 어느 시점부터 이들은 어쩔 수 없이 자신들만의 리그를 형성하기 시작한다.

다른 여러 비주류 집단들에게서도 비슷한 현상이 관찰된다. 우리는 '어째서 세상을 블랙과 화이트로만 나누는 거죠?', '저렇게 무지개 깃발을 휘날리며 티를 내야 하나?', '어린이 교육프로그램에 트랜스 어쩌고 하는 사람들을 왜 내보내지요?', '히잡을 쓴 여자를 꼭 진행자로 써야 하나요?' 같은 말을 주변에서 수없이 듣는다.

그것도 질문이라고 던지는 사람들에게 나는 '그게 현실이고, 그렇게 해야 하니까요!'라고 대답해 주고 싶다. 이런 집단 비슷한 경험을 한다는 점에서 집단이라 표현했지만 물론 그 안에 속한 모든 이들이 단일한 특성을 지닌 것은 아니다은 우리 사회의 일부분으로서 오랜 세월 동안 배척과 적대감, 그 밖의 지독한 일들을 감수하며 살아왔다. 그래서 나는 이들에게 긍정적인 의미의 라벨을 붙여주는 일이 반드시 필요하다고 생각한다. 특정한 사람들만이 소속된 '리그'라든지 차별의 경험 때문에 형성된 특수한 안전망이 존속해도 되는가, 이들이 어떤 규칙을 따라야 하는가, 이 집단은 어떤 이름으로 불려야 하며 누가 거기에 포함될 자격이 있는가를 논할 권리를 가진 사람은 아무도 없다.

긍정적인 라벨은 또한 특정한 사람들 및 이들을 대하는 공동체의 태도를 한층 뚜렷하게 가시화해 준다. 이들도 똑같이 한 표를 가진 시민이며, 다른 모든 사람들과 마찬가지로 '케이크 한 조각을 얻기 위해' 자신의 권리를 주장할 수 있다. 중요한 것은 단 하나, 케이크를 공평하게 나누는 것뿐이다. 이전까지 모든 것을 독점해 온 집단은 평등한 분배로 인해 자신이 손해를 본다고 느낄 수도 있다. 그러나 진실은 기존의 분배방식이 평등하지 못했으며 심지어 이 방식이 애초에 폭압이나 체계적인 낙인찍기를 통해 관철되었을 가능성도 높다는 것이다.

평등한 분배는 매우 복잡하고 힘든 과정을 거쳐 이루어진다. 이는 모두 함께 겪어 나아가야 할 일이다. 그러나 이로써 우리가 얻는 이익이 무엇인지 잊어서는 안 된다. 정의와 뚜렷한 다양성이 그것이다. 눈을 감고 귀를 막는다고 해서 세상에 이런 가치가 존재하고, 또 요구될 수 있어야 한다는 사실이 부정되는 것은 아니다.

때로는 라벨을 향한 비난이 소리 없이, 무의식적으로 표출되기도 한다. 한번은 누군가에게 내 ADHD에 대해 이야기하자 진단을 받은 지 얼마 지나지 않았을 때였다 곧바로 이런 대답이 돌아왔다.

"그렇거나 말거나 나한테는 달라질 게 없어요. 내게는 예전이나 지금이나 똑같은 당신일 뿐이니까요."

지금 생각하면 내게 정말 큰 용기를 주는 말이지만 당시의 내게는 이게 그렇게 와닿지 않았다. 그때는 내게 붙여진 라벨을 내세워 내 정체성을 표현하는 일이 더 중요했기 때문이다. 그런데 이렇게 하면 할수록 주위의 거부감이 점점 더 크게 느껴졌다. 내가 별안간 ADHD만으로 내 정체성을 정의하고 온갖 사소한 일까지 그와 연관 지으며, 이 모든 일들을 이전보다 훨씬 강하게 느끼고 경험하려 든다고 느낀 사람들도 있었다.

신경다양인이 진단을 받은 뒤에 갑자기 '훨씬 더 심한 ADHD 증상'을 보이거나 '자폐 성향이 강해지는' 현상은 실제로도 흔히 일어난다. 그래서 때로는 일부러 그런다거나 의식적으로 과장한다는 비난을 받기도 한다. 물론 어떤 증상이나 통증, 심지어 무슨 병이 있는 것처럼 꾸미는 사람들도 없잖아 있지만 이런 경우는 예외적이다. 확진을 받고 나서 어떤 특성이나 증상이 심해지는 것처럼 보이는 데는 지극히 합리적인 이유가 몇 가지 있다. 첫째, 진단받은 당사자가 자신의 필요에 대해 훨씬 더 긍정적인 마음가짐을 갖고 스스로를 보다 잘 보살피는 법을 배우기 때문이다. 둘째, ADHD의 경우를 예로 들자면 이들은 진단을 통해 자신을 드러내고 ADHD를 받아들이는 데 보다 자신감을 갖게 된다. 셋째, 주변 사람들이 당사자를 보다 잘 이해하게 된다. 넷째, 당사자가 자신과 비슷한 사람들이 모인 커뮤니티를 접하면서, 그동안 쓰고 있던 '가면'을 벗어버리는 계기가 마련된다는 점이다. 따라서 이런 과정을 거치며 행동방식에 변화가 생긴다고 해서 그에게 비난의 화살을 쏟는 것은 부적절하고 비생산적이며 당사자에게도 도움이 되지 않는다. 이들은 지금껏 가면을 쓴 채 어마어마한 에너지를 소모하며 살아왔다. 이제야 비로소 '진정한 자기 자신'이 될 수 있다는 해방감을 누리는 참에 제삼자의 잔소리와 참견은 흙탕물을 일으키는 것밖에 되지 않는다.

자폐스펙트럼장애와 신경다양성을 알리는 데 힘쓰고 있는 엘렌 존스Ellen Jones는 "그들에 관해 아무것도 모르면 그냥 입 다물고 있는 편이 낫다!"라고 말한다. 어떤 증상이 갑자기 더 심해진 것처럼 보인다 해서 이전에 없던 증상이 갑자기 생긴 것은 아니다. 어떤 사람이 자신의 '다름'에 대한 과학적 해답을 찾고 자신은 남들과 '다른' 것이지 '틀린' 것이 아님을 깨닫는 과정에서, 제삼자인 우리는 그저 관찰자 역할을 하면 그만이다. 그가 마침내 자신의 본모습을 되찾고 건강한 삶을 살 수 있게 되었음을 축하해 주는 것이 관찰자로서 가장 적절한 태도라고 생각한다.

내 주위 사람들은 내가 가지고 있는 배경지식을 갖추고 있지 못했던 탓에 낯선 반응을 보였다. 나는 당연하게도 ADHD의 복잡한 면면에 관해 그들보다 훨씬 더 잘 알고 있었다. 그러나 시간이 한참 흐른 뒤에도 여전히 ADHD라는 주제에 몰두하며 그와 관계된 모든 것을 파헤치고 있는 나를 보며 그들도 점점 더 많은 것을 배우기 시작했다.

모든 일을 순조롭게 잘해내고 있는가, 그렇지 못한가? 부가가치를 통해 공동체에 기여하는가, 아니면 공동체의 짐이 되는 존재인가? 이 모든 것이 오롯이 당사자의 책임이라는 말을 평생 듣고 살다 보면 이것이 사고와 행동, 감정까지 지배하게 되며, 종국에는 성격에까지 영향을 미치고 한 사람을 영구히 변화시킬 수도 있다. 세상은 절대다수, 즉 ADHD가 없는 사람들의 필요에 맞추어져 있으며, 당신은 남들과는 다르게 작동하는 뇌를 가진 탓에 그와 번번이 충돌할 수밖에 없다. 그러나 당신에게 이렇게 말해주는 이는 아무도 없다. 설령 아동기나 청소년기에 진단을 받는다 해도 주위 사람들이 모두 ADHD의 복잡성이나 의미를 이해하고 배려해 주는 것은 아니다. 나는 제삼자가 ADHD에 관해 잘 모르거나 ADHD가 있는 사람을 대하는 조언을 받을 곳이 없다는 점이 ADHD로 인해 빚어지는 오해와 마찰의 가장 큰 원인이라고 생각한다. 배경지식의 부족은 흔히 공감의 결여를 낳는다. 다름을 유발하는 것이 눈에 보이지 않을 때는 특히 그렇다.

결과적으로 ADHD 진단을 받은 사람들은 '호들갑떨지 마!', '그런 말로 모든 것을 합리화하려 들지 말아요!' 같은 말을 시도 때도 없이 듣게 된다. 이런 상황을 개선하기 위해서라도 ADHD에 관해 알리고 연구하는 노력이 시급히 필요한 것이다. 나아가 장기적으로 평등과 다양성과 포용이 지배하는 세상을 만들기 위해서는 구조적인 문제를 완전히 뜯어 고칠 필요가 있다. ADHD인을 비롯한 신경다양인 스스로 이에 관해 읽고 배우고 치료받고 약을 복용하고 코칭을 받는 등의 노력을 기울이는 것도 중요하지만, '사회적 차원에서도' 지속적인 변화가 있어야 한다. 더 나은 공존을 만드는 데는 언제나 둘 이상이 필요하다. 제아무리 좋은 해결책과 접근법을 고안해 내도 그것이 자신과 맞지 않는 세상에 적응하려는 신경다양인의 노력을 도리어 힘들게 만든다면 아무 소용없지 않겠는가. 신경다양인이 바라는 것은 자신의 본모습으로 살아가는 것이 허용되는 공간, 그리고 이들의 필요를 함께 고려해 주는 세상이다.

의료계의 차별

-무엇이 치료를 방해하는가?

모든 사람이 양질의 진단과 치료를 받을 수 있어야 한다는 서명운동을 벌인다면 아마도 이에 서명하지 않을 사람은 없을 것이다. 그러나 안타깝게도 현실은 캠페인과는 다르다. 특정한 인종적·사회적 배경, 성별, 섹슈얼리티sexuality, 신체 등을 가진 사람이 구조적 불평등으로 인해 차별받는다는 사실은 보건 분야에서도 실감할 수 있다.

NDRNorddeutscher Rundfunk, 북독일방송은 2022년에 발표한 한 기사에서 의료계에 존재하는 의식적·무의식적인 차별 문제를 인종차별 사례를 통해 다뤘다. 예컨대 어두운 피부색을 가진 사람이 통증을 더 잘 참을 수 있다는 고정관념 때문에 흑인들은 약 처방을 덜 받는 경향이 있다고 한다. 반면에 '남국 출신'이게 정확히 무슨 뜻인지는 차치하고의 사람들은 감각이 과도하게 예민하고 통증을 더 강하게 호소하는 것으로 간주된다. 심지어 이러한 편견을 가리키는 비공식적 표현으로 '*모르부스 메디테라네우스* Morbus Mediterraneus', 일명 '지중해병'이라는 차별적 용어가 사용되어 온 사례도 있다. 또한 이국적인 이름을 가진 환자는 독일어가 유창하지 않을 것이라는 극히 차별주의적인 추측 때문에 대기 시간은 훨씬 길고 진료 시간은 보다 짧으며 진료도 더욱 덜 꼼꼼하게 이루어진다고 보고했다. 나아가 백인이 세계 인구의 다수를 차지하지 않음에도 전 세계 의학교재의 다수는 백인을 기준으로 삼고 있다. 이는 최악의 경우 생명을 위협하는 병을 간과하거나 너무 늦게 발견하는 상황까지 초래할 수 있다.

트랜스젠더, 장애인, 그 밖에 신체조건이 사회적 '기준'에 들어맞지 않는 사람들도 의료서비스에서 불이익을 당하는 일이 많다. 예를 들어 비만인 사람은 건강하지 않을 것이라는 선입견 때문에 사람들은 그가 겪는 모든 신체적 또는 정신적 문제의 원인을 체중으로 돌린다. 그러나 이는 지나치게 단편적인 생각일 뿐이며 많은 경우 이는 비만인 비하 Fat-shaming에 지나지 않는다.

그 밖의 여러 영역에서도 감지되는 편견과 낙인찍기는 결국 보건제도에 대한 사람들의 불신을 초래한다. 반복해서 트라우마까지 유발하는 이런 경험을 하는 사람들은 점점 더 의료서비스를 이용하지 않게 되고, 사회적·재정적 자원까지 부족한 경우 상황은 더욱 악화된다.

소외 현상은 정신건강 분야에서도 중요한 문제다. 우선 진단과 치료를 담당하는 이들이 특수한 전문성을 충분히 갖추지 못했을 때는 환자가 병원에 가지 않거나 치료를 거부하게 될 수도 있다. 환자가 정신과 질환에 대해 문화적·종교적 편견이라도 품고 있다면 더 큰 문제가 된다.

몇몇 연구에서는 인종적 배경과 ADHD 진단의 상관관계가 밝혀지기도 했다. 일례로 2012년과 2016년에 각각 발표된 미국의 두 논문은 소수인종 아동이 아동기 초중반에 ADHD 진단을 받는 사례가 동 연령대의 백인 아동들에 비해 훨씬 적음을 보여주었다. 진단과 치료가 미비하니 치료제가 처방되는 경우도 훨씬 드물 수밖에 없다.

의료서비스에 구멍이 생기는 원인에는 상술한 것 말고도 한 가지가 더 있다. 자신이 겪는 문제가 신경학적 원인에서 비롯되었을 뿐 자기가 뭘 잘못한 것은 아니라는 사실은 백인들도 좀처럼 이해하지 못한다. 그런데 이른바 'BIPoCs Black, Indigenous, and People of Color, 흑인, 원주민, 유색 인종을 지칭하는 표현 -옮긴이 주'에게는 이 두 가지를 분리해 생각하는 것이 훨씬 더 어렵다. 다수 집단이 이들의 태도와 행동, 능력 예를 들어 어떤 직업을 얻는지 여부을 인종적 뿌리와 연결시키는 경우가 드물지 않기 때문이다. 분명히 강조하건대 이는 극도로 인종차별주의적인 사고방식이다. 혹은 큰 소리로 빠르게 말하는 것, 충동적으로 행동하는 것, 타인의 비판에 예민하게 반응하는 것, 시험을 망치는 것, 그 밖의 여러 문제들이 ADHD에서 비롯되었을 수 있음에도, 다수 집단의 편견이나 내면화된 차별 인식으로 인해 이들 스스로도 그 원인을 항상 이들의 표현형 여러 유전자가 상호작용한 결과물로서 겉으로 드러나는 특성 -옮긴이 주이나 문화적 배경에서 그 원인을 찾으려 든다. 물론 그렇게 추측할 여지가 실제로 있는 상황일 수도 있지만, 그렇다고 이런 편견을 받는 이가 느끼는 불편함이 줄어들지는 않는다. 대부분의 'BIPoCs'의 삶은 그러잖아도 온갖 차별의 경험으로 점철되어 있기 때문이다. 학교와 공공기관과 병원에서, 집이나 직장을 구하는 과정에서, 그리고 사생활에서도 마찬가지다. 이런 와중에 내 아이나 가족에게 ADHD라는 낙인이 찍혀 삶이 더한층 고단해지는 것을 원할 사람이 어디 있겠는가?

이런 이유 때문에라도 우리는 더욱 세심하고 세분화된 접근방식을 꾸준히 고민해야 한다. 보건 분야 종사자들과 사회, 나아가 이런 책을 쓰는 사람도 항상 이러한 요소들을 염두에 두고 있어야 할 것이다.

X

우리에게 남은 과제

책을 마무리하며

이 책의 마지막 장도 내가 누리는 혜택을 이야기하는 데 할애하고자 한다. 나는 주위 사람들, 뭐니 뭐니 해도 어머니가 내게 쏟아주신 사랑과 인정이 나를 성장시키고 현재의 모습으로 만들어주었음을 잘 알고 있다. 나아가 좋은 교육의 기회를 비롯해 내게 주어진 자원들은 현재의 내 자리에 이르기까지의 여정을 한결 수월하게 해주었다. ADHD가 대부분 유럽 중심주의에 물든 백인들의 관점에서 조망되며, 덕분에 나도 내가 속할 자리를 찾기까지 다른 많은 사람들만큼 고군분투하지 않아도 되었음을 잘 알고 있다. 직장에 출근해서 '아, 그런데 말이죠, 내가 ADHD래요!'라고 말할 수 있는 사람도, 이를 쿨하게 받아들여 줄 동료들과 상사들도 흔하지 않다는 사실 역시 알고 있다. '이 주제를 다음 주간 이슈로 정하고 20만 명의 독자들에게 이 이야기를 하고 싶은데, 어때요?'라고 제안할 수 있는 기회도 누구나 갖는 것은 아니다.

어떤 사람들은 정신적으로 짓눌리는 상황에서도 직장에서 이런 이야기를 함부로 입에 올리지 않는다. 그런 화제를 꺼낼 수 있는 구조가 갖춰지지 않았기 때문이다. ADHD 진단을 받으면 실직하거나 아예 취업 기회조차 얻을 수 없을까 봐 두려워하는 이들도 있다. 나는 내 팔로워들로부터 종종 그런 고충을 털어놓는 메시지를 받는다. 예를 들어 교육공무원 지위를 박탈당할 게 두려워 ADHD 검사를 꺼리는 사람들도 있었다. 운전면허가 취소될까 봐 자신에게 도움이 될 수도 있는 치료제를 복용하지 않는 경우도 있다. 번아웃, 자궁내막증, 임신 우울증, ADHD가 있어도 가정의 분위기나 문화적인 영향 때문에 가장 가까운 친지에게조차 그 이야기를 꺼내지 못하는 사람들도 많다. 아마도 그들의 주변에서는 골절이나 심근경색 정도는 되어야 아프다는 말이 통하지, 정신건강에 문제가 있다고 하면 나약하다는 소리나 들을 것이다. 트라우마 경험이 있는 사람, 평생 동안 감정을 부정당해 온 사람, 필요한 자원에 접근할 수 없는 사람, 돈과 시간과 에너지가 부족해 도움을 구할 수 없는 사람들도 있다. 직업이 여러 개이거나, 홀로 자녀를 키우거나, 돌봄이 필요한 가족이 있어서다. 그 밖에 '유색 인종'이라서, 장애가 있어서, 이상적인 신체조건을 갖지 못해서, 문화적 또는 종교적인 이유로 두건을 착용하고 다녀서, 외국인 억양이 있어서, 성적 지향이나 성정체성이 이성애 중심주의에 맞지 않아서, 너무 어리거나 너무 늙어서…… 등의 이유로 걸핏하면 보건시스템의 차별을 경험하는 사람들도 있다.

이 모든 사람들은 보다 쉽게 실질적인 도움을 받을 수 있어야 한다. 그리고 이를 달성하려면 우리 모두가 나서서 장벽을 허물고, 어떤 진단이나 질병, 장애 등으로 인한 차별을 용납하지 않으며 그에 제재를 가해야 한다. 누군가 '자신의 병이나 장애가 아직 충분히 심각하지 않아서', 혹은 '다른 사람에게 주어져야 할 기회를 빼앗는 게 아닐까 두려워서' 의사를 찾아가거나 치료를 받거나 장애등급을 신청하지 않는 것은 일어나서는 안 될 일이다.

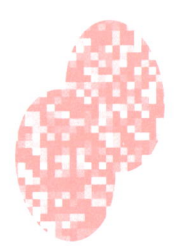

나는 또한 ADHD가 있거나 있다고 추측하는 이들에게 어떤 메시지를 전하는 데 이 마지막 장을 할애하고자 한다. 앞서도 여러 차례 강조했지만 ADHD에는 극히 개인차가 있다. ADHD가 있는 두 사람의 증상이 완전히 '똑같은' 경우란 없다는 의미다. 그에 대처하는 방법도 마찬가지다. 어떤 사람에게 도움이 되는 게 다른 누군가에게는 무용지물일 수 있다. 보편적인 해결책이란 없다. 그러니 여러 가지를 두루 시험해 보는 수밖에 없다.

어떤 사람들은 ADHD 진단을 받고도 그냥 예전과 똑같이 살아간다. 또 어떤 이들은 스스로 문제를 느끼는 부분에 일일이 대응 전략을 찾으려 애쓴다. 삶 전체를 완전히 탈바꿈시키는 사람들도 있다. 이쯤에서 전문 용어를 한 번 더 꺼내들자면, 신경다양성은 그야말로 마법의 단어다. 우리 뇌의 어떤 부분은 변하지 않지만 또 어떤 영역들은 유연하게, 지속적으로 변할 수 있다. 우리가 평생에 걸쳐 새로운 것을 배울 수 있는 것도 신경다양성 덕분이다. 나쁜 경험으로부터 교훈을 얻고 이를 통해 뇌의 세부 구조에 변화가 생기는 것과 마찬가지로, 배웠던 것을 잊어버리거나 새로운 것을 추가로 배우는 것도 가능하다.

이런 가능성을 상상하는 일에는 마법 같은 힘이 있으며 나는 여기에서 넘치는 희망을 본다. 비록 변화에는 고된 노력이 뒤따르지만, 세상 무엇도 고정불변으로 정해 둘 필요는 없다는 사실이 중요하다. 자신을 더 보살피기 위해 뭔가를 변화시키거나 스스로를 재평가할 필요가 있다고 느끼는 이에게 가능성은 언제든 열려 있다. 모든 사람의 내면에는 전문가가 있다는 사실을 결코 잊지 말자. 나 자신보다 나를 잘 아는 사람은 없다. 그러니 스스로 행동하지 않으면 제 아무리 뛰어난 의사나 심리치료사, 코치라 해도 나를 도울 수 없을 것이다.

내게 큰 희망을 심어주는 것이 또 한 가지 있다. ADHD가 있는 사람들 모두가 하나의 공동체로서 도움을 주고받을 수 있다는 점이 그것이다. 나는 *@kirmesimkopf*에서 활동하며 날마다 이것을 확인한다. 그래서 향후 이에 동참하고자 하는 모든 이들과 함께 플랫폼을 만들어 광범위한 캠페인을 벌이며 서로 지지하고 독려하는 네트워크를 형성하고자 한다. 또한 커뮤니티 및 전문가들과 교류하며 지원 서비스를 마련할 계획이다. 교사와 사회복지사들에게 영감을 주고, 학교시스템이 보다 공정해지도록 힘쓰며, 기업체들에게는 정신건강의 가치를 중시하는 노동의 장을 마련할 것을 촉구하고자 한다. 일상생활에서 유용하게 쓰이고 신경다양인의 필요를 정확히 충족시킬 수 있는 각종 앱과 툴, 전자기기 등에 관해서도 고민해 볼 생각이다. 그리고 내 이야기 또한 계속해서 들려줄 것이다.

나는 모두가 힘을 합쳐 변화를 이끌어낼 수 있을 것이라고 굳게 믿는다. ADHD에 여전히 남아 있는 낙인의 흔적은 점차 지워 나아가고 지원 서비스는 늘려 나아가는 것도 가능할 것이다. 그러다 보면 언젠가는 ADHD에 대처하는 데 지금처럼 많은 의료지원이 필요치 않을 때가 올지도 모른다. 지구상에 존재하는 사람의 수만큼이나 뇌의 특성도 다양하다는 사실을 모두가 납득하는 것만으로도 말이다.

이제 마지막 몇 줄로 이 책을 마무리 짓고자 한다. 어떻게 '이것을 끝내야 할지' 알 수 없어 한참 동안이나 미루고 미루던 참이다. 더 쓰라면 한도 끝도 없이 쓸 수 있을 것 같다. 생각은 꼬리를 물고 떠오르는데 이것도 중요하고 저것도 중요한 것처럼 느껴진다. 추상적인 개념들을 이해하기 쉽게 만들어 줄 일화들, 반드시 언급해야 할 학계의 새로운 발견 등. 이 책을 읽는 누군가에게는 중요할지도 모를 모든 것들을 담아내고 싶은 욕심이 끊임없이 나를 압박했다.

이 책을 쓰게 된 이유를 나는 몇 번이고 떠올리고 또 떠올린다. ADHD에 대한 대중의 의식이 걸음마 수준에도 다다르지 못했기 때문에, 그리고 지금 이것이 바로 걸음마의 시작이기 때문에 이 책을 쓰게 되었다. 나를 비롯한 세상 모든 사람들이 ADHD에 관해 극히 일부분만 알고 있다는 것도 그 이유 중 하나다. ADHD 연구도 이제 겨우 첫 발을 뗀 상태인데, 내가 어찌 온갖 정보를 포괄하고 모든 사실관계를 설명해 주는 백과사전을 쓸 수 있겠는가. ADHD에 관한 기존의 중요한 참고문헌들에 실린 내용은 이제 다소 시대에 뒤떨어져 있다. 이 책도 언젠가는 그렇게 될 것이다. 그러나 그보다 더 반가운 일이 있으랴! 그때쯤 우리가 그만큼의 발전을 이루었으며 지금보다 훨씬 많은 것을 알게 되었다는 증거일 테다. ADHD의 복잡다단함을 이해하는 데 내 개인적 경험에 귀 기울일 필요가 없게 되었다는 것은 ADHD를 알리려는 우리의 노력이 빛을 발해 더 많은 수용과 지원이 이루어지고 있다는 의미다. 우리의 계획이 결실을 맺고 나면 이 책도 더 이상 필요 없게 될 것이다. 그리고 내가 할 일이 드디어 끝났음을 나 역시 실감하고 있을 것이다.

감사의 말

언제나 무조건적인 사랑을 쏟아주신 특별한 부모님께 감사의 마음을 전합니다. 때로는 감당하기 쉽지 않았을 텐데도, 부모님 곁에서만큼은 늘 있는 그대로의 모습으로 살 수 있었습니다. 부모님은 언제나 흔들림 없는 신뢰로 지켜봐 주었고, 온갖 굴곡 속에서도 결국은 나만의 길을 걸어갈 것이라 믿어주었습니다. 지금의 나로 성장할 수 있었던 것은 모두 부모님 덕분입니다. 특히 어머니께는 각별한 마음을 전하고 싶습니다. 나이가 들수록, 내 안에서 어머니의 모습을 점점 더 자주 발견하게 됩니다.

끈끈한 우애로 언제나 나를 이해해 주는 사랑하는 남동생에게도 같은 마음을 전합니다. 다른 모든 가족들, 특히 그 어떤 순간에도 믿고 의지할 수 있었던 외조부모님께도 애정 어린 감사를 보냅니다. 외조부모님으로부터 정말 많은 것을 배웠고, 나를 늘 자랑스러운 존재로 생각해 주심에 감사합니다.

멋진 친구들, 제시, 딜라라, 카트린, 마라이케, 밀라, 라리사, 스텔라에게도 우정 어린 감사를 전합니다. 이 친구들은 나를 단 한 번도 회의적인 시선으로 바라본 적이 없었고, 나 역시 이 우정을 의심해 본 적이 없습니다.

13년 동안 곁을 지키며 동고동락한 동반자 하산에게도 깊은 감사를 전합니다. 헤아릴 수 없이 많은 순간에 큰 도움을 주었고, 단 한 번도 나에게서 거리를 둔 적이 없었죠. 언제나 두 팔 벌려 따뜻하게 맞아 준 하산의 가족에게도 감사합니다.

2019년, 선물처럼 우리 삶에 들어온 반려견 차포도 빼놓을 수 없습니다. 책상 앞에 앉으면 몇 시간이고 일어나지 않는 내가 가끔이나마 바깥 공기를 마실 수 있는 것은 차포 덕분입니다. 차포는 내게 생기를 불어넣어 주고, 바쁜 날이나 우울한 날이면 말없는 위로가 되어줍니다.

전 직장상사 베레나 라메르트 씨에게도 깊이 감사합니다. 이분이 아니었다면 나는 지금 이 자리에 있지 못했을 겁니다. 이제는 친구가 된, 《여자들의 저녁》을 함께한 동료들에게도 감사합니다. 클라레 데블린 씨는 언제든 기꺼이 시간을 내서 내 생각을 정리해 주었고, 사업과 관련한 질문에도 성심껏 답해 주었습니다. 말론 슐테 씨, 파라 셰퍼 씨와는 카메라 앞과 뒤에서 많은 시간을 함께하며 깊은 공감대를 나눌 수 있었습니다. 일이 막힐 때마다 마치 마법처럼 해결책을 찾아준 페가

타잘리 씨 역시 빼놓을 수 없죠.

WDR의 동료들, 리자 알트마이어 씨, 마리 한라트 씨, 나디아 아불와피 씨, 셀린 조넨베르크 씨, 크리스티나 칼라미누스 씨, 알렉사 람툰 씨, 보야나 베스테 씨에게도 감사의 마음을 전합니다. 이분들의 기여 덕분에 ADHD라는 주제가 대중들 사이에 자리 잡을 수 있었습니다. 《여자들의 저녁》 작업팀과 풍크(funk) 미디어 제작사, WDR 방송국에도 감사합니다.

집필과 관련한 수많은 질문에 늘 기꺼이 답해 준 동료 작가 로냐 에벨링 씨, 모나 아메지아네 씨, 리자 오르트기스 씨에게도 감사합니다. 위르겐 도미안 씨와 카리나 씨는 내가 우연히, 혹은 운명처럼 ADHD라는 주제를 만나고 이후에도 지속적으로 몰두할 수 있도록 이끌어준 분들이죠. S씨, B씨, K씨, 그리고 나의 심리치료사 F씨에게도 특별한 마음을 전합니다. 이분들은 진단 전과 후, 그리고 그 과정 전반에서 전문적으로 지원해 주었고, 지금도 큰 힘이 되어주고 있습니다.

레온 빈트샤이트 씨는 ADHD 진단과 그에 대한 대처를 처음으로 자세히 이야기할 수 있는 팟캐스트 기회를 마련해 주었어요. 고맙게도 이 방송은 지금도 많은 사람들의 마음을 움직이고 있으며, ADHD 검사를 받을 용기를 준 계기가 되었습니다.

집필 구상안의 가능성을 일찌감치 알아보고, 내 의견을 출판 과정에 충실히 반영해 준 키펜호이어&비치 출판사 관계자 여러분께 깊이 감사합니다. 특히 편집자 일레네 하우벤 씨가 아니었다면 이 책은 세상에 나오지 못했을 거예요. 처음으로 나를 알아봐 주었고, 집필 과정 내내 섬세한 감각으로 필요한 지점을 짚어주었습니다. 생각하고 느낄 여유를 허락해 주었고, 출판업계에 처음 발 딛은 나에게 아주 사소한 부분까지 설명해 주었죠. 나디아, 마라, 다비드 씨에게도 감사의 마음을 전합니다.

인스타그램을 통해 인연을 맺고, 이제는 커다란 공감대로 이어진 ADHD 동지들, 멜리나, 카리나, 율리아, 루카스, 킴, 사라, 라우라, 로티, 실비, 제스, 세나미, 알리나, 한나, 카리나, 데아, 제니, 안토니오, 비비안, 카로, 제시, 알렉스, 알리샤, 필린, 유디트, 파니, 리사에게도 따뜻한 감사를 전합니다. 아직 주변에 진단 사실을 공개하지 않았지만, 나를 믿고 마음을 털어놓아 준 분들도 있습니다. 이름을 밝힐 수는 없지만, 이 감사의 마음이 닿기를 바랍니다.

날마다 성장하고 있는 @kirmesimkopf 커뮤니티에도 깊이 감사합니다. 이곳에서 많은 것을 전하는 동시에, 그보다 더 많은 것을 배우고 있습니다. 이곳의 사람들이 바로 내가 이 모든 일을 계속하는 이유입니다!

마지막으로, 이토록 특별한 뇌를 선물 받은 것에 감사합니다. 어떤 시도에도 끄떡없이 길들여지기를 거부한, 날마다 새로운 세계를 보여주는, 세상에 하나뿐인 나의 친구입니다.

고맙다! ADHD 브레인아!

ADHD, 정신건강 등에 관한 멋진 인스타그램 계정

@kirmesimkopf
kirmesimkopf.de
Mental-Health-Aktivist*innen mit ADHS:
@the.unnormal.brain
@guardianofmind
@lunarjess
@radicalsoftness__
@kim____hoss
@quintohumans
@natalie.irber
@allesvonlotti
@kunterbuntsein
@schoenwild
@silvicarlsson
@sen_vi
@kathryn.rohweder
@goldorangen
@nessadhs
@_chocosecret_
@dariadaria
@chaarlottchen
@sookee_quing
@juliaknoernschild

Englischsprachige Accounts:
@adhd_alien
@adhd_empowerment_coaching
@danidonovan
@howtoadhd
@iampayingattention
@mollys_adhd_mayhem
@dt.perry
@savetimeshan
@cartoonreject_
@mindfully_adhd
@adhddoers
@the_mini_adhd_coach

Neurodivergente Familie:
@polyestzerbindung
@autism_adhd_cluster
@darshanawhynot
@anne_dittmann
@mareicares
@heikegerkrath
@sohra.beh
@vivre.leclaire
@mamamulle
@fraeuleinchaos

@alisha.und.die.wutknubbel

Inklusion & Antidiskriminierung:

@amelieebner

@luisalaudance

@fraugelhaar

@ninialagrande

@wayofkatrin

@dramapproved

@notjustdown

290

Expert*innen für unsere (psychische) Gesundheit:

@diepsychotherapeutin

@psychologin_nesibe

@freudmich

@franca_cerutti_psychologie

@la_psychologista

@psycho.logisch.hilal

@psychologin_urooba

@shitsowberlin

@miriam_junge

@psych_ergotherapie

@systemischegesundheit

@psychotherapie.essstoerungen

@ernaehrungsrevolution

@erklaerungsnot

@stark_gegen_depression

@freundefuerslebenev

@depridisco

Bildung:

@liniert.kariert

@learnlearning.withcaroline

@marapairan

@avalino.diversity

Entschleunigung & Achtsamkeit:

@wearedaya

@lisasophielaurent

@vanillamindde

@einguterplan

@mind.corner

@allesinordnungmitadhs

Beziehung & Sex:

@piakabitzsch

@psychologin.nele

@lustfaktor

@sexologisch

@docintro

@helen_hagemeier

Meine liebsten öffentlich-rechtlichen Formate:

@glanzundnatur

@maedelsabende

@aufklo

@brustraus

@diefrage_offiziell

@erklaermirmal

@hand.drauf

@willkommenimclub

@eltern.ohne.filter

@saymyname_bpb

@21gramm.wdr

@strg_f

@news_wg

@deutschland3000

@reporter.offiziell

@pulsreportage

참고문헌

참고문헌은 본문 내 등장 순서에 따라 장별로 정리되어 있습니다. 별도로 명시하지 않은 한, 모든 링크는 2022년 10월 3일 마지막으로 확인 및 검토되었습니다. 별도로 언급하지 않은 경우, 본 저자의 직접 번역본입니다.

1장

Bundesgesundheitsministerium: Therapien zur »Heilung« von Homosexualität sollen verboten werden, https://www.bun des ge sund heits ministerium.de/kon ver sions thera pien verbot.html.

Bundesgesundheitsministerium: Aufmerksamkeitsdefizitsyndrom, https://www.bundesgesundheitsministerium.de/themen/praevention/kindergesundheit/auf merksamkeits defizit syn drom.html.

2장

Wikipedia: Eintrag Struwwelpeter, https://de.wikipedia.org/wiki/Struwwelpeter.

Still, G. (2006). Some Abnormal Psychical Conditions in Children. Journal of Attention Disorders, 10(2), 126–136.

Lange, K. et al. (2010). The history of attention deficit hyperactivity disorder. ADHD Attention Deficit and Hyperactivity Disorders, 2(4), 241–255.

Panizzon, L. (1946). La preparazione di piridil- e piperidil-arilacetonitrili e di alcuni prodotti di transformazione (Parte IIa). Helvetica Chimica Acta, 29(2), 324–328.

American Psychiatric Association (1968). Diagnostic and statistical manual of mental disorders (2nd Edition) (DSM-II) (2. Aufl.). Washington D. C. https://www.madinamerica.com/wp-content/uploads/2015/08/DSM-II.pdf.

TIME Magazine Cover (1994). Attention Deficit Disorder, http://content.time.com/time/covers/0,16641,19940718,00.html.

Arbeitsgemeinschaft der Wissenschaftlichen Medizinischen Fachgesellschaften (AWMF) (2017). Langfassung der (S3) Leitlinie »ADHS bei Kindern, Jugendlichen und Erwachsenen«, https://www.awmf.org/awmf-online-das-portal-der-wissenschaftlichen-medizin/awmf-aktuell.html, https://www.awmf.org/uploads/tx_szleitlinien/028-045l_S3_ADHS_2018-06.pdf.

Hartmann, T. (1997). Attention Deficit Disorder: A Different Perception (2. Aufl.). Underwood Books.

Wildermuth, V. (2018). Von Jägern zu Ackerbauern – Als die Freiheit der Menschheit endete, https://www.deutschlandfunkkultur.de/von-jaegern-zu-ackerbauern-als-die-freiheit-der-menschheit-100.html.

Stiftung Gesundheitswissen: Was ist das biopsychosoziale Modell?, https://www.stiftung-gesundheitswissen.de/mediathek/videos/kompetenz-gesundheit/was-ist-das-biopsychosoziale-modell.

Staiger, J. (2018). Neurotransmitter – Botenmoleküle im Gehirn, https://www.dasgehirn.info/grundlagen/kommunikation-der-zellen/neurotransmitter-botenmolekuele-im-gehirn.

Silver, L. (2022). ADHD Neuroscience 101, https://www.additudemag.com/adhd-neuroscience-101/.

DocCheck Flexikon (2009). Stimulation, https://flexikon.doccheck.com/de/Stimulation.

Armstrong, T. (2011). The Power of Neurodiversity: Unleashing the Advantages of Your Differently Wired Brain. Da Capo Lifelong Books.

Lieberman, D. / Long, M. (2018). Ein Hormon regiert die Welt: Wie Dopamin unser Verhalten steuert – und das Schicksal der Menschheit bestimmt. Riva.

DeWitt, R. (2020). ADHD, Willpower, and Interest: A Positive Approach (Master of Applied Positive Psychology (MAPP) Capstone Projects 186). University of Pennsylvania.

Hoogman, M. et al. (2017). Subcortical brain volume differences in participants with attention deficit hyperactivity disorder in children and adults: a cross-sectional mega-analysis. The Lancet Psychiatry, 4(4), 310–319.

Villines, Z. (2022). What does the frontal lobe do?, https://www.medicalnewstoday.com/articles/318139.

Science Daily (2017). Brain differences in ADHD, https://www.sciencedaily.com/releases/2017/02/170216105919.htm.

Dokumentationsreihe Geschichtshappen, Folge: Genetik (2020). Netflix.

Faraone, S. / Larsson, H. (2019). Genetics of attention deficit hyperactivity disorder. Molecular Psychiatry, 24(4), 562–575.

Schlack, R. et al. (2007). Die Prävalenz der Aufmerksamkeitsdefizit- / Hyperaktivitätsstörung (ADHS) bei Kindern und Jugendlichen in Deutschland. SpringerLink.

Larsson, H. et al. (2014). The heritability of clinically diagnosed attention deficit hyperactivity disorder across the lifespan. Psychological Medicine, 44(10), 2223–2229.

Chen, W. et al. (2008). DSM-IV combined type ADHD shows familial association with sibling trait scores: A sampling strategy for QTL linkage. American Journal of Medical Genetics Part B: Neuropsychiatric Genetics, 147B(8), 1450–1460.

Buitelaar, N. et al. (2016). ADHD in Childhood and / or Adulthood as a Risk Factor for Domestic Violence or Intimate Partner Violence: A Systematic Review. Journal of Attention Disorders, 24(9), 1203–1214.

Musser, E. et al. (2016). Attention-deficit / hyperactivity disorder developmental trajectories related to parental expressed emotion. Journal of Abnormal Psychology, 125(2), 182–195.

Jellinek, M. (2010). Don't let ADHD crush children's self-esteem, https://www.mdedge.com/psychiatry/article/23971/pediatrics/dont-let-adhd-crush-childrens-self-esteem.

Lawrence, D. et al. (2015). The Mental Health of Children and Adolescents: Report on the Second Australian Child and Adolescent Survey of Mental Health and Wellbeing. Australian Department of Health / Telethon Institute for Child Health Research, https://research-repository.uwa.edu.au/en/publications/the-mental-health-of-children-and-adolescents-report-on-the-secon.

Faraone, S. et. al. (2015). Attention-deficit / hyperactivity disorder. Nature Reviews Disease Primers, 1(1).

American Psychiatric Association (2013). Diagnostic and Statistical Manual of Mental Disorders DSM-5. American Psychiatric Association Publishing.

Hausotter, W. (2011). Begutachtung der Aufmerksamkeitsdefizit- / Hyperaktivitätsstörung bei Erwachsenen. Der Nervenarzt, 83(5), 618–629.

Sulkes, S. (2020). Aufmerksamkeitsstörung und Hyperaktivität (ADD, ADHD). MSD Manual Profi-Ausgabe. https://www.msdmanuals.com/de-de/profi/p%C3%A4diatrie/lern-und-entwicklungsst%C3%B6rungen/aufmerksamkeits st%C3%B6 rung-und-hyperaktivit%C3%A4t-add-adhd.

Scharnholz, B. et al. (2011). Aufmerksamkeitsdefizit- / Hyperaktivitätsstörung (ADHS) im Erwachsenenalter: Aktuelles zur Psychotherapie. PiD – Psychotherapie im Dialog, 12(03), 193–198.

Swanson, J. et al. (2001). Clinical Relevance of the Primary Findings of the MTA: Success Rates Based on Severity of ADHD and ODD Symptoms at the End of Treatment. Journal of the American Academy of Child & Adolescent Psychiatry, 40(2), 168–179.

Sibley, M. et al. (2022). Variable Patterns of Remission From ADHD in the Multimodal Treatment Study of ADHD. American Journal of Psychiatry, 179(2), 142–151.

Rösler, M. et al. (2008). ADHS-Diagnose bei Erwachsenen. Der Nervenarzt, 79(3), 320–327.

Shaw, P. et al. (2016). Emotion dysregulation in attention deficit hyperactivity disorder. FOCUS. Psychiatry Online, 14(1), 127–144, https://focus.psychiatryonline.org/doi/10.1176/appi.focus.140102.

Leibenluft, E. / Stoddard, J. (2013). The developmental psychopathology of irritability. Development and Psychopathology, 25(4pt2), 1473–1487.

Lohaus, A. (2018). Heterotypische Kontinuität. Lehrbuch Psychologie, Entwicklungspsychologie des Jugendalters. https://lehrbuch-psychologie.springer.com/glossar/heterotypische-kontinuität.

Hogrefe Verlag (2016). Klassifikationssysteme DSM und ICD, https://www.hogrefe.com/de/thema/dsm-und-icd.

3장

e-teaching.org: Eintrag EXE, https://www.e-teaching.org/materialien/glossar/exe.

Vohs, K. / Baumeister, R. (2017). Handbook of Self-Regulation, Third Edition: Research, Theory, and Applications. Guilford Publications.

Brown, T. (2017). Outside the box: rethinking ADD / ADHD in children and adults: a practical guide. American Psychiatric Pub.

Shaw, P. et al. (2014). Emotion dysregulation in attention deficit hyperactivity disorder. The American Journal of Psychiology, 171(3), 276–293, https://ajp.psychiatryonline.org/doi/full/10.1176/appi.ajp.2013.13070966.

Steer, J. / Bilbow, A. (2021). Understanding ADHD in Girls and Women. Jessica Kingsley Publishers.

4장

Westfälische Prokrastinationsambulanz Wilhelms-Universität Münster: Testen Sie Ihr Aufschiebeverhalten, https://www.uni-muenster.de/Prokrastinationsambulanz/Angebote_Test.html.

Harvey, A. (2022). Invisible-illness: ADHD Paralysis is Frustratingly Real. Here's How to Fix it., https://medium.com/invisible-illness/adhd-paralysis-is-frustratingly-real-heres-how-to-fix-it-20c630e07c4c.

Di Lernia, D. et al. (2018). Feel the Time. Time Perception as a Function of Interoceptive Processing. Frontiers in Human Neuroscience, 12.

Maté, G. (1999). Scattered: How attention deficit disorder originates and what you can do about it. Penguin.

Nazari, M. et al. (2016). Emotional stimuli facilitate time perception in children with attention-deficit / hyperactivity disorder. Journal of Neuropsychology, 12(2), 165–175.

Raypole, C. (2021). Has Anyone Ever Said You Talk ›Too Much‹? It May Just Be Your Personality, https://www.healthline.com/health/talking-too-much#is-it-really-too-much.

Lexikon der Psychologie: Objektpermanenz, https://www.spektrum.de/lexikon/psychologie/objektpermanenz/10772.

Lexikon der Psychologie: Objektkonstanz, https://www.spektrum.de/lexikon/psychologie/objektkonstanz/10769.

Ladak, Ameera (2022). Object Permanence: Why ADHD Makes Me ›Forget‹ My Friends, https://themighty.com/topic/adhd/adhd-forget-friends-love-me-object-permanence/.

5장

Bachmann, M. (2004). AD(H)S und/oder Hochbegabung?, https://praxis-drbachmann.de/media/Bachmann_adhs_hochbegabung_06.pdf.

Bleckmann, W. et al. (2022). Wartezeiten für Psychotherapieplätze sind weit höher als von Krankenkassen angegeben, https://www.rbb24.de/panorama/beitrag/2022/05/wartezeiten-psychotherapie-laenger-als-angaben-krankenkassen.html.

Weskott, B. (2021). Streit um Kassensitze – Ärger für angehende Psychotherapeuten, https://www.deutschlandfunkkultur.de/streit-um-kassensitze-aerger-fuer-angehende-100.html.

Ratgeber ADHS-Anzeichen, https://www.adhs-ratgeber.com/25-hinweise-auf-adhs.html.

Oppenheim, M. (2022). Hundreds of thousands more women tested for ADHD last year, https://www.independent.co.uk/news/uk/home-news/adhd-women-gender-differences-b1993364.html.

Robert-Koch-Institut (2020). Situationsbericht des Robert-Koch-Instituts vom 26. 5. 2020 zu COVID-19, https://www.rki.de/DE/Content/InfAZ/N/Neuartiges_Coronavirus/Situationsberichte/2020-05-26-de.pdf?__blob=publicationFile.

6장

Wikipedia: Eintrag Gelassenheitsgebet, https://de.wikipedia.org/wiki/Gelassenheitsgebet.

Simple Practice (2022). Top 10 Mental Health CPT® Codes Billed in 2021, https://www.simplepractice.com/blog/top-billed-cpt-codes/.

Apotheken-Umschau (2021). IBUPROFEN AL 400 Filmtabletten – Beipackzettel, https://www.apotheken-umschau.de/medikamente/beipackzettel/ibuprofen-al-400-filmtabletten-3530945.html.

Quinn, P. / Madhoo, M. (2014). A Review of Attention-Deficit / Hyperactivity Disorder in Women and Girls. The Primary Care Companion for CNS Disorders.

Tertilt, Mathias (2022). Warum Frauen medizinisch benachteiligt sind, https://www.quarks.de/gesundheit/medizin/warum-frauen-medizinisch-benachteiligt-sind/.

7장

Sciberras, E. et al. (2020). Social and Economic Costs of Attention-Deficit / Hyperactivity Disorder Across the Lifespan. Journal of Attention Disorders, 26(1), 72–87.

Wegener, W. (o. D.). Jährliche Kosten für ADHS von 35,2 Milliarden Euro in Deutschland – Ein ADHS kostet 13 253 Euro pro Lebensjahr, https://www.fachinfo-autismus.de/jaehrliche-kosten-fuer-adhs-von-352-milliarden-euro-in-deutschland-ein-adhs-kostet-13-253-euro-pro-person-pro-lebensjahr.

Gnanavel, S. et al. (2019). Attention deficit hyperactivity disorder and comorbidity: A review of literature. World Journal of Clinical Cases, 7(17), 2420–2426.

Katzman, M. et al. (2017). Adult ADHD and comorbid disorders: clinical implications of a dimensional approach. BMC Psychiatry, 17(1).

MSD-Manual, Ausgabe für Patienten (2021). Kurzinformationen: Substanzgebrauchsstörungen.

Meinzer, M. et al. (2013). Attentiondeficit / Hyperactivity disorder in adolescence predicts onset of major depressive disorder through early adulthood. Depression and Anxiety, 30(6), 546–553.

Lambert N., Hartsough C. (1998). Prospective study of tobacco smoking and substance dependencies among samples of ADHD and non-ADHD participants. Journal of Learning Disabilities, 31(6), 533–544.

Elkins, I. et al. (2018). Associations between childhood ADHD, gender, and adolescent alcohol and marijuana involvement: A causally informative design. Drug and Alcohol Dependence, 184, 33–41.

Meinzer, M. / Chronis-Tuscano, A. (2017). ADHD and the Development of Depression: Commentary on the Prevalence, Proposed Mechanisms, and Promising Interventions. Current Developmental Disorders Reports, 4(1), 1–4.

Spencer, T. J. (2008). Treatment of Adult ADHD and Comorbid Depression. CNS Spectrums, 13(S8), 14–16.

Stiftung Gesundheitswissen: Angststörung, https://www.stif tung-gesundheitswissen.de/wissen/angststoerung/hintergrund.

Kuntz, L. (2021). ADHD and Generalized Anxiety Disorder: Hand in Hand?, https://www.psychiatrictimes.com/view/adhd-and-generalized-anxiety-disorder-hand-in-hand.

Fuller-Thomson, E. et al. (2022). Generalized anxiety disorder among adults with attention deficit hyperactivity disorder. Journal of Affective Disorders, 299, 707–714.

Curry, A. et al. (2019). Traffic Crashes, Violations, and Suspensions Among Young Drivers With ADHD. Pediatrics, 143(6).

Bijlenga, D. et al. (2019). The role of the circadian system in the etiology and pathophysiology of ADHD: time to redefine ADHD?. ADHD Attention Deficit and Hyperactivity Disorders, 11(1), 5–19.

Vogel, S. et al. (2017). Attention deficit hyperactivity disorder symptom severity and sleep problems in adult participants of the Netherlands sleep registry. Sleep Medicine, 40, 94–102.

Didato, G. et al. (2020). Restless Legs Syndrome across the Lifespan: Symptoms, Pathophysiology, Management and Daily Life Impact of the Different Patterns of Disease Presentation. International Journal of Environmental Research and Public

Health, 17(10), 3658.

Haurin, S. (2018). Understanding the Link Between ADHD and Binge Eating Could Point to New Treatments, https://researchblog.duke.edu/2018/03/13/binge-eating-disorder/.

Biederman, J. et al. (2007). Are Girls with ADHD at Risk for Eating Disorders? Results from a Controlled, Five-Year Prospective Study. Journal of Developmental & Behavioral Pediatrics, 28(4), 302–307.

Martin, E. et al. (2020). Associations between inattention and impulsivity ADHD symptoms and disordered eating risk in a community sample of young adults. Psychological Medicine, 1–10.

Sun, S. et al. (2019). Association of Psychiatric Comorbidity With the Risk of Premature Death Among Children and Adults With Attention-Deficit / Hyperactivity Disorder. JAMA Psychiatry, 76(11), 1141.

Barkley, R. / Fischer, M. (2018). Hyperactive Child Syndrome and Estimated Life Expectancy at Young Adult Follow-Up: The Role of ADHD Persistence and Other Potential Predictors. Journal of Attention Disorders, 23(9), 907–923.

Barkley, R. (2019). ADHD Likely Reduces Estimated Life Expectancy by Young Adulthood. University of Gothenburg, Gillberg Neuropsychiatry Centre, https://www.gu.se/en/gnc/adhd-likely-reduces-estimated-life-expectancy-by-young-adulthood.

Factor-Inwentash Faculty of Social Work (2021). Study led by Esme Fuller-Thomson finds that one in four women with ADHD has attempted suicide, https://socialwork.utoronto.ca/news/study-led-by-esme-fuller-thomson-finds-that-one-in-four-women-with-adhd-has-attempted-suicide/.

8장

Onlinelexikon für Psychologie und Pädagogik: Selbstwertgefühl https://lexikon.stangl.eu/627/selbstwertgefuehl.

Beaton, D. M. et al. (2022). Experiences of criticism in adults with ADHD: A qualitative study. In M. Fernández-Alcántara (Ed.), PLOS ONE, 17(2), 366.

Watson, S. / Bhandari, S. (2022). What is rejection sensitive dysphoria?, https://www.webmd.com/add-adhd/rejection-sensitive-dysphoria.

Dodson, W. / Saline, S. (2022). How ADHD Ignites Rejection Sensitive Dysphoria, https://www.additudemag.com/rejection-sensitive-dysphoria-and-adhd/ 97.

Barkley, R. (2022). DESR: Why Deficient Emotional Self-Regulation is Central to ADHD (and Largely Overlooked), https://www.additudemag.com/desr-adhd-emotional-regulation.

Barkley, R. (2018). Attention-Deficit Hyperactivity Disorder, Fourth Edition: A Handbook for Diagnosis and Treatment. Guilford Publications.

Karalunas, S. L. et al. (2014). Subtyping Attention-Deficit / Hyperactivity Disorder Using Temperament Dimensions. JAMA Psychiatry, 71(9), 1015.

Faraone, S. V. et al. (2018). Practitioner Review: Emotional dysregulation in attention-deficit / hyperactivity disorder – implications for clinical recognition and intervention. Journal of Child Psychology and Psychiatry, 60(2), 133–150.

Ashinoff, B. K. / Abu-Akel, A. (2019). Hyperfocus: the forgotten frontier of attention. Psychological Research, 85(1), 1–19.

Hupfeld, K. et al. (2018). Living »in the zone«: hyperfocus in adult ADHD. ADHD Attention Deficit and Hyperactivity Disorders, 11, 131–208.

9장

Wiktionary: Eintrag betroffen, https://de.wiktionary.org/wiki/betroffen.

BGH – Bundesgerichtshof (1958). Urteil vom 21. 03. 1958, 2 StR 393 / 57.

BSG (1972; 2015; 2018). Ständige Rechtsprechung des Bundessozialgerichtes: Urteil vom 16. 05. 1972, 9 RV 556 / 71; Urteil vom 22. 04. 2015, B 3 KR 3 / 14 R; Urteil vom 15. 03. 2018, B 3 KR 18 / 17 R.

Fangerau, H. / Franzkowiak, P. (2022). BZgA-Leitbegriffe: Krankheit, https://leitbegriffe.bzga.de/alphabetisches-verzeichnis/krankheit/.

Sinclair, J. (1993). Don't mourn for us. Autism Network International Newsletter, Our Voice, 1(3), https://www.autreat.com/dont_mourn.html.

Daniel, D. (2022). Shorten considers adding ADHD to the national disability insurance scheme, https://www.smh.com.au/politics/federal/shorten-considers-adding-adhd-to-the-national-disability-insurance-scheme-20220926-p5bl3d.html.

The ADHD Coalition of Victoria Inc. / ADASA. ADDults with ADHD (NSW) Inc. / The Attention Deficit Association of South Australia Inc. / The Canberra & Queanbeyan ADD Support Group Inc. (2017). Draft joint submission to the productivity commission re the proposed national disability insurance scheme [NDIS] for support organizations for attention deficit hyperactivity disorder [ADHD], https://www.pc.gov.au/inquiries/completed/disability-support/submissions/

subdr0850.pdf.

ADHS Foundation: NDIS and ADHD, https://adhdfoundation.org.au/ndis.

ADHD Australia Limited (2019). Shaping the future of disability policy – 2020 & beyond, https://www.adhdaustralia.org.au/dss-disability-strategy/.

Singer, J.: What is neurodiversity?, Reflections on Neurodiversity, https://neurodiversity2.blogspot.com/p/what.html.

Chapman, R. (2021). Negotiating the neurodiversity concept: Towards epistemic justice in conceptualising health, https://www.psychologytoday.com/us/blog/neurodiverse-age/202108/negotiating-the-neurodiversity-concept.

Fletcher-Watson, S. (2020). Neurodiverse or Neurodivergent? It's more than just grammar, https://dart.ed.ac.uk/neurodiverse-or-neurodivergent./.

Myers, V. (2017). Diversity doesn't stick without inclusion, https://www.vernamyers.com/2017/02/04/diversity-doesnt-stick-without-inclusion/.

Berking, M. / Rief, W. (2012). Klinische Psychologie und Psychotherapie für Bachelor: Band I: Grundlagen und Störungswissen (p. 11). Springer.

Kafer, A. (2013). Feminist, queer, crip (1. Aufl.). Indiana University Press

Hyatt, V. (2019). Effects of ADHD on Sexuality, https://www.healthline.com/health/adhd/adult-adhd-sex-life#symptoms.

Hubert, M. (2022). Psycho-Revolution – Neustart für die Diagnosen der Psychiatrie, https://www.deutschlandfunk.de/psychiatrie-diagnosen-icd-100.html.

Marshack, K. (2022). »Aren't we all on the spectrum?«, https://kmarshack.com/2022/01/05/arent-we-all-on-the-spectrum/.

NDR Visite (2022). Diskriminierung von People of Colour in der Medizin, https://www.ndr.de/ratgeber/gesundheit/Diskriminierung-von-People-of-Colour-in-der-Medizin,diskriminierung158.html.

Sabin, J. (2020). How we fail black patients in pain, https://www.aamc.org/news-insights/how-we-fail-black-patients-pain.

Morgan, P. et al. (2013). Racial and Ethnic Disparities in ADHD Diagnosis From Kindergarten to Eighth Grade. Pediatrics, 132(1), 85–93.

Coker, T. et al. (2016). Racial and Ethnic Disparities in ADHD Diagnosis and Treatment. Pediatrics, 138(3).

Original Title: “Kirmes im Kopf” by Angelina Boerger

The translation of this work was supported by a grant from the Goethe-Institut.
이 책은 괴테 인스티투트의 번역 프로그램 지원을 받아 제작되었습니다.

앗 제가 ADHD라서요

초판인쇄 2026년 2월 27일
초판발행 2026년 2월 27일

지은이 앙겔리나 뵈르거
옮긴이 이지혜
발행인 채종준

출판총괄 박능원
국제업무 채보라
책임편집 조지원
디자인 공진혁
마케팅 문선영
전자책 정담자리

브랜드 드루
주소 경기도 파주시 회동길 230 (문발동)
투고문의 ksibook1@kstudy.com

발행처 한국학술정보(주)
출판신고 2003년 9월 25일 제406-2003-000012호
인쇄 북토리

ISBN 979-11-7457-370-4 03180

드루는 한국학술정보(주)의 지식 · 교양도서 출판 브랜드입니다.
세상의 모든 지식을 두루두루 모아 독자에게 내보인다는 뜻을 담았습니다.
지적인 호기심을 해결하고 생각에 깊이를 더할 수 있도록, 보다 가치 있는 책을 만들고자 합니다.